高等院校“十三五”规划教材

经济法概论

主　编　陈畅东
副主编　杜　慧　薛文娟　胡俊丽

合肥工业大学出版社

前　言

本书根据我国普通本科高校向应用型高校转型的需要而编写，结合经济管理各专业人才培养方案，内容涵盖经济法的基本知识、基本理论和基本技能。具体包括：法律基础知识、经济法概述、公司法、合同法、物权法、工业产权法、经济竞争法律制度、劳动法、税法、金融法、会计法与审计法、经济纠纷解决法律制度等内容。

本书定位准确、结构完整、内容全面，力争做到以下几点：

① 新颖性。本书编写以最新颁布或修订的经济法等法律、法规和准则为依据，内容新颖、规范。

② 科学性。本书从每一章节内容的筛选到每一章节的结构编排都经过了精心策划，具有科学的理论基础。本书涵盖内容较为丰富、体系较为完善，既有创新之处，又有科学性和实用性。

③ 通俗性。本书文字精练、通俗易懂、深浅适度。

本书可以作为高等院校经管类、法学专业本科教材，也可作为国家经济管理机关、企事业单位相关工作人员及法律工作者的参考用书。

全书由陈畅东任主编，并负责全书的统稿工作。具体分工为：陈畅东编写第一、二、三、十二章，杜慧编写第七、八、九章，周利编写第四章，薛文娟编写第五、六、十一章，胡俊丽编写第十章。

本书在编写过程中参阅和借鉴了大量的相关书籍、报刊、学术论文和网站，在此表示感谢。由于作者水平有限，书中难免存在疏漏和错误之处，恳请各位专家、读者批评指正，以利今后改进和提高。

编　者

2017 年 5 月

目　录

第一章　法律基础知识

第一节　法与法律

一、法、法律的词义

“法律”作为一个独立合成词是舶来品，在清末民初从日本输入。从词源看，据《尔雅·释诂》记载，我国在秦汉以前，“法”与“律”具有不同的含义。“法”字中文古体为“灋”。据东汉许慎的《说文解字》解释：“灋，刑也。平之如水。从水；廌，所以触不直者去之，从去。”廌（zhì）是传说中的独角兽，它能够分辨人有罪还是无罪，“有罪触，无罪则不触”。可见，在中国古代，“法”与“刑”同义，具有公平、正义的象征意义。

汉字“律”，据《说文解字》释义，“律，均布也”。“均布”是古代调音律的工具，把“律”解释为“均布”，说明律是调整人们行为的规范，具有“范天下之不一而归于一”的作用。到秦汉时期，“法”与“律”二字的含义已经趋同。《唐律疏义》更明确指出，“法亦律也，故谓之‘律’”。

在我国现代法律制度中，法律有广义和狭义两层含义。广义的法律与法的概念相同，是指包括宪法、法律、行政法规、地方性法规等在内的一切规范性法律文件，如“公民在法律面前人人平等”中“法律”一词就是广义上的法律；狭义的法律专指全国人民代表大会及其常务委员会制定的基本法律以及基本法律以外的法律。如“全国人民代表大会常务委员会有权撤销与宪法、法律和行政法规相抵触的地方性法规和决议”，这里使用的法律是指狭义上的法律。

二、法的概念和特征

根据马克思主义关于法的一般理论，可以将法定义为：法是由国家制定或认可的，并由国家强制力保证实施的行为规范的总和。它以权利义务为双向调整机制，来确认、保护和发展有利于统治阶级的社会关系和社会秩序。

法是社会上层建筑的重要组成部分，与上层建筑的其他部分如政策、道德、宗教等相比，具有以下基本特征：①法是调整社会关系的行为规范，具有规范性。所谓行为规范，是人们实施某种行为的准则和标准。它明示人们应当做什么，不应当做什么，可以做什么，不可以做什么。②法是由国家制定或认可的社会规范，具有国家意志性。在所有的行为规范中，只有法律规范是由国家制定和认可的。③法是由国家强制力保证实施的社会规范，具有国家强制性。国家强制力是法律与其他社会规范的重要区别，比如道德规范就不具有国家强制的性能。④法以权利义务双向规定为调整机制，具有利导性。法律的利导性取决于法律上的权利和义务。这种权利和义务的规定是双向的，而道德、宗教规范不承认利益，只提倡对社会、对他人的责任和义务。

法律体系是指一个国家现行的各部门法组成的具有内在联系的有机整体。法律体系是由法律部门构成的。法律部门是指根据一定的标准和原则划分的调整同类社会关系的法律规范的总和。根据法律所调整的社会关系以及调整方法的不同，可以把我国的法律体系划分为宪法、民法、刑法、经济法、行政法、劳动法与社会保障法、环境资源保护法、诉讼法、军事法等法律体系。

第二节　法律关系与法律主体

一、法律关系

通说认为，法律关系是法律规范在调整社会关系的过程中形成的人们之间的权利和义务关系。据此定义，可以从以下几个方面来理解：①法律关系是由法律规范所调整的社会关系。社会关系是人们在交往过程中形成的人与人之间的关系。法律关系是一种社会关系，但又不同于社会关系。法律关系以法律规范的存在为前提，如果没有相应的法律规范的存在，就不可能产生法律关系。②法律关系属于思想意志关系。首先，法律关系是人们有目的、有意识结成的特定的社会关系；其次，在现实社会中，人与人之间结成的社会关系各种各样，至于哪些社会关系为法律所调整，则体现了国家意志。根据不同的法律规范，可以形成不同的法律关系，如民事法律关系、刑事法律关系、行政法律关系、经济法律关系等。③法律关系是特定法律主体之间的权利和义务关系。法律规范和法律关系都包含权利和义务。但法律规范中的权利和义务是抽象的、可能的，是对一国之内的同一类不特定主体的一般规定；而法律关系中的权利和义务是具体的、明确的，是特定法律主体之间的实际权利和义务。

二、法律主体

法律主体，又称法律关系主体，是法律关系的参加者，即在法律关系中享有一定权利和承担一定义务的人。在具体法律关系中，权利享有者为权利主体，义务承担者为义务主体。

（一）法律关系主体的种类

在我国，法律关系的主体主要包括自然人、法人、非法人组织和国家。

1. 自然人

自然人是指具有自然生命并享有法律人格的个人，包括公民、外国人和无国籍人。这里的公民指中国公民，即具有中华人民共和国国籍的人。在我国，个体工商户、农村承包经营户、个人合伙等公民集合体，可以在一定范围内参与法律关系，成为法律关系的特定主体。

2. 法人

法人是指具有民事权利能力和民事行为能力人，依法独立享有民事权利和承担民事义务的组织。与自然人不同，法人是一种组织，是多数自然人的集合或一定财产的集合，是法律拟制的“人”。根据《民法通则》规定，社会组织取得法人资格，须具备四个条件：①依照法律和法定程序成立；②要有独立的财产和经费；③有自己的名称、组织机构和场所；④能够独立承担民事责任。法人有不同的分类，我国将法人分为企业法人和非企业法人，非企业法人包括机关法人、事业单位法人和社团法人。

3. 国家

国家在多数情况下是由国家机关或授权的组织作为代表参加法律关系。但在特殊情况下，国家可以作为一个整体参加某些法律关系。如国家作为主权者是国际公法关系的主体，它可以缔结或参加国际条约并享有国际法上的权利和承担国际法上的义务。国家还可以因发行国库券直接以自己的名义参与国内的法律关系。

另外，不具有法人资格的其他社会组织，如合伙企业、个人独资企业等也可以参加法律关系，依法享有权利并承担义务。

（二）法律关系主体的资格：权利能力和行为能力

自然人和法人要能够成为法律关系主体，都应具有权利能力，通常情况下，还必须具有行为能力。权利能力，是指能够参加一定的法律关系，依法享有权利和承担义务的法律资格。不具有权利能力，意味着没有资格享有权利和承担义务。行为能力是指法律关系主体能够通过自己的行为实际取得权利和履行义务的能力。

对自然人来说，权利能力是一律平等的，不得限制和剥夺（法律另有规定的除外）。我国法律规定，公民从出生时起到死亡时止，具有平等的权利能力。自然人的行为能力问题，是由法律予以规定的。自然人是否具备行为能力取决于行为人对自己的行为和后果是否具备识别和判断的能力。我国民法依年龄、智力水平和精神健康状况将公民的民事行为能力分为三种：①完全民事行为能力，指能够完全独立地通过自己的行为取得民事权利和承担民事义务的资格。《民法通则》第 11 条规定，18 周岁以上的公民是成年人，具有完全民事行为能力，可以独立进行民事活动，是完全民事行为能力人。16 周岁以上不满 18 周岁的公民，以自己的劳动收入为主要生活来源的，视为完全民事行为能力人。②限制民事行为能力，指只具有部分民事行为能力，其享有权利和承担义务的资格受到一定的限制，《民法通则》第 12 条第 1 款规定：“10 周岁以上的未成年人是限制民事行为能力人，可以进行与他的年龄、智力相适应的民事活动；其他民事活动由他的法定代理人代理，或者征得他的法定代理人的同意。”③无民事行为能力，是指公民不具有以自己的行为取得权利和承担义务的资格。《民法通则》第 12 条第 2 款以及第 13 条规定，不满 10 周岁的未成年人和不能辨认自己行为的精神病人是无民事行为能力人，其民事活动由他的法定代理人代理。一般而言，无行为能力人实施的法律行为绝对无效，例外情形下有效。如根据最高人民法院的司法解释，无行为能力的未成年人可实施纯获法律规定利益的行为和依法实施日常生活中定型化的消费行为。

对法人而言，权利能力是法人以自己的名义参与民事活动，取得民事权利，承担民事义务的资格。法人的民事权利能力从法人成立时产生，在法人终止时消灭。法人的行为能力是指法人以自己的行为进行民事活动，取得权利并承担义务的资格。法人的民事行为能力与其民事权利能力同时产生。根据法律规定，法人应在其登记的经营范围内从事活动，但法人订立的超越法人章程规定的经营范围的合同一般有效，除非合同的订立属于国家限制经营、特许经营和禁止经营三种情况。法人的民事行为能力是由法人的机关来实现的。法人机关是法人的有机组成部分，具体包括：权力机关、执行机关、代表机关和监督机关。在法人机关中，代表机关，一般称为法定代表人，是指依照法律和法人章程的规定，代表法人行使职责的负责人。法定代表人在其权限范围内代表法人从事活动，就是法人的行为，无须法人另行授权。

三、法律权利与法律义务

权利和义务是法学的基本范畴，二者贯穿于法的一切部门法之中，构成法律关系的内容。

（一）法律权利

权利与权力不同，权力包含有“支配”和“强制”之意，法律上的权力是指法律赋予的国家机关对社会或他人行使的强制力和支配力。而“权利”一词有多种解释，一般认为，法律上的权利是法律赋予和保护的权利主体满足其特定利益的法律手段。具体包含两个方面的含义：①权利来自法律的规定或有权国家机关的认可，并受法律保护；②权利是权利主体满足其特定利益的法律手段。权利主体可以在法定范围内享有某种利益，为实现自己的特定利益，权利主体有权做出一定的行为或不为一定的行为和要求他人做出一定行为或不为一定行为。如果义务主体不履行义务或者权利主体因他人的行为而使其权利受到侵害的，可以请求有关国家机关采取强制措施予以保护。

权利种类很多，性质各有不同。根据主体、内容、对象以及权利与义务的关系等，可以对权利做出多种分类，如道德权利、法定权利与习俗权利；应有权利、法定权利与实有权利；基本权利与派生权利；公法权利与私法权利；实体权利与程序权利；等等。根据民事权利所体现的利益的性质不同，民事权利可分为人身权利和财产权利。人身权利是以人身利益为内容的权利，包括人格权和身份权。人格权有姓名权、名称权、肖像权等；身份权有配偶权、亲权、亲属权等。财产权利是以财产利益为内容的权利，包括物权、债权、知识产权、继承权等，其中物权和债权是最基本的财产权。

物权是权利主体享有的直接支配特定财产并具有排他性的权利。直接支配性是物权的基本属性，是指物权人无须借助他人的意思或行为就可以根据自己的意志对标的物直接行使权利。物权包括所有权、用益物权和担保物权。所有权是所有权人对自己的不动产或者动产，依法享有占有、使用、收益和处分的权利。所有权人有权在自己的不动产或者动产上设立用益物权和担保物权。用益物权是指用益物权人对他人所有的不动产或者动产，依法享有占有、使用和收益的权利。国家所有或者国家所有由集体使用以及法律规定属于集体所有的自然资源，单位、个人依法可以占有、使用和收益。法律规定的用益物权有土地承包经营权、建设用地使用权、宅基地使用权和地役权。担保物权是指担保物权人在债务人不履行到期债务或者发生当事人约定的实现担保物权的情形，依法享有就担保财产优先受偿的权利。《物权法》规定的担保物权包括抵押权、质权和留置权。

债权是指债权人请求债务人根据法律规定或合同约定履行义务的权利。根据《民法通则》第 84 条规定：“债是按照合同的约定或者依照法律的规定，在当事人之间产生的特定的权利和义务关系。享有权利的人是债权人，负有义务的人是债务人。”债权人有权要求债务人依照法律规定或者合同的约定履行义务。债务人有义务满足债权人的要求。债权是请求权，债权人只享有请求债务人履行一定义务的权利，不能支配债务人的行为和财产。债权是相对权，债权人只能向债务人主张债权，债务人以外的其他一切人，对债权人不负履行义务。债权根据债的发生原因不同可分为合同之债、侵权之债、无因管理之债和不当得利之债。合同是当事人之间设立、变更、终止债权债务关系的协议。基于合同产生的债的关系为合同之债。不当得利是没有法律或合同上的根据取得利益，而导致他人遭受损害。发生不当得利的时候，由于一方取得利益无合法依据，另一方因而遭到损害，故法律规定损失方有权请求不当得利人返还所得利益。无因管理是指没有法定或约定的义条，为避免他人利益受损失进行管理或服务的行为。无因管理发生后，管理人和受益人之间便产生无因管理之债。侵权之债则是因侵权行为而发生的债的关系。

（二）法律义务

义务与权利相对应。法律上的义务，是指根据法律规定或法律关系主体的约定，义务人所必须承担的某种负担。其特点在于法律的强制性，具体表现为义务人必须为一定行为或不为一定行为，以维护国家利益或保证权利人的权利得以实现。如果义务人不履行义务，就要受到国家强制力的制裁。义务有多种分类：以义务发生的根据为标准，可分为法定义务和约定义务。法定义务是由法律直接规定的义务，如《产品质量法》规定的生产者和销售者对他人的人身和财产的安全保障义务。约定义务是法律关系主体根据其意志协商确定的义务，约定义务主要体现在合同关系中，但约定不能超出法律规定的范围。以义务人的行为方式为标准，义务可分为积极义务与消极义务。以作为的方式履行的义务为积极义务，如给付财务、完成工作、提供劳务等；以不作为的方式履行的义务为消极义务，如不侵害他人的物权、人身权的义务。

在法律关系中，权利与义务是一致的，不可分离。在法律上，一方有权利，他方必有相应的义务，或者互为权利义务，即“没有无义务的权利，也没有无权利的义务”。

四、法律责任

法律责任是法学基本范畴之一，一般是指法律关系主体因违反法定义务、约定义务或者基于某种特定的法律事实而应承担的不利法律后果。法律责任与一般的社会责任，如政治责任和道义责任等不同，它的主要特点是：法律责任以法律的明文规定为依据，并由国家强制力保证实现。国家通过强制违法者承担法律责任，来补救受到侵害的合法权益，恢复被破坏的社会关系和社会秩序。

根据不同的标准，法律责任可作不同的分类。如按照责任承担的内容不同，法律责任可以分为财产责任和非财产责任。在财产责任中，根据责任人承担责任的程度不同，可分为无限责任和有限责任。按照归责原则，也即根据责任的构成是否以当事人的过错为要件，法律责任分为过错责任、无过错责任、公平责任。按照责任人之间的关系不同，法律责任可以分为直接责任、连带责任和替代责任。按照实现责任的手段不同，法律责任可以分为惩罚性责任和补偿性责任。在法律实践中，法律责任最基本的分类是以引起责任的行为性质为标准，分为民事责任、行政责任、刑事责任和违宪责任。

（一）民事责任

民事责任是指公民或法人因违反民事义务，侵犯他人合法权益而依法应承担的不利后果。民事责任是现代社会常见的法律责任，主要包括违反合同的民事责任和侵权行为的民事责任。民事责任以民事义务的存在为前提，主要为补偿性的财产责任。根据《民法通则》第134条第1款规定，承担民事责任的方式主要有：停止侵害、排除妨碍、消除危险、返还财产、恢复原状、修理重作更换、赔偿损失、支付违约金、消除影响和恢复名誉、赔礼道歉等。上述各种民事责任形式，可以单独适用，也可以合并通用。

（二）行政责任

行政责任是指行政法律关系主体因违反行政法律或不履行行政法律义务而依法应承担的法律后果。承担行政责任的主体是行政主体和行政相对人。行政责任既包括行政机关及其工作人员、授权或委托的社会组织及其工作人员在行政管理中因违法失职、滥用职权或行政不当而产生的行政责任，也包括公民、社会组织等行政相对人违反行政法律而产生的行政责任。追究行政责任的形式有两种：即行政处分和行政处罚。行政处分是对国家机关工作人员或被授权委托的执法人员的行政违法行为实施的制裁措施，包括警告、记过、降级、降职、撤职、留用察看、开除等。行政处罚是指国家行政机关及其他依法可以实施行政处罚权的组织，对违反行政法律、法规、规章，尚不构成犯罪的公民、法人及其他组织实施的一种制裁行为。行政处罚是追究行政责任的主要方式，根据《行政处罚法》的规定，行政处罚主要有：警告、罚款、没收违法所得、责令停产停业、暂扣或者吊销许可证、暂扣或者吊销执照、行政拘留等。

（三）刑事责任

刑事责任是指行为人因违反刑事法律而应承担的法律后果。刑事责任以行为人违反刑事法律并具备犯罪的构成要件为前提，是一种最严厉的法律责任。刑罚是承担刑事责任的方式，我国刑法规定，刑罚分为主刑和附加刑两类。主刑包括管制、拘役、有期徒刑、无期徒刑和死刑；附加刑包括罚金、剥夺政治权利和没收财产。对于犯罪的外国人，可以独立适用或附加适用驱逐出境。

（四）违宪责任

违宪责任是一种特殊的法律责任，通常是指有关国家机关制定的某种法律、法规和规章，以及国家机关、社会组织或公民的某种行为与宪法的规定相抵触。宪法规定，宪法是国家的根本大法，具有最高法律效力，一切法律、行政法规和地方性法规都不得同宪法相抵触；一切违反宪法和法律的行为，必须予以追究。在我国，全国人民代表大会常务委员会负责监督宪法实施，认定违宪责任。

第二章　经济法概述

第一节　经济法概念和调整对象

一、经济法的产生与发展

早在 1755 年，法国空想社会主义者摩莱里所著的《自然法典》中就明确提出了经济法这一概念。1842 年，法国另一空想社会主义者德萨米所著《公有法典》中不但两次使用“经济法”这一词，而且还提出了与现行经济法相类似的工业法、农业法等一系列部门经济法。虽然如此，但这一时期的经济立法还是比较缓慢，没有形成独立的法律部门。

19 世纪末 20 世纪初，随着自由资本主义向垄断资本主义的过渡，主要的资本主义国家纷纷采用经济立法手段，对经济生活进行干预。具有代表性的是 1906 年德国学者雷特在《世界经济年鉴》中开始使用经济法这一名称，被认为是现代经济法的开端，不久德国以立法形式制定经济法律规范国家的经济发展。

美国在 20 世纪 30 年代发生了严重的经济危机，时任总统罗斯福为了摆脱危机，加紧推行“新政”，搞了一系列的“社会立法”，全面干预社会经济，帮助垄断资本家摆脱经济危机，从而加速了经济立法。

日本自明治维新后，制定了一系列调整经济关系的法律，在现行上万种法规中，大部分是与经济有关的条文。总之，资本主义国家经济法的产生与发展，标志着国家权力对经济生活开始实行直接的干预，以达到规范国家经济发展、振兴本国经济的目的。

在我国，现代经济法的产生较晚，主要分为两个阶段：

第一阶段：中国经济法的产生。从新中国成立至 20 世纪 70 年代末期，一直实行的是计划经济体制，经济法的形成速度比较缓慢。但是政府从宏观调控、维护国家和公共利益等需要出发，也制定和颁布了不少经济法律、法规，诸如《土地改革法》《私营企业暂行条例》《矿业暂行条例》《机关、国营企业、合作社签订合同契约的暂行办法》《工商企业管理登记试行办法》《商标管理条例》《基本建设工作暂行办法》《森林保护条例》等等。

这些经济法规、法令的颁布和施行，虽为我国公有制经济的建立和国民经济的发展积累了经验，但终因计划经济基本是由政府行政命令直接指挥经济活动，偏重于“人治”，使经济法律、法规流于形式。因此，将这个阶段称为中国经济法的产生时期。

第二阶段：中国经济法的发展。这个阶段可分为两个时期：

从 1979 年到 1992 年是第一时期。这个时期，中国开始改革过去高度集中的计划经济体制，实行与市场调节相结合的体制，国家经济模式也发生了明显变化，逐步重视价值规律和市场机制对国民经济的调节作用，重视以法律手段调控经济，颁布了大量的经济法律、法规。如《森林法》《个人所得税法》《外汇管理暂行条例》《标准化管理条例》《环境保护法（暂行）》《经济合同法》等等。十多年间，全国人民代表大会及其常务委员会和国务院制定的有关经济管理的法律、法规达600多种。这些法律法规的内容涉及企业管理、国有资产管理、财政、金融、价格、自然资源、环境保护以及工业、农业、建筑、交通、运输、科技、邮电、服务等各个方面。这个时期的经济立法总的来说，是适应经济体制改革初期的要求而产生的，其特点：

一是经济法与民商法、行政法不分；二是国家宏观调控主要依靠计划手段；三是法律、法规庞杂，作为经济法核心的重要法律缺位。

1993年至今是第二时期。这是中国经济法迅速发展的时期。1993年以来，国家围绕推进改革和建立社会主义市场经济法律体系框架，颁布了大量的经济法律、法规。在产业结构调整方面，国务院制定了《90年代国家产业政策纲要》，全国人民代表大会常务委员会制定了《农业法》《农业技术推广法》《科技进步法》等；在国有资产管理方面，颁布了有关国有资产管理、运营、评估、考核、监督等一系列法规；在财政税收方面，颁布了《预算法》《审计法》《会计法》；在金融方面，颁布了《中国人民银行法》《商业银行法》《票据法》《保险法》。

此外，还制定和实施了《反不正当竞争法》《消费者权益保护法》《产品质量法》《公司法》《担保法》《广告法》《价格法》《证券法》等大量的经济法律、法规，从而为建立完备的社会主义市场经济的经济法体系奠定了坚实的基础，确保了我国社会经济持续、稳定、健康的发展。

二、经济法概念及调整对象

经济法是国家从整体经济发展的角度，对具有社会公共性的经济活动进行干预、管理和调控的法律规范的总称。其含义有两个方面：

首先，经济法调整经济关系。所谓经济关系就是人们在从事经济活动中所产生的以物质利益为核心的社会关系，它是其他社会关系的本源和基础，简单地说，就是通过物而形成的人与人之间的关系。其他社会关系如政治关系、人身关系、行政关系等非经济关系不受经济法调整。因此，经济性是经济法最本质的特性，这一特性将经济法与民法、刑法、行政法等其他法的部门区别开来。

其次，经济法调整特定范围的经济关系。经济法调整的经济关系具有一定范围，而不是一切经济关系，如财产赠予关系、财产继承关系等虽是经济关系，但由民法调整，而不由经济法调整。经济法调整经济关系的范围限于国家在协调本国经济运行过程中发生的经济关系。因此，国家协调性是经济法的另一属性，即国家运用法律和非法律的手段，使经济运行符合客观规律的要求，推动国民经济的发展。

经济法的调整对象是特定的经济关系，表现为在本国经济运行过程中，为修正市场缺陷，国家进行社会协调与其他各方主体之间发生的经济关系，简称国家经济协调关系。随着时代和社会的变迁，社会经济关系是不断发展变化的，作为经济法调整对象的经济关系具体有哪些表现形式，经济法学界存在着比较大的意见分歧。一般而言，经济法的调整对象具体包括：

（一）企业组织管理关系

企业组织管理关系是指在企业设立、变更、终止过程中发生的经济管理关系和企业内部管理过程中发生的经济关系。在市场经济运行中，企业是最主要的市场主体。在当今社会，企业不仅要追求自身利益的最大化，而且要承担一定的社会责任。国家为了协调经济运行，并保障社会公共利益的需要，必须对企业这一市场主体的组织及其活动进行适度的干预。具体表现为，国家对企业的设立、变更、终止以及企业管理机构的设置、职权、财务管理、资产评估等进行必要的干预，以保证市场经济的健康运行。调整企业组织管理关系的法律主要有：《公司法》《合伙企业法》《个人独资企业法》《企业破产法》等。

（二）市场管理关系

市场管理关系指国家为了维护良好的市场竞争秩序，维护国家、生产经营者和消费者的合法权益而对市场进行管理过程中发生的经济关系。在市场经济条件下，市场可以通过竞争来提高配置资源的效率。但由于市场竞争具有天然的不正当竞争、限制竞争和垄断的倾向，以至于损害正当竞争，影响市场功能的实现，妨碍资源的优化配置。因此，在市场本身无力解决这一矛盾的情况下，国家可通过经济法律法规来加强市场管理，消除垄断和不正当竞争，以维护市场经济秩序，维护国家、经营者和消费者的合法权益。调整市场管理关系的法律主要有：《反不正当竞争法》《反垄断法》《消费者权益保护法》《广告法》《产品质量法》等。

（三）宏观经济调控关系

宏观经济调控关系是指国家为了实现经济总量的基本平衡，促进经济结构的优化，推动社会经济的协调发展，对国民经济的总体活动进行调节和控制过程中发生的经济关系，在市场经济条件下，市场是资源配置的主要手段，但市场不是万能的，它不能解决所有经济问题。市场最大弱点在于其自发性和盲目性，并缺乏足够的自我调节能力。如对经济总量的平衡、公共产品的供给、市场效率条件的保证以及资源和环境的保护等涉及全局性的经济关系，市场无能为力。这客观上需要由国家运用其力量来进行宏观调控，协调经济的发展。国家通过经济法律法规对关系国计民生的重大经济问题，对国民经济的总体活动进行调节和控制，有利于弥补市场调节的缺陷。宏观经济调控关系的法律主要有：《计划法》《国有资产管理法》《税法》《价格法》《中央银行法》《政策性银行法》等。

（四）社会保障关系

社会保障关系是指在社会保障过程中发生的经济关系。具体而言，是指以国家、社会和全体社会成员为主体，为了保证社会成员的基本生活需要并不断提高其生活水平，以及解决某些特殊社会群体的生活困难而发生的经济扶助关系。市场经济条件下，优胜劣汰的市场竞争机制，一方面激发了社会的活力，另一方面也增大了社会成员的生存压力和风险，市场本身无力解决社会成员遇到风险后的基本生活保障问题，需要国家进行协调。国家通过建立强制实施、互助互济、社会化管理的社会保障制度，以保障社会成员的基本生活权利，维护社会的稳定。调整社会保障关系的法律是社会保障法，它可再划分为社会保险法、社会救助法、社会福利法和社会优抚法。

三、经济法与民法、行政法的关系

（一）经济法与民法的关系

经济法与民法的共同之处，就是同属于上层建筑的组成部分，都以经济关系作为自己的调整对象。但由于它们调整的商品经济关系不同，又各有特殊性。经济法与民法的根本区别就在于，前者是以对社会经济的宏观调控为出发点，而后者是与以私有制为基础的商品经济相适应。

具体来说，经济法与民法的区别可概括为四个方面：

① 调整对象不同。经济法的调整对象是国家对经济活动的协调和管理关系，而民法的调整对象是平等主体的公民之间、法人之间、公民与法人之间的财产关系和人身关系。

② 调整目的不同。经济法调整的主要目的是维护国家和国家经济的整体利益，而民法调整的主要目的是保障公民法人的合法民事权益。

③ 主体不同。经济法的主体地位具有不平等性，而民法的主体是平等的公民、法人或其他组织。

④ 调整的原则、方法不同。经济法调整的原则是既要体现主体平等的一面，又要服从统一的国民经济规划，体现上下级的服从关系。在调整方法上，民法主要采取民事的方法，而经济法则采用经济、行政和刑事的综合方法。

（二）经济法与行政法的关系

行政法是调整行政管理关系的，包括行政主体和行政行为等。经济管理关系与行政管理关系不同，尽管在行政法中也包括经济行政行为，但经济法调整的国民经济管理关系要比行政关系广泛深入得多。至于经济法调整的特定经济关系，更是行政法所不可及的。

行政法的主体与经济法的主体也是不同的，它不包括经济组织内部的职能机构和生产经营单位。在调整方法上，行政法使用行政命令的方法，采取行政制裁的形式；而经济法则采用隶属关系与平等协商相结合，以追究经济责任、行政责任直至刑事责任相结合的制裁形式。

应注意的是经济法、民法、行政法在调整社会关系上各有所长并各有侧重，而在某些方面又是交叉的，任何的片面理解或绝对割裂都是不可取的。

第二节 经济法律关系

一、经济法律关系的概念

经济法律关系是指由经济法律规范所确认的，经济法主体在国家协调经济运行过程中所形成的权利和义务关系。

这一定义包括以下几层含义：①经济法律关系是经济法律规范调整和规范的法律关系，没有经过经济法律的调整，不属于经济法律关系的范畴。它是法律关系在经济法领域的体现，是法律关系的具体化。②经济法律关系是一种思想意志关系，是体现国家意志和个人意志的权利和义务关系，属于上层建筑的范畴。它与经济法调整的经济关系不是同一个概念。经济关系是物质的社会关系，属于经济基础的范畴，是经济法律关系产生的前提和基础；而经济法律关系是经济关系存在和发展的法律形式和保障。③经济法律关系是国家在协调经济运行过程中所形成的权利义务关系。国家经济管理机关在协调经济运行过程中，凭借其权力，依法行使其国家经济管理职能，与相对方形成调节和控制的权利义务关系。在这一管理关系中，国家居于主导地位，相对方只能接受和服从管理，双方的法律地位是不平等的。但是，经济法律关系双方的地位不平等，并不意味着法律关系双方存在隶属关系。

二、经济法律关系的构成要素

经济法律关系的构成要素，是指经济法主体之间的权利和义务关系的必要组成部分。经济法律关系是一种法律关系，其构成同样需要具备主体、内容和客体三个基本要素。

（一）经济法律关系的主体

经济法律关系主体，即经济法主体，是指参与经济法律关系，并依法享有经济权利和承担经济义务的当事人。其中，享有经济权利的当事人叫权利主体，承担经济义务的当事人叫义务主体。经济法律关系主体是经济法律关系中最积极、最活跃的因素。一般而言，在经济法律关系中，经济法律关系主体相互之间往往互负权利和义务，即在同一经济法律关系中他们既是权利主体又是义务主体。

在我国，根据目前的经济法理论，经济法律关系的主体包括以下几类：

国家机关。作为经济法律关系主体的国家机关，主要是国家行政机关中的经济管理机关。经济管理机关，主要是按照宪法和有关法律的规定成立的，运用国家权力组织和管理国民经济结构与运行的专门机关，根据职能分工的不同，经济管理机关可以分为综合性经济管理机关、职能性经济管理机关、行业性经济管理机关、监督性经济管理机关和授权性的经济组织等五类。经济管理机关作为经济法律关系的主体不仅行使国家管理与协调经济的职能，而且在特殊情况下，也直接参与某些经济活动，享有权利，承担义务。

经济组织。经济组织是指具有独立地位，独立核算，直接从事生产、经营活动的组织，主要指各类企业，包括法人、非法人经济组织和经核准登记的分支机构。经济组织是经济法律关系中最基本、最广泛的主体。此外，一些非经济组织如事业单位、社会团体、中介组织等，在进行经济活动受经济法律规范的调整时，也可成为经济法律关系的主体。

个人。个人是公民（自然人）、个体工商户和农村承包经营户的统称，当他们基于法律规定或为实现一定的经济目的同其他经济法律关系的主体产生经济权利和经济义务时，就成为经济法律关系的主体。

国家。在经济法律关系主体中，国家是一个特殊的主体。比如发行国债、国库券等，必须以国家的名义进行，此时，国家才成为经济法律关系的主体。

（二）经济法律关系的内容

经济法律关系的内容，是指经济法律关系主体依法所享有的经济权利和承担的经济义务。经济权利和经济义务构成经济法律关系的内容，二者相互依存、相伴而生，是既对立又统一的关系。

1. 经济权利

经济权利是指法律赋予和保护的经济法律关系的主体满足其特定利益的法律手段。具体表现为，经济法律关系中的权利主体，一方面有权在法定的范围内按照自己的意志实施或不实施一定的经济行为；另一方面，有权要求负有义务的相对方实施或不实施一定的行为，以实现自己的经济利益。当其合法权益遭受侵害或者不能实现时，经济法律关系中的权利主体可以请求国家机关给予保护。

经济权利的主要内容包括：

经济职权。经济职权，是指国家机关或其授权单位依法行使经济管理与协调职能时所享有的具有命令与服从性质的权力。它是国家干预和调整社会经济生活的主要依据。其特征为：①经济职权的产生源于法律直接规定或者经由法律授权，具有强制性和专属性；②经济职权具有命令与服从的隶属性质；③国家机关必须正确行使经济职权，不得滥用，也不得抛弃或转让，否则需要承担相应的法律责任。经济职权的内容主要有决策权、许可权、审批权、确认权、协调权、监督权等。

财产所有权。财产所有权，是指经济法律关系的主体对其所有的财产依法所享有的占有、使用、收益和处分的权利。财产所有权是一种绝对权和对世权，具有排他性。

经营管理权。经营管理权是指企业对所有人授予其经营管理的财产所享有的占有、使用和依法处分的权利。经营管理权是企业的核心权利，具体包括：生产经营决策权、产品劳务定价权、物资采购权、产品销售权、资产处置权、人事劳动管理权，等等。

请求权。请求权是指经济法律关系主体的合法权益遭受侵害时，依法所享有的要求侵权人停止侵害或履行义务，并要求国家机关给予保护的权利。这是一种救济性的权利，通常情况下包括要求赔偿权、请求调解权、申请仲裁权和经济诉讼权等。

2. 经济义务

经济义务是指经济法律关系中的义务主体为了满足权利主体的权利要求，实现权利主体的权利而依法必须为或不为一定行为的责任。经济义务的主要内容包括：①贯彻国家的方针和政策，遵守法律和法规的义务；②正确行使经济职权和经济权利的义务；③服从国家机关监督管理的义务；④依法纳税的义务；⑤法律规定的其他经济义务。

（三）经济法律关系的客体

经济法律关系客体，是指经济法律关系主体享有的经济权利和承担的经济义务所共同指向的对象。经济法律关系客体是经济法律关系必不可少的构成要素之一，主要有三类：物、行为和智力成果。法律意义上的物，是指能够满足法律关系主体的需要，并可为其支配的物质对象，主要包括动产和不动产。物如果符合经济法律规范所设定的条件，就可成为经济法律关系的客体。经济行为是指经济法律关系主体根据经济法律、法规的规定，为了实现某种特定的经济目的而实施的行为。如根据《广告法》的规定，工商行政管理部门对广告的监督管理行为，相应的广告主、广告经营者和广告发布者接受监督管理的行为均为广告法律关系的客体。智力成果，又称为精神产品或无形财产，是指人们所创造的、能为其带来经济价值的脑力劳动成果，它是文学艺术作品、专利、专有技术和商标等一切创造性劳动成果的统称。智力成果通常是民事法律关系的客体，但在对智力成果进行管理所发生的法律关系中，是经济法律关系的客体。

三、经济法律事实

在社会经济活动中，经济法律关系的产生、变更和终止需要具备一定的条件，即经济法律事实。经济法律事实，是指经济法律规范所规定的、能够引起法律关系产生、变更和终止的客观情况，分为经济行为和事件两类。经济行为，是指经济法律关系的主体为实现一定的经济目的而进行的活动，经济行为可以是经济合法行为，如国家机关的经济管理行为、企业的经营行为、公民的纳税行为等；也可以是经济违法行为，如不正当竞争行为、垄断行为等。这两种行为都可以引起经济法律关系的发生、变更或终止。事件，是指不以当事人的主观意志为转移的客观事实。事件包括自然事件和社会事件，前者如自然灾害、人的生老病死等；后者如社会革命、战争等。这些事件的出现都能引起经济法律关系的产生、变更或终止。

第三节　经济法律责任

一、经济法律责任的概念

经济法律责任是指由经济法规定，在经济法主体违反法定经济义务时必须承担的法律后果。它是国家用以保护现实的经济法律关系的重要方法，也是体现经济法的强制力，使之得以通行的重要保障。

二、经济法律责任的形式

承担经济法律责任的形式，是指经济法主体违反经济法所承担法律责任的主要方式，包括民事责任、行政责任和刑事责任。

（一）民事责任

1. 民事责任的概念和种类

民事责任是指经济法主体违反经济法律、法规，依法应承担的民事法律后果。最基本的民事责任有违约责任、侵权责任两种：

违约责任即责任人违反约定的义务，依法应承担的民事责任；侵权责任是指行为人不法侵害社会公共财产或者他人的财产、人身权利而依法应承担的民事责任。

2. 承担民事责任的原则

承担民事责任的原则是指法律所确定的行为人承担责任的根据和标准，主要有过错责任原则、无过错责任原则、公平责任原则三种。

过错责任原则是以行为人主观上的过错作为承担民事责任的根据。这是我国经济法确认的，在追究违法主体的经济法律责任时普遍适用的一项原则。过错责任原则，是指认定行为人在主观上存在故意或者过失时，追究法律责任的原则。行为人在故意或者过失违反法律时，应当承担法律责任。

无过错责任原则是承担法律责任的特殊原则。所谓特殊，是指它是比过错责任原则更加严格的一项原则，故又称严格责任原则，是指在法律直接规定的情况下，无论行为人主观上有无过错，都要对损害事实承担责任的原则。此项责任不以过错为构成要件，只要有法律规定，经济法主体就要对损害承担赔偿责任。

公平责任原则是指当事人双方对损害结果的发生均无过错，且无法适用无过错责任原则的情况下，由法院依据公平观念，确定双方合理分担损失的原则。这一原则是公平法律价值的具体体现，是前两种原则无法适用的情况下，为避免双方权益显失公平而确立的一项补充性原则。

3. 一般侵权民事责任的构成要件

（1）行为具有违法性

行为人实施的行为是一种违反民事法律规范的行为，既可以表现为行为人实施了法律禁止的行为，也可以表现为行为人不履行义务的违法行为。行为的违法性是构成一般侵权民事责任的必要条件。

（2）行为人主观上有过错

过错是指行为人在实施违法行为时，主观上所持的故意或过失的心理状态。故意是指行为人能够预见到自己的行为会产生一定的危害后果，但仍实施该行为并希望或放任危害结果的发生；过失是指行为人应该预见到自己的行为会发生危害结果，但由于疏忽大意而没有预见或者虽然预见却轻信可以避免，致使危害结果发生。这两种过错都应该承担民事责任。

（3）有损害事实存在

一般情况下，只有出现了损害的后果才需要承担民事责任，如果只有违法行为但没有损害结果，就不构成民事责任。损害事实既包括公私财产的损害，也包括人身权利的损害。损害事实是构成民事责任的基本条件。

（4）违法行为与损害事实之间存在因果关系

损害事实是由于侵权行为而引起的，两者之间存在着客观的、内在的、必然的联系，即特定的损害事实是行为人的侵权行为必然引起的结果。只有当两者之间存在因果关系时，行为人才应承担相应的民事责任。

4. 民事责任的免责事由

民事责任的免责事由是指依照法律规定，免于承担民事责任的情形，主要包括不可抗力、正当防卫、紧急避险、受害人的过错四种。

不可抗力是指不能预见、不能避免并不能克服的客观情况，如地震、台风等；也可以是社会现象，如战争、动乱等。

正当防卫是指自然人为了使公共利益、本人或者他人的人身权利和其他权利免受正在进行的不法侵害而采取的必要的防卫行为。

紧急避险是指自然人为使公共利益、本人或他人的人身和其他合法权利免受正在发生的危险的侵袭而被迫采取牺牲他人较小利益的紧急措施。

受害人的过错是指受害人对损害结果的发生存在过错，如果加害人并无过错，损害结果完全是受害人的行为引起的，免除加害人的责任。

以上四种情况，可以免除当事人承担的民事责任。

5. 承担民事责任的方式

支付违约金；修理、重作、更换；停止侵害；排除妨碍；消除危险；返还财产；恢复原状；赔偿损失；消除影响；恢复名誉；赔礼道歉。

（二）行政责任

行政责任是指对违反经济法律法规的单位和个人依法追究的行政处罚和处分。追究行政责任，由国家行政机关或国家授权的有关单位依法执行。

根据《中华人民共和国行政处罚法》第 8 条的规定，行政处罚的种类包括：警告；罚款；没收违法所得、没收非法财物；责令停产停业；暂扣或者吊销许可证、暂扣或者吊销执照；行政拘留；法律、行政法规规定的其他行政处罚。此外，国家机关、企事业单位还可根据法律、法规，按照行政隶属关系对违法者实施行政处分。行政处分的种类有警告、记过、记大过、降职、撤职、留用察看、开除等。

（三）刑事责任

刑事责任是指国家司法机关对严重违反刑法，构成犯罪的直接责任人依法追究其责任，即给予刑事处罚。根据《中华人民共和国刑法》的相关规定，刑罚分为主刑和附加刑。主刑的种类包括：管制；拘役；有期徒刑；无期徒刑；死刑。附加刑的种类包括：罚金；剥夺政治权利；没收财产。主刑只能独立适用，附加刑既可以独立适用，也可以作为主刑的附加刑适用。对犯罪的外国人，可以独立适用或者附加适用驱逐出境。公司、企业、事业单位、机关、团体实施危害社会的行为，法律规定为单位犯罪的，应当负刑事责任。单位犯罪的，对单位判处罚金，并对直接负责的主管人员和其他直接责任人员判处刑罚。

经济法律责任具有不可分割性，追究经济法律责任必须统一进行。在具体追究经济法律责任时，民事责任、行政责任和刑事责任既可以单独适用，又可以合并适用。经济法主体违反经济法律、法规，需要予以处罚时，一定要视其情节轻重，区别对待。

第三章 公司法

第一节 公司基本制度

一、公司的概念与特征

公司是指依据公司法设立，以营利为目的，全部资本由股东投资形成的企业法人。公司具有以下特征：

1. 公司依法设立

公司必须依据《公司法》和其他有关法律、法规的特别规定设立，《公司法》对公司的章程、资本、组织机构、活动原则等都做了明确规定，公司设立必须经过法定程序，进行工商登记。公司是投资者依照法定条件和程序设立的组织。

2. 公司以营利为目的

以营利为目的是公司与机关、事业单位和社会团体法人的主要区别。以营利为目的，是指公司设立以经营并获取利润为目的，而经营活动的目的是获取利润并将其分配给公司的股东。如果某些公司对经营利润不进行分配，而是用于社会公益等其他目的，则不属于以营利为目的的公司性质。

3. 公司具有法人资格

公司是企业法人，公司具有民事权利能力和民事行为能力，依法拥有独立的财产并能够依法独立承担民事责任。

二、公司的种类

（一）无限公司、两合公司、有限责任公司、股份有限公司

以股东承担责任方式为标准，可将公司分为无限公司、两合公司、有限责任公司、股份有限公司。

无限公司：全体股东就公司债务负连带无限责任。

两合公司：一部分股东对公司债务负无限责任，另一部分股东负有限责任的公司。其中，无限责任股东是公司经营管理者，有限责任股东则是不参与经营管理的出资者。

有限责任公司：全体股东对于公司的债务，仅以各自的出资额为限承担责任，公司以其全部资产对公司债务承担责任。

股份有限公司：公司资本划分为若干金额相等的股份，全体股东仅以自己认购的股份为限对公司债务承担责任，公司以其全部资产对公司债务承担责任。

我国《公司法》所称公司是指依照本法在中国境内设立的有限责任公司和股份有限公司。

（二）人合公司、资合公司、人资兼合公司

以公司信用基础为标准，可将公司分为人合公司、资合公司、人资兼合公司。

人合公司是指不以公司资本的多少，而以股东个人财力、信誉为信用基础的公司，股东个人的信用状况是公司进行各种对外活动时的信用基础，无限公司就属于典型的人合公司。资合公司是指不以股东的个人信用，而以公司资本的结合及规模为信用基础的公司，公司资本和资产条件才是其经济活动的保障。上市公司就属于典型的资合公司。人资兼合公司是指公司运营的同时依赖股东个人的信用和公司资本的规模，即同时以公司资本和股东个人信誉作为公司信用基础的公司。两合公司就属于典型的人资兼合公司。

（三）母公司和子公司

依据公司之间的股权或股份控制或者从属关系进行分类，可将公司分为母公司和子公司。

所谓母公司，是指拥有另一公司一定比例以上的股份，并能对另一公司实行实际控制的公司。所谓子公司是指该公司一定比例的股份为另一公司所控制的公司。根据公司法的相关规定，母公司与子公司相互独立，各自具有独立法人资格，依法独立承担民事责任。

（四）总公司和分公司

依据公司的内部管辖进行分类，可将公司分为总公司和分公司。

分公司是指总公司管辖之下的法人分支机构，许多公司为方便开展业务而设置分公司，与分公司相对的就是总公司。分公司是依法设立的以公司名义进行经营活动，其法律后果由总公司承担的分支机构。分公司没有自己的独立财产，其实际占有、使用的是总公司的财产；它没有自己的章程，其遵循的是总公司的章程；它不独立承担民事责任，其民事责任由总公司来担。分公司不具有法人资格，但可领取营业执照，在总公司授权的范围内以自己的名义进行业务活动。所以，从总公司与分公司的关系来看，虽然分公司也有公司字样，但它不是真正意义上的公司。

三、公司法

公司法是指规定公司法律地位，规范公司在设立、变更与解散过程中的组织与行为，以及对内对外关系的法律规范的总称。

公司法有广义和狭义之分。狭义的公司法仅指《中华人民共和国公司法》。广义的公司法除《公司法》外还包括其他有关的法律、法规、行政规章、司法解释及其他各法之中的调整公司组织关系、规范公司组织行为的法律规范。

本书中所指的是狭义的公司法，即《中华人民共和国公司法》（以下简称《公司法》）。

我国的《公司法》由第八届全国人民代表大会常务委员会第五次会议于1993年12月29日通过，自1994年7月1日起施行。此后，全国人民代表大会常务委员会于1999年、2004年对《公司法》进行了两次修改，但修改的幅度都不大。2005年10月27日，第十届全国人民代表大会常务委员会第十八次会议，根据我国经济与社会发展的实际情况，对《公司法》进行了较大规模的修订，修订后的《公司法》自2006年1月1日起施行。2013年12月28日，第十二届全国人民代表大会常务委员会第六次会议又对公司法进行了修订，并于2014年3月1日起施行。

《公司法》适用于依照法律在中国境内设立的有限责任公司和股份有限公司。外商在

中国境内投资设立的有限责任公司和股份有限公司也适用《公司法》。

四、公司法人财产权与股东权利

（一）公司法人财产权

公司法人财产权是指公司作为企业法人对股东投资形成的该公司的全部财产，依法享有占有、使用、受益、处分的权利。我国《公司法》明确规定，公司是企业法人，有独立的法人财产，享有法人财产权。这就意味着，尽管公司的财产来源于股东的投资，但股东一旦将自己的资产投入公司后，就丧失了对该财产直接支配的权利，而是由公司享有对该财产的支配权。作为投资的股东，依法享有的是该公司的股权。为此，《公司法》明确规定，公司向其他企业投资或者为他人提供担保，按照公司章程的规定，由董事会或者股东会、股东大会决议；公司章程对投资或者担保的总额及单项投资或者担保的数额有限额规定的，不得超过规定的限额。公司为公司股东或者实际控制人提供担保的，必须经股东会或者股东大会决议。接受担保的股东或者受实际控制人支配的股东，不得参加上述规定事项的表决。该项表决由出席会议的其他股东所持表决权的过半数通过。

（二）公司股东权利

股东是指通过向公司出资或其他合法途径获得公司股权，并对公司享有权利和承担义务的人。从严格意义上说，在公司法上，有限责任公司股东与股份有限公司股东的内涵有所区别。有限责任公司股东是指在公司成立时向公司出资或在公司成立后依法继受取得股权，对公司享有权利和承担义务的人。股份有限公司股东是指在公司设立时或设立后合法取得股份，对公司享有权利和承担义务的人。

公司股东权利又称股权，是指股东因向公司直接投资而享有的权利，即股东作为出资者按投入公司的资本额享有的股权。根据《公司法》的规定，公司股东依法享有资产受益、参与重大决策和选择管理者等权利。股东的股权与公司的法人财产权有着十分密切的关系，二者之间既彼此独立又相互制衡，呈现出缺一不可的关系。股东通过行使股权，来反映自己对公司的意志，以此实现对公司的制衡。可以说，没有股东的股权，公司的法人财产权就无从谈起。而公司一旦成立，股东和公司之间财产就要相互分离，而且人格也要彼此独立。法人财产权的享有者只能是公司，股东不能因为拥有股权而直接干涉公司对法人财产权的行使。

五、公司的合并、分立、解散与清算

（一）公司的合并和分立

1. 公司合并

公司合并是指两个以上的公司结合成为一个公司。按照《公司法》的规定，公司合并可以采取吸收合并和新设合并两种形式。一个公司吸收其他公司为吸收合并，被吸收的公司解散。两个以上公司合并设立一个新的公司为新设合并，合并各方解散。

公司合并时，合并各方应当签订合并协议，并编制资产负债表及财产清单。公司应当自做出合并决议之日起10日内通知债权人，并于30日内在报纸上公告。债权人自接到通知书之日起30日内，未接到通知书的自公告之日起45日内，有权要求公司清偿债务或者提供相应的担保。公司合并时，合并各方的债权、债务，应当由合并后存续的公司或者新设的公司承继。

2. 公司分立

公司分立是指一个公司分割成两个以上的公司。公司分立时，其财产应当进行相应的分割，公司应当编制资产负债表和财产清单。公司应当自做出分立决议之日起 10 日内通知债权人，并于 30 日内在报纸上公告。公司分立前的债务由分立后的公司承担连带责任。但是，公司在分立前与债权人就债务清偿达成的书面协议另有约定的除外。公司合并或者分立，登记事项发生变更的，应当依法向公司登记机关办理变更登记；公司解散的，应当依法办理公司注销登记；设立新公司的，应当依法办理公司设立登记。

（二）注册资本的增加或减少

公司可以依法增加注册资本。有限责任公司增加注册资本时，股东认缴新增资本的出资，按照设立有限责任公司时缴纳出资的有关规定执行。股份有限公司减少注册资本时，必须编制资产负债表及财产清单，并且要通知或者向债权人发布公告。通知和发布公告的要求与公司合并的要求相同。公司增加或者减少注册资本，应当依法向公司登记机关办理变更登记。

（三）公司的解散和清算

1. 公司的解散

公司的解散是指公司因法定条件或者约定不再继续存在的状态。《公司法》规定的公司解散的原因有：

公司章程规定的营业期限届满或者公司章程规定的其他解散事由出现。不过，公司可以通过修改章程而存续。公司解散的具体形式有：

① 股东会或者股东大会决议解散；

② 因公司合并或者分立需要解散；

③ 依法被吊销营业执照、责令关闭或者被撤销；

④ 公司经营管理发生严重困难，继续存续会使股东利益受到重大损失，通过其他途径不能解决的，持有公司全部股东表决权 10%以上的股东，可以请求人民法院解散公司。

2. 公司的清算

(1) 清算组的组成

公司除因合并或者分立而解散的，应当在解散事由出现之日起 15 日内成立清算组，开始清算。

有限责任公司的清算组由股东组成；股份有限公司的清算组由董事或者股东大会确定的人员组成。逾期不成立清算组进行清算的，债权人可以申请人民法院指定有关人员组成清算组进行清算。人民法院应当受理该申请，并及时组织清算组进行清算。

(2) 清算组的职权

清算组在清算期间行使下列职权：

① 清理公司财产，分别编制资产负债表和财产清单；

② 通知、公告债权人；

③ 处理与清算有关的公司未了结的业务；

④ 清缴所欠税款以及清算过程中产生的税款；

⑤ 清理债权、债务；

⑥ 处理公司清偿债务后的剩余财产；

⑦ 代表公司参与民事诉讼活动。

（3）公司清算的程序

清算工作一般要经过以下程序：

① 申报、登记债权。清算组应当自成立之日起10日内通知债权人，并于60日内在报纸上公告。债权人应当自接到通知书之日起30日内，未接到通知书的自公告之日起45日内，向清算组申报其债权。债权人申报其债权，应当说明债权的有关事项，并提供证明材料。清算组应当对债权进行登记。在申报债权期间，清算组不得对债权人进行清偿。

② 清理公司财产，制订清算方案。清算组在清理公司财产、编制资产负债表和财产清单后，应当制定清算方案，并报股东会、股东大会或者人民法院确认。清算组在清理公司财产、编制资产负债表和财产清单后，发现公司财产不足清偿债务的，应当立即向人民法院申请宣告破产。公司经人民法院裁定宣告破产后，清算组应当将清算事务移交给人民法院。

③ 清偿公司债务。公司财产能够清偿公司债务的，分别支付清算费用、职工工资、社会保险费用和法定补偿金，缴纳所欠税款，清偿公司债务，清偿公司债务后的剩余财产，有限责任公司按照股东的出资比例分配，股份有限公司按照股东持有的股份比例分配。清算期间，公司存续，但不得开展与清算无关的经营活动。公司财产在未按前述顺序清偿前，不得分配给股东。

④ 注销公司登记并公告。公司清算结束后，清算组应当制作清算报告，报股东会、股东大会或者人民法院确认，并报送公司登记机关，申请注销公司登记，公告公司终止。

六、违反公司法的法律责任

（一）公司发起人、股东的法律责任

根据《公司法》的规定，公司发起人、股东违反法律规定，主要承担以下法律责任：

① 违反《公司法》规定，虚报注册资本、提交虚假材料或者采取其他欺诈手段隐瞒重要事实取得公司登记的，由公司登记机关责令改正。对虚报注册资本的公司，处以虚报注册资本金额5%以上15%以下的罚款；对提交虚假材料或者采取其他欺诈手段隐瞒重要事实的公司，处以5万元以上50万元以下的罚款；情节严重的，撤销公司登记或者吊销营业执照。构成犯罪的，依《刑法》规定追究刑事责任。

② 公司的发起人、股东虚假出资，未交付或者未按期交付作为出资的货币或者非货币财产的，由公司登记机关责令改正，处以虚假出资金额5%以上15%以下的罚款。构成犯罪的，依《刑法》规定追究刑事责任。

③ 公司的发起人、股东在公司成立后，抽逃其出资的，由公司登记机关责令改正，处以所抽逃出资金额5%以上15%以下的罚款。构成犯罪的，依《刑法》规定追究刑事责任。

（二）公司的法律责任

根据《公司法》的规定，公司违反法律规定，主要承担以下法律责任：

① 公司违反《公司法》规定，在法定的会计账簿以外另立会计账簿的，由县级以上人民政府财政部门责令改正，处以5万元以上50万元以下的罚款。构成犯罪的，依法追

究刑事责任。

② 公司在依法向有关主管部门提供的财务会计报告等材料上作虚假记载或者隐瞒重要事实的，由有关主管部门对直接负责的主管人员和其他直接责任人员处以 3 万元以上 30 万元以下的罚款。

③ 公司不依照《公司法》规定提取法定公积金的，由县级以上人民政府财政部门责令如数补足应当提取的金额，可以对公司处以 20 万元以下的罚款。

④ 公司在合并、分立、减少注册资本或者进行清算时，不依照《公司法》规定通知或者公告债权人的，由公司登记机关责令改正，对公司处以 1 万元以上 10 万元以下的罚款。

⑤ 公司在进行清算时，隐匿财产，对资产负债表或者财产清单作虚假记载或者在未清偿债务前分配公司财产的，由公司登记机关责令改正，对公司处以隐匿财产或者未清偿债务前分配公司财产金额 5%以上 10%以下的罚款；对直接负责的主管人员和其他直接责任人员处以 1 万元以上 10 万元以下的罚款。构成犯罪的，依《刑法》规定追究刑事责任。

⑥ 公司在清算期间开展与清算无关的经营活动的，由公司登记机关予以警告，没收违法所得。

⑦ 公司成立后无正当理由超过 6 个月未开业的，或者开业后自行停业连续 6 个月以上的，可以由公司登记机关吊销营业执照。

⑧ 公司登记事项发生变更时，未依照《公司法》规定办理有关变更登记的，由公司登记机关责令限期登记；逾期不登记的，处以 1 万元以上 10 万元以下的罚款。

⑨ 外国公司违反《公司法》规定，擅自在中国境内设立分支机构的，由公司登记机关责令改正或者关闭，可以并处 5 万元以上 20 万元以下的罚款。

公司违反《公司法》规定，应当承担民事赔偿责任和缴纳罚款、罚金的，其财产不足以支付时，先承担民事赔偿责任。

（三）清算组的法律责任

根据《公司法》的规定，清算组违反法律规定，主要承担以下法律责任：

① 清算组不依照《公司法》规定向公司登记机关报送清算报告，或者报送清算报告隐瞒重要事实或者有重大遗漏的，由公司登记机关责令改正。隐匿财产，对资产负债表或者财产清单做虚假记载或者在未清偿债务前分配公司财产，严重损害债权人或者其他人利益的，依《刑法》规定追究刑事责任。

② 清算组成员利用职权徇私舞弊、谋取非法收入或者侵占公司财产的，由公司登记机关责令退还公司财产，没收违法所得，并可以处以违法所得 1 倍以上 5 倍以下的罚款。构成犯罪的，依法追究刑事责任。

（四）承担资产评估、验资或者验证机构的法律责任

① 承担资产评估、验资或者验证的机构提供虚假材料的，由公司登记机关没收违法所得，处以违法所得 1 倍以上 5 倍以下的罚款，并可以由有关主管部门依法责令该机构停业、吊销直接责任人员的资格证书，吊销营业执照。构成犯罪的，依《刑法》规定追究刑事责任。

② 承担资产评估、验资或者验证的机构因过失提供有重大遗漏的报告的，由公司登记机关责令改正，情节较重的，处以所得收入 1 倍以上 5 倍以下的罚款，并可以由有关主管部门依法责令该机构停业、吊销直接责任人员的资格证书，吊销营业执照。严重不负责

任，出具的证明文件有重大失实，造成严重后果的，依《刑法》规定追究刑事责任。

③ 承担资产评估、验资或者验证的机构因其出具的评估结果、验资或者验证证明不实，给公司债权人造成损失的，除能够证明自己没有过错的外，在其评估或者证明不实的金额范围内承担赔偿责任。

（五）公司登记机关的法律责任

根据《公司法》的规定，公司登记机关违反法律规定，主要承担以下法律责任：

① 公司登记机关对不符合《公司法》规定条件的登记申请予以登记，或者对符合《公司法》规定条件的登记申请不予登记的，对直接负责的主管人员和其他直接责任人员，依法给予行政处分。构成犯罪的，依法追究刑事责任。

② 公司登记机关的上级部门强令公司登记机关对不符合《公司法》规定条件的登记申请予以登记，或者对符合《公司法》规定条件的登记申请不予登记的，或者对违法登记进行包庇的，对直接负责的主管人员和其他直接责任人员依法给予行政处分。构成犯罪的，依法追究刑事责任。

第二节　有限责任公司

一、有限责任公司的概念及特征

有限责任公司是指由一定数额的股东依据《公司法》的规定共同出资设立，每个股东以其所认缴的出资额为限对公司承担责任，公司以其全部财产对公司债务承担责任的企业法人。有限责任公司有以下特征：

1. 公司及股东承担有限责任

有限责任公司成立后，该公司只以其全部资产为限，对公司债务承担责任；其股东只需以出资额为限对公司债务承担责任，而不涉及该股东的其他个人财产。

2. 股东有最高人数限制

依据《公司法》的规定，有限责任公司股东有最高人数限制。即有限责任公司由 50 人以下股东出资设立。

3. 公司具有封闭性

有限责任公司不能向社会公开募集资本，不能发行股票，其股本只能由全体股东认缴，股东的出资凭证是出资证明书且不得在市场上流通转让。

4. 设立程序较为简单

有限责任公司的设立程序相对简单。一般由全体设立人共同制定公司章程，股东依照《公司法》和公司章程的规定缴纳了各自所认缴的出资额，即可在登记机关登记设立。

二、有限责任公司的设立

（一）有限责任公司设立的条件

1. 股东符合法定人数

依据我国《公司法》的规定，有限责任公司由 50 人以下股东出资设立，股东人数可以为 1 个或 50 个以下股东，既可以是自然人，也可以是法人。

2. 股东共同制定公司章程

公司章程是指公司依法制定的，规定公司名称、住所、经营范围、公司组织及活动的基本规则等事项，并对公司及其股东、董事、监事、高级管理人员均具有约束力的基本文件。

公司章程应当载明下列事项：

① 公司名称和住所；

② 公司经营范围；

③ 公司注册资本；

④ 股东姓名或名称；

⑤ 股东的出资方式、出资额和出资时间；

⑥ 公司机构及其产生办法、职权、议事规则；

⑦ 公司法定代表人；

⑧ 股东会议认为需要规定的其他事项。

公司章程是记载公司组织、活动基本准则的公开性法律文件。设立有限责任公司必须由股东共同依法制定公司章程。股东应当在公司章程上签名、盖章。

3. 有公司名称，建立符合有限责任公司要求的组织机构

公司的名称是公司的标志。依法设立的有限责任公司，必须在公司名称中标明“有限责任公司”字样，以表明股东以其出资额为限对公司承担有限责任。同时，有限责任公司应依《公司法》的规定建立包括股东会、董事会和监事会等符合要求的组织机构。

4. 有公司住所

公司要有固定的住所，公司的住所是公司主要办事机构所在地。一方面是进行正常生产经营活动的需要；另一方面也便于国家有关部门对其生产经营活动进行必要的监督管理。公司可以建立多处生产、营业场所，但是经公司登记机关登记的公司住所只能有一个，通常是指公司章程必须载明的公司总部或业务中枢机构所在地。

（二）有限责任公司的设立程序

有限责任公司的设立程序比较简单，一般要经过以下步骤：

1. 制定公司章程

有限责任公司章程由公司全体股东共同订立，并经全体股东同意后，所有股东应当在公司章程上签名，盖章。公司章程对公司、股东、董事、监事、高级管理人员具有约束力。国有独资公司章程由国有资产监督管理机构制定，或者由董事会制定并报国有资产监督管理机构批准。

2. 申请公司名称预先核准

设立有限责任公司，由全体股东指定的代表或者共同委托的代理人向公司登记机关申请公司名称预先核准。公司名称必须含有足以与其他民事主体相区别的标记。在同一公司登记机关的辖区内，同一行业的公司不允许有相同或类似的名称，并不得使用反不正当竞争法所禁用的标记；公司名称中必须冠以公司所在地的地名，若须冠以“中国”“中华”“国际”字样的公司，则必须经国家工商行政管理总局核准；公司名称必须表明公司的法人性质，如实标记“有限责任公司”“股份有限公司”的字样。公司名称受法律保护，任

何人不得擅自使用他人的公司名称。

3. 股东按期缴纳出资

股东必须按照章程的规定，按期足额缴纳各自所认缴的出资额。全体股东的货币出资金额不得低于有限责任公司注册资本的30%。股东可用货币出资，也可以用实物、知识产权、土地使用权等可用货币估价并可依法转让的非货币财产作价出资；但是，法律、行政法规规定不得作为出资的财产除外。对作为出资的非货币财产应当评估作价，核实财产，不得高估或者低估作价。法律、行政法规对评估作价有规定的，从其规定。以非货币财产出资的，应当依法办理其财产权的转移手续。若其未按规定缴纳出资，应当向公司足额缴纳并向已按期足额缴纳出资的股东承担违约责任。有限责任公司成立后，发现作为设立公司出资的非货币财产的实际价额显著低于公司章程所定价额，交付该出资的股东应补足其差额；公司设立时的其他股东承担连带责任。

4. 申请设立登记

申请设立登记应由全体股东指定的代表或者共同委托的代理人向公司登记机关申请设立登记。登记机关依法进行审查。对于不符合公司法规定条件的，不予登记；对于符合公司法规定条件的，依法核准登记，发给营业执照。营业执照的签发日期为有限责任公司的成立日期。公司成立后，股东不得抽逃出资。

5. 签发出资证明书

有限责任公司登记注册后，应当向股东签发出资证明书。出资证明书是证明股东出资份额的书面凭证。出资证明书应当载明下列事项：①公司名称；②公司登记日期；③公司注册资本；④股东的姓名或者名称、缴纳的出资额和出资日期；⑤出资证明书的编号和核发日期。出资证明书由公司盖章。

股东有权查阅、复制公司章程、股东会会议记录、董事会会议决议、监事会会议决议和财务会计报告。股东可以要求查阅公司会计账簿。股东要求查阅公司会计账簿的，应当向公司提出书面请求，说明目的。公司有合理根据认为股东查阅会计账簿有不正当目的，可能损害公司合法利益的，可以拒绝提供查阅，并应当自股东提出书面请求之日起15日内书面答复股东并说明理由。公司拒绝提供查阅的，股东可以请求人民法院要求公司提供查阅。

公司法定代表人依照公司章程的规定，由董事长、执行董事或者经理担任，并依法登记。公司法定代表人变更，应当办理变更登记。

三、有限责任公司的组织机构

（一）股东会

1. 股东会的职权

有限责任公司股东会由全体股东组成，是公司的权力机构，依法行使下列职权：

① 决定公司的经营方针和投资计划；

② 选举和更换非由职工代表担任的董事、监事，决定有关董事、监事的报酬事项；

③ 审议批准董事会的报告；

④ 审议批准监事会或者监事的报告；

⑤ 审议批准公司的年度财务预算方案、决算方案；

⑥ 审议批准公司的利润分配方案和弥补亏损方案；

⑦ 对公司增加或者减少注册资本作出决议；

⑧ 对发行公司债券作出决议；

⑨ 对公司合并、分立、变更公司形式、解散和清算等事项作出决议；

⑩ 修改公司章程和公司章程规定的其他职权。

对上述所列事项股东以书面形式一致表示同意的，可以不召开股东会会议，直接做出决定，并由全体股东在决定文件上签名、盖章。

2. 股东会的议事方式

股东会的议事方式包括三种：首次会议、定期会议与临时会议。

首次股东会会议由出资最多的股东召集和主持，依照公司法规定行使职权。首次会议的任务一般是决定公司的组织及人选，确定公司的设立事宜。

定期会议应当按照公司章程的规定按时召开。

临时会议的召开条件为：代表1/10以上表决权的股东，1/3以上的董事，监事会或者不设监事会的公司的监事提议召开临时会议的，应当召开临时会议。

3. 股东会的表决方式和程序

有限责任公司设立董事会的，股东会由董事会召集，董事长主持；董事长不能履行职务或者不履行职务的，由副董事长主持；副董事长不能履行职务或者不履行职务的，由半数以上董事共同推举1名董事主持。

有限责任公司不设董事会的，股东会会议由执行董事召集和主持。董事会或者执行董事不能履行或者不履行召集股东会会议职责的，由监事会或者不设监事会的公司的监事召集和主持；监事会或者监事不召集和主持的，代表1/10以上表决权的股东可以自行召集和主持。

召开股东会会议，应当于会议召开15日前通知全体股东；公司章程另有规定或者全体股东另有约定的按其约定。股东会应当对所议事项的决定做成会议记录，出席会议的股东应当在会议记录上签名。

股东会会议由股东按照出资比例行使表决权，但是，公司章程另有规定的除外。对于修改公司章程、增减资产、公司合并、分立、解散或者变更公司形式的，必须经代表2/3以上表决权的股东通过。

（二）董事会

1. 董事会的构成

董事会是有限责任公司的执行机构，其成员为3～13人。股东人数较少或规模较小的有限责任公司，可以设1名执行董事，不设立董事会。执行董事可以兼任公司经理。执行董事的职权由公司章程规定。

两个以上的国有企业或者两个以上的其他国有投资主体投资设立的有限责任公司，其董事会成员中应当有公司职工代表；其他有限责任公司董事会成员中可以有公司职工代表。董事会中的职工代表由公司职工通过职工代表大会、职工大会或者其他形式民主选举产生。

董事会设董事长1人，可以设副董事长1～2人。董事长、副董事长的产生办法由公司章程规定。

董事任期由公司章程规定，但每届任期不得超过3年。董事任期届满，可以连选和连任。董事任期届满未及时改选，或者董事在任期内辞职导致董事会成员低于法定人数的，在改选出的董事就任前，原董事仍应当依照法律、行政法规和公司章程的规定，履行董事职务。

2. 董事会的职权

董事会对股东会负责，行使下列职权：

① 负责召集股东会并向股东会报告工作；

② 执行股东会的决议；

③ 决定公司的经营计划和投资方案；

④ 制定公司的年度财务预算方案、决算方案；

⑤ 制订公司的利润分配方案和弥补亏损方案；

⑥ 制订公司增加或减少注册资本的方案；

⑦ 拟订公司合并、分立、变更公司形式、解散的方案；

⑧ 决定公司内部管理机构的设置；

⑨ 聘任或者解聘公司经理，根据经理提名，聘任或者解聘公司副经理、财务负责人，决定其报酬事项；

⑩ 制定公司的基本管理制度；

⑪ 公司章程规定的其他职权。

3. 董事会的议事方式和表决程序

董事会会议由董事长召集和主持，董事长不能履行职务或者不履行职务的，由副董事长召集和主持；副董事长不能履行职务或者不履行职务的，由1/2以上董事共同推举1名董事召集和主持。董事会的议事方式和表决程序，在《公司法》基础上，由公司章程规定。

董事会应当对所议事项的决定做成会议记录，出席会议的董事应当在会议记录上签名。董事会决议的表决，实行一人一票。

(三) 经理

经理由董事会聘任或者解聘。公司依法不设董事会而设1名执行董事的，执行董事可以兼任公司经理。经理对董事会负责，并列席董事会会议，依法行使下列职权：

① 主持公司的生产经营管理工作，组织实施董事会决议；

② 组织实施公司年度经营计划和投资方案；

③ 拟订公司内部管理机构设置方案；

④ 拟订公司的基本管理制度；

⑤ 制定公司的具体规章；

⑥ 提请聘任或者解聘公司副经理、财务负责人；

⑦ 聘任或者解聘除应由董事会聘任或者解聘以外的管理人员；

⑧ 公司章程和董事会授予的其他职权。

(四) 监事会

1. 监事会的组成

有限责任公司监事会或监事是对公司执行机构的业务活动进行专门监督的机构，其成员不得少于3人，公司股东人数较少和规模较小的，可设1～2名监事，不设监事会。监事会由股东代表和适当比例的公司职工代表组成，其中职工代表的比例不得低于1/3，具体比例由公司章程规定。董事、经理及财务负责人不得兼任监事。

监事的任期每届为3年。监事任期届满，可以连选和连任。监事任期届满未及时改选的，或者监事在任期内辞职导致监事会成员低于法定人数的，在改选出的监事就任前，原监事仍应当依照法律、行政法规和公司章程的规定，履行监事职务。

2. 监事会的职权

监事会、不设监事会的公司监事依法行使下列职权：

① 检查公司的财务；

② 对董事、高级管理人员执行公司职务的行为进行监督，对违反法律、行政法规、公司章程或者股东会决议的董事、高级管理人员提出罢免的建议；

③ 当董事、高级管理人员的行为损害公司的利益时，要求董事、高级管理人员予以纠正；

④ 提议召开临时股东会会议，在董事会不履行《公司法》规定的召集和主持股东会会议职责时召集和主持股东会会议；

⑤ 向股东会会议提出提案。

监事会每年至少召开一次会议，监事会的议事方式和表决程序，除《公司法》另有规定的外，由公司章程规定。监事会决议应当经半数以上监事通过。监事会应当对所议事项的决定做成会议记录，出席会议的监事应当在会议记录上签名。监事可以列席董事会会议，并对董事会决议事项提出质询或者建议。

四、一人有限责任公司和国有独资公司

（一）一人有限责任公司

一人有限责任公司，是指由1个自然人股东或1个法人股东成立的有限责任公司。

一人有限责任公司的注册资本最低限额为人民币10万元。股东应当一次性足额缴纳公司章程规定的出资额。一个自然人只能投资设立一个一人有限责任公司，该一人有限责任公司不能投资设立新的一人有限责任公司。一人有限责任公司应当在公司登记中注明自然人独资或者法人独资，并在公司营业执照中载明。

一人有限责任公司章程由股东制定。一人有限责任公司不设股东会。股东做出决定时，应当采用书面形式，并由股东签名后置备于公司。一人有限责任公司应当在每一会计年度终了时编制财务会计报告，并经会计师事务所审计；一人有限责任公司的股东不能证明公司财产独立于股东自己的财产的，应当对公司债务承担连带责任。

（二）国有独资公司

国有独资公司，是指国家单独出资、由国务院或者地方人民政府授权本级人民政府国有资产监督管理机构履行出资人职责的有限责任公司。

《公司法》对国有独资公司做出如下明确规定：

① 国有独资公司章程由国有资产监督管理机构制定，或者由董事会制定，报国有资产监督管理机构批准。

② 国有独资公司不设股东会，由国有资产监督管理机构行使股东会职权。国有资产监督管理机构可以授权公司董事会行使股东会的部分职权，决定公司的重大事项，但公司的合并、分立、解散、增加或者减少注册资本和发行公司债券，必须由国有资产监督管理

机构决定。其中，重要的国有独资公司合并、分立、解散、申请破产的，应当由国有资产监督管理机构审核后，报本级人民政府批准。

③ 国有独资公司设董事会，依照公司法的规定行使职权。董事每届任期不得超过3年。董事会成员中应当有公司职工代表。董事会成员由国有资产监督管理机构委派，但是，董事会成员中的职工代表由公司职工代表大会选举产生。董事会设董事长1人，可以设副董事长。董事长、副董事长由国有资产监督管理机构从董事会成员中指定。

④ 国有独资公司设经理，由董事会聘任或者解聘。经理依照公司法的规定行使职权。经国有资产监督管理机构同意，董事会成员可以兼任经理。

⑤ 国有独资公司的董事长、副董事长、董事、高级管理人员，未经国有资产监督管理机构同意，不得在其他有限责任公司、股份有限公司或者其他经济组织兼职。

⑥ 国有独资公司监事会成员不得少于5人，其中职工代表的比例不得低于1/3，具体比例由公司章程规定。监事会成员由国有资产监督管理机构委派；但是，监事会成员中的职工代表由公司职工代表大会选举产生。监事会主席由国有资产监督管理机构从监事会成员中指定。

五、有限责任公司的股权转让

有限责任公司之间的股东之间可以相互转让其全部或者部分股权。

股东向股东以外的人转让股权，应当经其他股东过半数同意。股东应就其股权转让事项书面通知其他股东征求同意，其他股东自接到书面通知之日起满30日未答复的，视为同意转让。其他股东半数以上不同意转让的，不同意的股东应当购买该转让的股权；不购买的，视为同意转让。经股东同意转让的股权，在同等条件下，其他股东有优先购买权。两个以上股东主张行使优先购买权的，协商确定各自的购买比例；协商不成的，按照转让时各自的出资比例行使优先购买权。

有下列情形之一的，对股东会该项决议投反对票的股东可以请求公司按照合理的价格收购其股权：公司连续五年不向股东分配利润，而公司该五年连续盈利，并且符合本法规定的分配利润条件的；公司合并、分立、转让主要财产的；公司章程规定的营业期限届满或者章程规定的其他解散事由出现，股东会会议通过决议修改章程使公司存续的。自股东会会议决议通过之日起60日内，股东与公司不能达成股权收购协议的，股东可以自股东会会议决议通过之日起90日内向人民法院提起诉讼。

转让股权后，公司应当注销原股东的出资证明书，向新股东签发出资证明书，并相应修改公司章程和股东名册中有关股东及其出资额的记载。对公司章程的该项修改无须再由股东会表决。

自然人股东死亡后，其合法继承人可以继承股东资格。但是，公司章程另有规定的除外。

第三节 股份有限公司

一、股份有限公司的概念与特征

股份有限公司是指将公司全部资本分为等额股份，股东以其认购的股份为限对公司承担责任，公司以其全部财产对公司的债务承担责任的公司。

与有限责任公司相比，股份有限公司具有如下特征：

① 成立条件和募集资金。股份有限公司设立条件比较严格；必须按《公司法》规定建立组织机构；在法定情况下可以向社会公开募集资金；股东人数只有最低要求，没有最高限制。

② 股份自由转让。股份有限公司中股东转让自己的股份比较自由，在规定的市场上可以自由进行转让。

③ 股权形式为股票。在股份有限公司中股东的股权证明为股票，股票是公司签发的证明股东所持股份的凭证，无记名股票可以转让、流通。

④ 财务状况公开。股份有限公司的会计报表由注册会计师审计并出具报告，存于公司以备股东查阅，特别是以募集设立方式设立的股份有限公司，需公告财务会计报告。

二、股份有限公司的设立

（一）股份有限公司的设立条件

1. 发起人符合法定人数

设立股份有限公司，应当有 2 人以上 200 人以下为发起人，其中须有半数以上的发起人在中国境内有住所。发起人应当签订发起人协议，明确各自在公司设立过程中的权利和义务。

2. 发起人认购和募集的股本达到法定资本最低限额

股份有限公司采取发起设立方式设立的，注册资本为在公司登记机关登记的全体发起人认购的股本总额。全体发起人的首次出资额不得低于注册资本的 20%，其余部分由发起人自公司成立之日起两年内缴足；在缴足前，不得向他人募集股份。股份有限公司采取募集方式设立的，注册资本为在公司登记机关登记的实收股本总额。

股份有限公司注册资本的最低限额为人民币 500 万元。法律、行政法规及国务院决定对股份有限公司注册资本实缴、注册资本最低限额另有规定的，从其规定。

以发起设立方式设立股份有限公司的，发起人应当书面认定公司章程规定其认购的股份，并按照公司章程规定缴纳出资。以非货币财产出资的，应当依法办理其财产权的转移手续。以募集设立方式设立股份有限公司的，发起人认购的股份不得少于公司股份总数的 35%；但是，法律、行政法规另有规定的，从其规定。

3. 股份发行、筹办事项须符合法律规定

发起人承担公司筹办事务。发起人应当签订发起人协议，明确各自在公司设立过程中的权利和义务。股份有限公司的资本划分为股份，每一股的金额相等。公司的股份采取股票的形式。股票是公司签发的证明股东所持股份的凭证。股份的发行，实行公平、公正的原则，同种类的每一股份应当具有同等权利。同次发行的同种类股票，每股的发行条件和价格应当相同；任何单位或者个人所认购的股份，每股应当支付相同价额。

4. 发起人制定公司章程

采用募集方式设立的须经创立大会通过。创立大会是发起人在公司股款募足后就公司筹建、登记和运营事务召开的会议。公司章程内容包括：公司名称和住所；公司经营范围；公司设立方式；公司股份总数、每股金额和注册资本；发起人的姓名或者名称、认购

的股份数、出资方式和出资时间；董事会的组成、职权和议事规则；公司利润分配办法；公司的解散事由与清算办法；公司的通知和公告办法；股东大会会议认为需要规定的其他事项。

5. 有公司名称，建立符合股份有限公司要求的组织机构

设立股份有限公司，必须在公司名称中标明“股份有限公司”或者“股份公司”字样。同时，股份有限公司还必须设立股东大会、董事会和监事会等符合要求的组织机构。

6. 有公司住所

公司的住所是公司章程载明的公司主要办事机构所在地。

（二）股份有限公司的设立方式

股份有限公司的设立，可以采取发起设立或者募集设立的方式。发起设立是指由发起人认购公司应发行的全部股份而设立公司；募集设立是指由发起人认购公司应发行股份的一部分，其余股份向社会公开募集或者向特定对象募集而设立公司。

以发起方式设立股份有限公司的，注册资本为在公司登记机关登记的全体发起人认购的股本总额。发起人应书面认足公司章程规定其认购的股份，并按公司章程规定缴纳出资。以非货币财产出资的，应当依法办理其财产权的转移手续。发起人不依照规定缴纳出资的，应当按照发起人协议承担违约责任。

以募集设立方式设立股份有限公司的，注册资本为在公司登记机关登记的实收股本总额。发起人认购的股份不得少于公司股份总数的35%；法律、行政法规另有规定的，从其规定。与作为募集而形成的股东只是以货币方式取得股票不同，发起人可以用货币出资，也可以用实物、知识产权、土地使用权等可以用货币估价并可以依法转让的非货币财产作价出资。

（三）股份有限公司的设立程序

首先，应当由依法成立的董事会向公司登记机关申请设立登记。以募集方式设立股份有限公司的，应当于创立大会结束后30日内向公司登记机关申请设立登记。其次，以募集方式设立股份有限公司的，应当提交创立大会的会议记录；以募集方式设立股份有限公司公开发行股票的，还应当提交国务院证券监督管理机构的核准文件。再次，公司申请登记的经营范围中属于法律、行政法规或者国务院决定规定在登记前须经批准的项目的，应当在申请登记前报经国家有关部门批准，并向公司登记机关提交有关批准文件。最后，对于设立申请，登记机关应当依法进行审查。对于符合《公司法》规定条件的，依法核准登记，发给营业执照。营业执照的签发日期为股份有限公司的成立日期。

三、股份有限公司的组织机构

（一）股东大会

1. 股东大会的组成及职权

股东大会是由全体股东组成，是公司的权力机构，其职权与有限责任公司股东会职权基本一致。

2. 股东大会的召开

股东大会分为股东大会年会和临时股东大会两种。股份有限公司应当每年召开一次年会。有下列情形之一的，应当在两个月内召开临时股东大会：

① 董事人数不足法定的人数或公司章程所定人数的2/3时；

② 公司未弥补的亏损达股本总额 1/3 时；

③ 持有公司股份 10%以上的股东请求时；

④ 董事会认为必要时；

⑤ 监事会提议召开时；

⑥ 公司章程规定的其他情形。

3. 股东大会的召集和主持

股东大会会议由董事会召集，董事长主持；董事长不能履行职务或者不履行职务的，由副董事长主持；副董事长不能履行职务或者不履行职务的，由半数以上董事共同推举 1 名董事主持。董事会不能履行或者不履行召集股东大会会议职责的，监事会应当及时召集和主持；监事会不召集和主持的，连续 90 日以上单独或者合计持有公司 10%以上股份的股东可以自行召集和主持。

4. 股东大会的表决方式和程序

股东出席股东大会会议，所持每一股份有一表决权。但是，公司持有的本公司股份没有表决权。

股东大会做出决议，必须经出席会议的股东所持表决权过半数通过。但是，股东大会做出修改公司章程、增加或者减少注册资本的决议，以及公司合并、分立、解散或者变更公司形式的决议，必须经出席会议的股东所持表决权的 2/3 以上通过。

（二）董事会

1. 董事会的性质和组成

董事会为股份有限公司的业务执行机构，其成员为 5～19 人。董事会成员中可以有公司职工代表。董事会中的职工代表由公司职工通过职工代表大会、职工大会或者其他形式民主选举产生。董事会设董事长 1 人，可设副董事长。董事长和副董事长由董事会以全体董事的过半数选举产生。董事长为公司法定代表人。

2. 董事的任期和董事会的职权

股份有限公司的董事任期、董事会的职权与有限责任公司相同。

3. 董事会的召开

董事会每年度至少召开两次会议，每次会议应当于会议召开 10 日前通知全体董事和监事。代表 1/10 以上表决权的股东、1/3 以上董事或者监事会，可以提议召开董事会临时会议。董事长应当自接到提议后 10 日内，召集和主持董事会会议。

4. 董事会的议事方式和表决程序

董事会会议应有过半数的董事出席方可举行。董事会做出决议必须经全体董事的过半数通过。董事会决议的表决实行一人一票。董事会会议应由董事本人出席，董事因故不能出席，可以书面委托其他董事代为出席，委托书中应载明授权范围。

（三）经理

股份有限公司设经理，由董事会决定聘任或者解聘，其职权与有限责任公司经理相同。公司董事会可以决定由董事会成员兼任经理。

（四）监事会

1. 监事会的组成

股份有限公司设监事会，其成员不得少于 3 人，监事会应当包括股东代表和相当比例的公司职工代表，其中职工代表的比例不得低于1/3，具体比例由公司章程规定。监事会中的职工代表由公司职工通过职工代表大会、职工大会或者其他形式民主选举产生。董事、高级管理人员不得兼任监事。监事会设主席1人，可以设副主席。监事会主席和副主席由全体监事过半数选举产生。

上市公司的监事应具有法律、会计等方面的专业知识或工作经验，监事会的人员和结构应确保监事会能够独立有效地行使对董事、经理和其他高级管理人员及公司财务的监督和检查。

2. 监事会的职权和监事的任期

股份有限公司监事会的职权和监事的任期，与有限责任公司相同。监事的任期每届为3年。监事任期届满，连选可以连任。监事会行使职权所必需的费用，由公司承担。

3. 监事会的召开

监事会主席召集和主持监事会会议；监事会主席不能履行职务或者不履行职务的，由监事会副主席召集和主持监事会会议；监事会副主席不能履行职务或者不履行职务的，由半数以上监事共同推举1名监事召集和主持监事会会议。监事会每6个月至少召开1次会议。监事可以提议召开临时监事会会议。

4. 监事会的议事方式和表决程序

依据《公司法》的规定，监事会的议事方式和表决程序，除公司法另有规定的外，由公司章程规定。监事会决议应当经半数以上监事通过。监事会应当对所议事项的决定做成会议记录，出席会议的监事应当在会议记录上签名。

四、上市公司组织机构的特别规定

（一）上市公司的概念

上市公司，是指可以在证券交易所公开交易其公司股票、证券等的股份有限公司。根据上市公司的概念，我们可以理解到上市公司具有如下法律特征：

1. 上市公司是股份有限公司

上市公司是股份有限公司的一种，这种公司到证券交易所上市交易。股票没有上市和没有在证券交易所交易的股份有限公司，是非上市公司。上市公司一定是股份有限公司，股份有限公司不一定是上市公司。《公司法》《证券法》修订后，有利于更多的企业成为上市公司和公司债券上市交易的公司。

2. 上市公司要经过政府主管部门的批准

根据《公司法》的规定，股份有限公司要上市必须经过国务院或者国务院授权的证券管理部门批准，未经批准，不得上市。

3. 上市公司发行的股票在证券交易所进行交易

发行的股票不在证券交易所交易的不是上市股票。

（二）上市公司组织机构的特别规定

根据《公司法》以及有关规定，上市公司组织机构与活动原则的特别规定主要包括以下几个方面：

1. 增加股东大会特别决议事项

上市公司在一年内购买、出售重大资产或者担保金额超过公司资产总额的30%的，应当由股东大会作出决议，并经出席会议的股东所持表决权的 2/3 以上通过。

2. 上市公司设立独立董事

独立董事，是指不在公司担任除董事外的其他职务，并与其所受聘的上市公司及其主要股东不存在可能妨碍其进行独立客观判断的关系的董事。独立董事的主要职责在于对控股股东及其选任的上市公司的董事、高级管理人员，以及对公司关联交易、聘用或者解聘会计师事务所等重大事项进行审核，发表独立意见并进行监督。

3. 上市公司设立董事会秘书

董事会秘书是负责公司股东大会和董事会会议的筹备、保管董事会有关文件、管理公司股东资料并办理信息披露事务等事宜的人员。

4. 增设关联关系董事的表决权排除制度

上市公司董事与董事会会议决议事项所涉及的企业有关联关系的，不得对该项决议行使表决权，也不得代理其他董事行使表决权。该董事会会议由过半数的无关联关系董事出席即可举行，董事会会议所做决议须经无关联关系董事过半数通过。出席董事会的无关联关系人数不足 3 人的，应将该事项提交上市公司股东大会审议。

第四节　公司债券与公司财务、会计

一、公司债券

（一）公司债券的概念和特征

公司债券是指公司依照法定程序发行的、约定在一定期限还本付息的有价证券。公司债券与公司股票相比有如下法律特征：

① 公司债券的持有人是公司的债权人，对于公司享有民法上规定的债权人的所有权利；而股票的持有人则是公司的股东，享有《公司法》所规定的股东权利。

② 公司债券的持有人，无论公司是否有盈利，对公司享有按照约定给付利息的请求权；而股票持有人，则必须在公司有盈利时才能依法获得股利分配。

③ 公司债券到了约定期限，公司必须偿还债券本金；而股票持有人仅在公司解散时方可请求分配剩余财产。

④ 公司债券的持有人享有优先于股票持有人获得清偿的权利；而股票持有人必须在公司全部债务清偿之后，方可就公司剩余财产请求分配。

⑤ 公司债券的利率一般是固定不变的，风险较小；而股票股利分配的高低，与公司经营好坏密切相关，故常有变动，风险较大。

（二）公司债券的种类

1. 记名公司债券和无记名公司债券

以公司债券上是否载明公司债券持有人的姓名或名称为标准，将其分为记名公司债券和无记名公司债券。

记名公司债券是指在公司债券上记载债权人姓名或者名称的债券。无记名公司债券是指在公司债券上不记载债权人姓名或者名称的债券。区分记名公司债券和无记名公司债券的法律意义在于两者转让的要求不同。根据《公司法》的规定，发行记名公司债券的，应当在公司债券存根簿上注明下列事项：①债券持有人的姓名或者名称及住所；②债券持有人取得债券的日期及债券的编号；③债券总额，债券的票面金额、利率、还本付息的期限和方式；④债券的发行日期。发行无记名公司债券的，应当在公司债券存根簿上载明债券总额、利率、偿还期限和方式、发行日期及债券的编号。

2. 可转换公司债券和不可转换公司债券

以公司债券是否可转换成股票为标准，将其分为可转换公司债券和不可转换公司债券。

可转换公司债券是指可以转换成公司股票的公司债券。这种公司债券在发行时规定了转换为公司股票的条件与办法，当条件具备时，债券持有人拥有将公司债券转换为公司股票的选择权。不可转换公司债券是指不能转换为公司股票的公司债券。凡在发行债券时未做出转换约定的，均为不可转换公司债券。

3. 上市的公司债券和非上市的公司债券

以公司债券是否上市为标准，将其分为上市的公司债券和非上市的公司债券。

上市的公司债券是指发行之后可以在依法设立的证券交易所挂牌交易的公司债券；非上市的公司债券是指发行之后不在证券交易所挂牌交易的公司债券，但债券持有人也可以转让该债券，只是不能在证券交易所进行买卖。

（三）发行公司债券的条件

发行公司债券应当符合以下法定的发行条件：

① 股份有限公司的净资产不低于人民币 3000 万元，有限责任公司的净资产不低于人民币 6000 万元；

② 累计债券余额不超过公司净资产的 40%；

③ 最近 3 年平均可分配利润足以支付公司债券 1 年的利息；

④ 筹集的资金投向符合国家产业政策；

⑤ 债券的利率不超过国务院限定的利率水平；

⑥ 国务院规定的其他条件。

我国《公司法》规定，公开发行公司债券筹集的资金，必须用于核准的用途，不得用于弥补亏损和非生产性支出。

上市公司发行可转换为股票的公司债券，除应当符合上述规定的条件外，还应当符合《证券法》关于公开发行股票的条件，并报国务院证券监督管理机构核准。

二、公司财务、会计

（一）财务会计的一般要求

财务会计的一般要求包括：

① 公司应当依照法律、行政法规和国务院财政主管部门的规定建立本公司的财务和会计制度。

② 公司应当在每一会计年度终了时编制财务会计报告。报告应依法接受审查验证。财务会计报告应当包括资产负债表、损益表、财务状况变动表、财务情况说明书、利润分配表等财务会计报表及附属明细表等。

③ 有限责任公司应当按照公司章程规定的期限将财务会计报告送交各股东；股份有限公司的财务会计报告应当在召开股东大会年会的20日前置备于本公司，供股东查阅；公开发行股票的股份有限公司必须公告其财务会计报告。

④ 公司除法定的会计账册外，不得另立会计账册；对公司资产，不得以任何个人名义开立账户存储。

（二）公司的公积金

公积金又称准备金，是公司根据法律或者公司章程规定提留备用，不作为股利分配的部分所得或收益。提取公积金制度是国家规定的一项强制性制度，各国《公司法》一般都有规定。

根据我国法律的规定，公积金分为盈余公积金和资本公积金两类。盈余公积金是从公司税后利润中提取的公积金，分为法定公积金和任意公积金两种。法定公积金按照公司税后利润的10%提取，当公司法定公积金累计额为公司注册资本的50%以上时可以不再提取。公司的法定公积金不足以弥补以前年度亏损的，在依照规定提取法定公积金之前，应当先用当年利润弥补亏损。任意公积金按照公司股东会或者股东大会决议，从公司税后利润中提取。资本公积金是指依法直接从公司利润以外的其他收入中提取的储备基金。股份有限公司以超过股票票面金额的发行价格发行股份所得的溢价款以及国务院财政部门规定列入资本公积金的其他收入，应当列为公司资本公积金。

（三）公司的股利分配

股利是指依照法律或公司章程的规定，以一定的数额和方式分配给股东的盈余。公司的利润只有在弥补亏损、提取法定公积金和任意公积金之后，才能向股东分配股利。公司弥补亏损和提取公积金后所余税后利润，有限责任公司按照股东实缴的出资比例分配，但全体股东约定不按照出资比例分配的除外。股份有限公司按照股东持有的股份比例分配，但股份有限公司章程规定不按持股比例分配的除外。

公司股东会、股东大会或者董事会违反规定，在公司弥补亏损和提取法定公积金之前向股东分配利润的，股东必须将违反规定分配的利润退还公司。公司持有的本公司股份不得分配利润。

第五节　破产法律制度

一、企业破产法概述

（一）破产的概念

破产是指企业法人不能清偿到期债务，且资产不足以清偿全部债务或者明显缺乏清偿能力的，人民法院依法定的条件和程序宣告该企业法人终止，并将其全部财产用于清产还债的法律制度。

（二）破产法的概念

破产法是调整因企业法人破产而形成的各种社会关系的法律规范的总称，它包括破产的实体规范和程序规范两个方面的内容。关于破产的实体规范，主要有破产界限、破产财产、破产债权、破产费用、法律责任等内容规定。关于破产的程序规范，主要有破产申请的提出、破产案件的受理、和解和重整、破产宣告、破产清算和破产程序的终结等内容规定。

破产法有广义和狭义之分，狭义的破产法仅指《中华人民共和国企业破产法》（以下简称《企业破产法》），该法于2006年8月27日第十届全国人民代表大会常务委员会第二十三次会议审议通过，并于2007年6月1日起施行。

（三）破产原因

我国《企业破产法》第二条规定："企业法人不能清偿到期债务，并且资产不足以清偿全部债务或者明显缺乏清偿能力的，依照本法规定清理债务。"

二、破产申请的提出和受理

（一）破产申请的提出

依照《企业破产法》的相关规定，即破产程序的启动是由当事人提出破产申请而引发的，而不能由人民法院主动干预引发破产程序，但是当事人的破产申请却不必然引起破产程序的正式启动。这是因为我国破产程序的正式启动不是以申请为准，而是以人民法院的受理为准。从此点而论，破产申请不是破产程序的启动，只是破产程序启动的前提条件。

1. 破产申请人

在我国破产申请人依法可以是债务人、债权人和负有清算责任的人。

2. 破产案件的管辖

我国《企业破产法》第三条规定："破产案件由债务人住所地人民法院管辖。"这里的债务人所在地，是指主要办事机构所在地。债务人无办事机构的，由其注册地人民法院管辖。

3. 申请破产应提交的材料

根据破产申请提起的申请人不同，其提供的申请材料也是不尽相同的。如果是债权人向人民法院提起破产申请的，则其除须向人民法院提交破产申请书和有关证据。破产申请书应当注明下列事项：

① 申请人、被申请人的基本情况；

② 申请目的；

③ 申请的事实和理由；

④ 人民法院认为应当注明的其他事项。

如果是债务人向人民法院提起破产申请的，则其须向人民法院提交上述材料外，还需提交下述材料：财产状况说明、债务清册、债权清册、有关财务会计报告、职工安置预案以及职工工资的支付和社会保险费用的缴纳情况。

（二）破产申请的受理

1. 立案

人民法院应当在收到破产申请之日起15日内裁定是否受理，但是人民法院有特殊情况需要延长裁定受理期限的，经上一级人民法院批准，可以延长15日。一般来说，债权人提出破产申请的，人民法院应当自收到申请之日起5日内通知债务人。债务人对申请有异议的，应当自收到人民法院的通知之日起7日内向人民法院提出。人民法院应当自异议期满之日起10日内裁定是否受理。

2. 发布通知和公告

人民法院对破产申请决定立案的，应当组成合议庭。并在受理破产案件后发布通知和公告。

3. 债权人申报债权

人民法院受理破产申请后，应当确定债权人申报债权的期限。债权人应当在人民法院确定的债权申报期限内向管理人申报债权。

4. 受理的法律效力

人民法院受理破产申请后，产生下列法律效力：

① 债务人对个别债权人的债务清偿无效。

② 债务人的债务人或者财产持有人应当向管理人清偿债务或者交付财产。

③ 管理人对破产申请受理前成立而债务人和对方当事人均未履行完毕的合同有权决定解除或者继续履行，并通知对方当事人。

④ 有关债务人财产的保全措施应当解除，执行程序应当中止。

⑤ 已经开始而尚未终结的有关债务人的民事诉讼或者仲裁应当中止；在管理人接管债务人的财产后，该诉讼或者仲裁继续进行。

⑥ 有关债务人的民事诉讼，只能向受理破产申请的人民法院提起。

（三）管理人

1. 管理人的概念

管理人是指法院受理破产申请后接管债务人财产并对其进行管理、清理、处理、分配的专门机关。

管理人可以由社会中介组织或者专业人员担任。社会中介组织包括由有关部门、机构的人员组成的清算组或者依法设立的律师事务所、会计师事务所、破产清算事务所等机构。个人担任管理人的，应当参加执业责任保险。

2. 管理人的职责

管理人的履行职责：

① 管理债务人的财产、印章和账簿、文书等资料；

② 查看债务人财产状况，制作财产状况报告；

③ 确定债务人的内部管理事务；

④ 确定债务人的日常开支和其他必要开支；

⑤ 第一次债权人会议召开之前，决定继续或者停止债务人的营业；

⑥ 管理和处分债务人的财产；

⑦ 表决债务人参加诉讼、仲裁或者其他法律程序；

⑧ 提议召开债权人会议；

⑨ 人民法院认为管理人应当履行的其他职责。

（四）债权人会议

1. 债权人会议的概念

债权人会议是指由全体债权人组成，代表债权人整体利益，由全体债权人参与破产程序并集体行使权利的决议机构。

2. 债权人会议的组成

依法申报债权的债权人为债权人会议的成员，其有权参加债权人会议并享有表决权。债权尚未确定的债权人，除人民法院能够为其行使表决权而临时确定债权额的，不得行使表决权。债权人会议中应当有债务人的职工和工会的代表参加，对有关事项发表意见，但是参加债权人会议的债务人的职工和工会的代表对有关事项的决议不享有表决权。债权人会议设主席 1 人，由主席来主持债权人会议。对于债权人会议主席的产生方法，我国《企业破产法》没有规定由全体债权人选举产生，而是规定由人民法院在有表决权的债权人中指定。

3. 债权人会议的召集

第一次债权人会议由人民法院召集，应当在债权申报期限届满之日起 15 日内召开。以后的债权人会议，在以下四种情况下召开，即：

① 人民法院认为有必要召开时；

② 管理人向债权人会议主席提议召开时；

③ 债权人委员向债权人会议主席提议召开时；

④ 占债权总额的 1/4 以上的债权人向债权人会议主席提议召开时。

4. 债权人会议的职权

债权人会议行使下列职权：

① 核查债权；

② 申请人民法院更换管理人，审查管理人的费用和报酬；

③ 监督管理人；

④ 选任和更换债权人委员会成员；

⑤ 决定继续或者停止债务人的营业；

⑥ 通过重整计划；

⑦ 通过和解协议；

⑧ 通过债务人财产的管理方案；

⑨ 通过破产财产的变价方案；

⑩ 通过破产财产的分配方案；

⑪ 人民法院认为应当由债权人会议行使的其他职权。

5. 债权人会议的决议

对于债权人会议的一般决议事项，应当由出席会议的有表决权的债权人过半数通过，并且他们所代表的债权额必须占无财产担保债权总额的 1/2 以上。债权人会议的决议对全体债权人均有约束力。

债务人财产的管理方案和破产财产的变价方案经债权人会议表决未通过的，由人民法院裁定。破产财产的分配方案经债权人会议两次表决仍未通过的，由人民法院裁定。

三、债务人财产和债权申报

（一）债务人财产的范围

债务人财产是债务企业依法拥有的财产，是该企业用于清偿债务的物质保障。债务人的财产包括破产申请受理时属于债务人的全部财产，以及破产申请受理后至破产程序终结前债务人取得的财产。

人民法院受理破产申请前1年内，涉及债务人财产的下列行为，管理人有权请求人民法院予以撤销：

① 无偿转让财产；

② 以明显不合理的价格进行交易；

③ 对没有财产担保的债务提供财产担保；

④ 对未到期的债务提前清偿；

⑤ 放弃债权。

人民法院撤销前述行为取得的财产，属于债务人财产。债务人的董事、监事和高级管理人员利用职权从企业获取的非正常收入和侵占的企业财产，管理人应当追回。

（二）债权申报

1. 债权申报人

人民法院受理破产申请时对债务人享有债权的债权人，依法行使权利。

2. 申报期限

债权申报期限自人民法院发布受理破产申请公告之日起计算，最短不得少于30日，最长不得超过3个月。债权人应当在人民法院确定的债权申报期限内向管理人申报债权。

3. 债权申报范围

债权人可以就下列债权向管理人申报：

① 未到期的债权，在破产申请受理时视为到期；

② 附条件、附期限的债权和诉讼、仲裁未决的债权，债权人可以申报；

③ 债务人的保证人或者其他连带债务人已经代替债务人清偿债务的，以其对债务人的求偿权申报债权；

④ 管理人或者债务人依法解除合同的，对方当事人以因合同解除所产生的损害赔偿请求权申报债权；

⑤ 债务人是委托合同的委托人，被裁定适用破产法规定的程序，受托人不知该事实，继续处理委托事务的，受托人以由此产生的请求申报债权；

⑥ 债务人是票据的出票人，被裁定适用破产法规定的程序，该票据的付款人继续付款或者承兑的，付款人以由此产生的请求权申报债权。

4. 免于申报的债权

债务人所欠职工的工资和医疗、伤残补助、抚恤费用，所欠的应当划入职工个人账户的基本养老保险、基本医疗保险费用，以及法律、行政法规规定应当支付给职工的补偿金，不必申报，由管理人调查后列出清单并予以公示。

四、重整与和解

（一）重整申请

重整是指债务企业采取措施恢复和提高清偿能力的过程，是避免企业破产清算的补救性措施。债务人或者债权人可以依法直接向人民法院申请对债务人进行重整。债权人申请对债务人进行破产清算的，在人民法院受理破产申请后、宣告债务人破产前，债务人或者出资额占债务人注册资本1/10以上的出资人，可以向人民法院申请重整。

（二）重整期间

重整期间自人民法院裁定债务人重整之日起至重整程序终止。重整期间，经债务人申请、人民法院批准，债务人可以在管理人的监督下自行管理财产和营业事务。管理人负责管理财产和营业事务的，可以聘任债务人的经营管理人员负责营业事务。重整期间，债务人的出资人不得请求投资收益分配，债务人的董事、监事、高级管理人员不得向第三人转让其持有的债务人的股权。但是，经人民法院同意的除外。

重整期间，有下列情形之一的，经管理人或者利害关系人请求，人民法院应当裁定终止重整程序，并宣告债务人破产：

① 债务人的经营状况和财产状况继续恶化，缺乏挽救的可能性；

② 债务人有欺诈、恶意减少债务人财产或者其他显著不利于债权人的行为；

③ 由于债务人的行为致使管理人无法执行职务。

（三）重整计划

债务人或者管理人应当自人民法院裁定债务人重整之日起 6 个月内，同时向人民法院和债权人会议提交重整计划草案。各类债权的债权人参加讨论重整计划草案的债权人会议，依照债权分类，分组对重整计划草案进行表决。重整计划草案未获得通过且未依法获得人民法院批准，或者已通过的重整计划未获得批准的，人民法院应当裁定终止重整程序，并宣告债务人破产。

重整计划由债务人负责执行。自人民法院裁定批准重整计划之日起，在重整计划规定的监督期内，由管理人监督重整计划的执行。债务人不能执行或者不执行重整计划的，人民法院经管理人或者利害关系人请求，应当裁定终止重整计划的执行，并宣告债务人破产。

（四）和解申请

债务人可以依照破产法规定，直接向人民法院申请和解；也可以在人民法院受理破产申请后、宣告债务人破产前，向人民法院申请和解。债务人申请和解，应当提出和解协议草案。债权人会议通过和解协议的决议，由出席会议的有表决权的债权人过半数同意，并且其所代表的债权额占无财产担保债权总额的 2/3 以上。

经人民法院裁定认可的和解协议，对债务人和全体和解债权人均有约束力。和解债权人是指人民法院受理破产申请时对债务人享有无财产担保债权的人。和解协议草案经债权人会议表决未获得通过，或者已经债权人会议通过的和解协议未获得人民法院认可的，人民法院应当裁定终止和解程序，并宣告债务人破产。

（五）和解协议的执行

债务人应当按照和解协议规定的条件清偿债务。债务人不能执行或者不执行和解协议的，人民法院经和解债权人请求，应当裁定终止和解协议的执行，并宣告债务人破产。

五、破产宣告和破产财产分配

（一）破产宣告

人民法院可以依照法定情形宣告债务人破产。债务人被宣告破产后，债务人称为破产人，债务人财产称为破产财产，人民法院受理破产申请时对债务人享有的债权称为破产债权。

（二）破产财产分配

管理人依法拟订破产财产分配方案，提交债权人会议讨论。债权人会议通过破产财产分配方案后，由管理人将该方案提请人民法院裁定认可，人民法院裁定认可后，由管理人执行。

破产财产优先清偿破产费用和共益债务，之后依照下列顺序清偿：

① 破产人所欠职工的工资和医疗、伤残补助、抚恤费用，所欠的应当划入职工个人账户的基本养老保险、基本医疗保险费用，以及法律、行政法规规定应当支付给职工的补偿金；

② 破产人欠缴的除前项规定以外的社会保险费用和破产人所欠税款；

③ 普通破产债权。破产财产不足以清偿同一顺序的清偿要求的，按照比例分配。

（三）破产费用和共益债务

破产费用是人民法院受理破产申请后发生的破产案件的诉讼费用，管理、变价和分配债务人财产的费用，管理人执行职务的费用、报酬和聘用工作人员的费用。

共益债务是人民法院受理破产申请后与第三人之间发生的债务人财产和营业管理费用，具体包括：

① 因管理人或者债务人请求对方当事人履行双方均未履行完毕的合同所产生的债务；

② 债务人财产受无因管理所产生的债务；

③ 债务人不当得利所产生的债务；

④ 为债务人继续营业而应支付的劳动报酬和社会保险费用以及由此产生的其他债务；

⑤ 管理人或者相关人员执行职务致人损害所产生的债务；

⑥ 债务人财产致人损害所产生的债务。

破产费用和共益债务由债务人财产随时清偿。债务人财产不足以清偿所有破产费用和共益债务的，先行清偿破产费用。债务人财产不足以清偿所有破产费用或者共益债务的，按照比例清偿。

（四）破产程序的终结

破产人无财产可供分配的，管理人应当请求人民法院裁定终结破产程序。管理人在最后分配完结后，应当及时向人民法院提交破产财产分配报告，并提请人民法院裁定终结破产程序。人民法院应当自收到管理人终结破产程序的请求之日起 15 日内做出是否终结破产程序的裁定。裁定终结的，应当予以公告。

管理人应当自破产程序终结之日起 10 日内，持人民法院终结破产程序的裁定，向破产人的原登记机关办理注销登记。

破产人的保证人和其他连带债务人，在破产程序终结后，对债权人依照破产清算程序未受清偿的债权，依法继续承担清偿责任。

第四章 合同法

第一节 合同法概述

一、合同的概念与分类

（一）合同的概念

合同也称契约，是指平等主体的自然人、法人、其他组织之间设立、变更、终止民事权利义务关系的协议。民事权利义务关系是指财产关系。

合同的含义很广，除民法外，其他法律部门也涉及合同的概念，例如劳动法上的合同、行政法上的合同、国际法上的国家合同等，这些都是广义的合同。狭义的合同仅指民法上的债券合同。我国合同法采用的是狭义的合同概念，将非财产性契约从合同法中排除了出去。

（二）合同的特征

合同是平等主体之间的民事法律关系。合同一经订立，当事人之间就形成了一种特殊的法律关系，合同以意思表示为要素，并且按意思表示的内容赋予法律效果，因此是民事法律行为。

合同是双方或多方意思表示一致的民事法律行为。合同各方当事人意思表示一致，合同才能成立。意思表示一致是合同行为的一个基本特征。当事人意思表示一致，从而达到设立、变更、终止民事权利义务关系的目的。

合同当事人的法律地位平等。合同当事人在法律上具有独立、平等的地位，任何一方都不得对他方加以限制或强迫。合同当事人的法律地位平等，才能保证他们在订立合同时，真正做到自愿协商，平等互利。

合同依法订立，具有法律效力。依法成立的合同对当事人具有法律约束，受法律保护。当事人依法享有合同权利，同时也应当按照约定履行自己的义务，不得擅自变更或解除合同。

二、合同法的概念与基本原则

（一）合同法的概念

合同法是调整平等主体的自然人、法人、其他组织之间设立、变更、终止民事权利义务关系的法律规范的总称。1993 年 3 月 15 日，第九届全国人民代表大会第二次会议通过了《中华人民共和国合同法》（以下简称《合同法》），于 1999 年 10 月 1 日起施行。为保障《合同法》顺利实施，最高人民法院于 1999 年 12 月 29 日通过了《关于适用〈中华人民共和国合同法〉若干问题的解释（一）》（下称《合同法解释》），该解释自 1999 年 12 月 29 日起施行。

民事关系中有关人身关系的问题，即有关婚姻、收养、监护等身份关系的协议，不适用合同法。应当由这方面的专门法律来调整，如《中华人民共和国收养法》对收养关系加以调整，《中华人民共和国婚姻法》对婚姻家庭关系加以调整。

（二）合同法的基本原则

1. 平等原则

《合同法》第 3 条规定，合同当事人的法律地位平等，一方不得将自己的意志强加给另一方。在合同的订立、履行及承担责任中，任何一方不得将自己的意志强加给另一方。

2. 自愿原则

《合同法》第 4 条规定，当事人依法享有自愿订立合同的权利，任何单位和个人不得非法干预。合同自愿原则是合同法基本的原则，是合同法律关系的本质体现。

3. 公平原则

《合同法》第 5 条规定，当事人应当遵循公平原则确定各方的权利和义务。显失公平的合同可以撤销，不允许合同中力量强大的一方，只享受权利而不承担义务，或较少承担义务；另一方则较多承担义务，较少享有权利。要根据公平原则确定风险的承担，确定违约责任。

4. 诚实信用原则

《合同法》第 6 条规定，当事人行使权利、履行义务应当遵循诚实信用原则。诚实信用原则是民商法的基本原则。当事人应当诚实守信，不得有欺诈等恶意行为。

5. 合法原则

合同的订立和履行必须遵守法律、行政法规。不得扰乱社会经济秩序，损害国家利益和社会公共利益，牟取非法收入。

三、合同的分类

根据不同的标准，可以对合同进行不同的分类。在我国具有法律意义的合同的基本类型主要有：

（一）要式合同与非要式合同

根据法律对合同的形式是否有特定要求，可将合同分为要式合同与非要式合同。要式合同是指法律要求必须具备一定的形式和手续方可成立的合同，如法律规定必须采取书面形式或必须办理登记、鉴证、公证或批准等手续的合同。非要式合同是法律对合同订立未规定一定的形式和手续的合同，即法律无特殊要求，当事人可以采取书面方式也可以采取口头方式进行的合同。

此区分的法律意义在于，法律规定必须采用一定形式的要式合同，必须采用此形式合同才能生效。例如，中外合资经营企业合同必须由审批机关批准，合同方能成立；服务买卖合同须经登记才能生效。

（二）诺成合同与实践合同

根据合同的成立是否需要交付标的物，可将合同分为诺成合同和实践合同。诺成合同是指双方当事人一经达成诺言，即行成立的合同，如买卖、租赁、承揽等。实践合同又称要物合同，是指除双方达成诺言外还要交付合同约定的实物或者实施约定的行为才能成立的合同，如借贷、赠与、保管合同等。例如一般赠与合同，必须由赠与人将赠与物交给受赠人，合同才成立。但经过公证的赠与合同和具有救灾、扶贫性质的赠与合同，为诺成合同而非实践合同。

此区分的法律意义在于，判断合同成立的标准不同，诺成合同自双方意思表示一致即告成立；实践合同在当事人意思表示一致后，还需要交付标的物，合同方能成立。

（三）单务合同与双务合同

根据合同当事人是否互相享有权利、负有义务，可将合同分为单务合同与双务合同。单务合同是指一方当事人只享有权利而不负担义务，另一方只负担义务而不享有权利的合同，如赔与合同。双务合同是指当事人双方相互享有权利、承担义务的合同，如买卖合同。

（四）主合同与从合同

根据合同是否须以其他合同的存在为前提而存在，可将合同分为主合同与从合同。主合同是指不以其他合同的存在为前提而能独立存在的合同。从合同是指必须以其他合同的存在为前提的合同。两者是相对而言的，没有主合同也就无所谓从合同。同样，没有从合同也就无所谓主合同。如借贷合同是主合同，担保合同则为从合同。

（五）有名合同与无名合同

根据法律上有无专门规定为标准，合同可分为有名合同和无名舍同。有名合同又称典型合同，《合同法》规定了 15 种有名合同，即买卖合同，供用电、水、气、热力合同，赠与合同，借款合同，租赁合同，融资租赁合同，承揽合同，建设工程合同，运输合同，技术合同，保管合同，仓储合同，委托合同，行纪合同，居间合同。其他法律也规定了一定的有名合同，如《担保法》规定的抵押合同、质押合同，《保险法》规定的保险合同均为有名合同。无名合同又称非典型合同，是指法律尚未确定一定的名称和规则的合同。根据合同自由原则，合同当事人可以自由决定合同的内容。

（六）有偿合同与无偿合同

根据当事人取得利益是否须付出相应的代价为标准，合同可分为有偿合同和无偿合同。有偿合同是指一方当事人享有合同规定的权益，必须向对方当事人支付相应代价的合同，如买卖、租赁合同等。不支付代价即可享有合同权利的合同为无偿合同，如赠与、借用合同等。

第二节　合同的订立

从内容上看，合同订立是指设立、变更、终止民事权利义务关系，并主要限制在财产关系上。人身关系、身份关系不属于《合同法》调整的范围。从形式上看，合同是一种协议。当双方经合意达成约定，符合《合同法》和其他法律规定时，即成为一个典型的法律文件。遵守合同是守法的一种表现。

一、合同订立的形式

（一）书面形式

书面形式，指文字形式，包括正式的合同书、信件、数据电文（包括电报、电传、传真、电子数据交换和电子邮件）等可以有形地表现所载内容的形式。书面形式包括一般书面形式和特殊书面形式。一般书面形式是合同书等载明合同内容的书面形式；特殊书面形式是指对已形成的书面形式按法规规定进行公证、鉴证、登记和批准。

（二）口头形式

口头形式是指当事人以口头语言的方式订立合同，包括用当面交谈、电话交谈等形式。口头形式合同的最大优点是简便、快捷，缺点是"空口无凭"，发生合同争议时难以举证，合同履行成本可能很高。因此，大宗和复杂的交易合同，最好采用书面形式。

（三）其他形式

其他形式，指用行为表示订立合同的意愿，体现合同的内容，包括推定行为和默示行为。推定行为是用积极的行为表达订立合同的愿望与合同内容，如当事人之间有长期供货合同，合同期限届满后，一方继续供货，另一方继续接受货物并支付货款，可以从供货与接受货物的行为中推定双方达成了延长合同期限的协议。默示行为是用沉默不语的方式表达订立合同的愿望与合同内容，如产品试用期限届满时，试用人未声明拒绝购买时（沉默），视为同意购买，则购买合同成立、生效并履行完毕。

二、合同的内容

《合同法》第 12 条规定了合同的一般内容，这些规定是一种指导性规定，当事人可在此基础上自主约定。

（一）合同当事人的名称或者姓名和住所

公民个人签订合同应当有其个人签名或个人姓名图章。法人或其他组织签订合同应当有合同专用公章或单位公章，并有法定代表人、组织负责人或委托代理人的个人签章。法人或其他组织的住所是其主要办事机构所在地，一般都要在工商登记机关进行登记。

（二）标的

标的是合同当事人权利义务所指向的对象。没有标的的合同无法成立，标的不明的合同难以履行。

（三）数量

数量是对标的的计量，以数字和计量单位表示，如产品数量、完成的工作量等。多数情况下，以标的物的长度、面积、体积、重量及其货币量表现出来。

（四）质量

质量是合同标的内在品质和外观形象的优劣状况。在确定标的质量时，如果有国家强制性标准或行业强制性标准的，应按照这些标准确定，但应该写明这些标准的具体颁布日期、标准代号、编号和标准名称。如无上述标准，则由双方当事人协商确定，但也应在合同中写明具体的验收标准或封存样品。对劳务或精神产品也应尽可能具体商定质量标准。

（五）价款或者报酬

有偿合同都必须有价款或报酬的约定。价款是指一方当事人向以货物为交付标的的另一方所支付的货币。报酬是对完成一定劳务和实现一定劳动成果的人所支付的酬金。执行政府定价或指导价格的合同，价款或报酬按照国家有关规定执行。一般情况下，由合同双方当事人协商确定合同价款或报酬。

（六）履行期限、地点和方式

履行期限是指当事人履行合同义务的起止时间。履行地点是指当事人按照合同行使权利和履行义务的地方。履行方式是指当事人以什么样的方式方法履行合同所规定的义务。

（七）违约责任

违约是指当事人没有按照合同约定的标的、数量、质量、价款或酬金、履行期限、履行地点与方式履行合同义务的行为。当事人应对不同的违约行为承担不同的违约责任。

（八）解决争议的方法

解决争议的方法是指当事人在合同订立与履行过程中发生争议后，以什么方法解决这些争议。

三、合同的订立程序

《合同法》第 13 条规定：当事人订立合同，采取要约、承诺方式。要约和承诺既是订立合同的方式，又是订立合同的必经程序。

（一）要约

1. 要约和要约邀请

要约是指希望和他人订立合同的意思表示。发出要约的一方称为要约人，接受要约的一方称为受要约人。要约的构成要件：①要约必须是特定人做出的意思表示。②要约必须向相对人发出。相对人既可以是特定人，如具体的个人、公司或企业，也可以是非特定人，如社会公众。③内容具体明确，即表达出订立合同的意思，并应当包括一经对方承诺，合同即足已成立的各项基本条款。④表明经过受要约人承诺，要约人即受该意思表示约束。

要约邀请是指希望他人向自己发出要约的意思表示。要约邀请是不直接产生法律后果的事实行为，要约邀请是合同的准备阶段，如寄送的价目表、拍卖公告、招标公告、招股说明书、商业广告等都属要约邀请。商业广告的内容符合要约规定的，视为要约，如悬赏广告。

2. 要约生效时间及法律效力

《合同法》第 16 条明确规定，要约到达受要约人时生效。以口头形式发出的要约，自相对人了解要约时开始生效。以书面形式发出的要约，自要约送达受要约人时发生效力。以数据电文形式订立的合同，收件人指定系统接收数据电文的，该数据电文进入该特定系统的时间，视为到达时间；未指定特定系统的，该数据电文进入收件人任何系统的首次时间，视为到达时间。

从要约生效时起到承诺期限结束，要约人受要约的约束，这就是要约的法律约束力。除非符合要约撤回或撤销的条件，不得撤回或撤销要约或者变更要约的内容。受要约方如按期承诺，要约人必须与对方订立合同。以特定物为标的的要约，不得以此标的物再向第三人发出要约。要约发出后，使受要约人获得了是否承诺的权利，受要约人是否行使这种权利完全可以自由决定。因此，要约对受要约人无任何约束力。

3. 要约撤回和撤销

要约撤回是指要约人发出要约后，在到达受要约人之前，要约人取消该要约的行为。撤回要约的通知应当在要约到达受要约人之前或者与要约同时到达受要约人。

要约撤销是指要约生效之后，在受要约人做出承诺之前表示撤销该要约，从而使要约的效力失效的行为。撤销要约的通知应当在受要约人发出承诺通知之前到达受要约人，即要约撤销只能发生在要约生效之后、合同成立之前的阶段。

《合同法》规定，有下列情形之一的，要约不得撤销：①要约人确定了承诺期限或者以其他形式明示要约不可撤销；②受要约人有理由认为要约不可撤销，并已经为履行合同做了准备工作。

要约撤回与要约撤销的区别，如表 4－1 所列。

表 4－1　要约撤回与要约撤销的区别

区分标准	要约撤回	要约撤销
时间不同	发生在要约生效之前	发生在要约生效之后
效力不同	要约人可以不受要约的限制	要约已经生效，要约人应当受要约的限制
通知书到达时间要求不同	撤回要约的通知先于要约或与要约同时到达受要约人	撤销要约的通知先于受要约人发出承诺通知之前到达

4. *要约失效*

要约失效指要约失去法律的约束力。要约失效后，要约人不再受要约的约束，受要约人也失去了承诺的权利。要约失效的原因有：①受要约人拒绝要约；②要约人依法撤回或撤销要约；③承诺期限届满，受要约人未做出承诺；④受要约人对要约内容做出实质性变更。

（二）承诺

1. *承诺的含义*

承诺是指受要约人同意接受要约条款，并愿意与要约人缔结合同的意思表示。承诺生效时合同成立，要约人不得加以拒绝。

承诺的构成要件：

① 承诺必须由受要约人向要约人做出。

② 承诺的内容必须与要约的内容一致。受要约人对要约的内容做出实质性变更的，为新要约。对要约内容的实质性变更是指有关合同标的、数量、质量、价格或报酬、履行期限、履行地点和方式、违约责任、解决争议方法等方面的变更。

③ 承诺必须在规定的期限内到达要约人。

2. *承诺的方式*

承诺应以通知的方式做出，但根据交易习惯或要约表明可以通过行为做出承诺的除外。通知的方式主要包括采用对话、信件、电报、电传等明确地表达承诺人承诺的意思。沉默或者不作为通常不能视为承诺。

3. *承诺的期限和生效时间*

承诺自通知到达要约人时生效。承诺生效时，合同即告成立，承诺不需要通知的，根据交易习惯或要约的要求做出承诺的行为时生效。

要约规定了承诺期限的，承诺应当在要约确定的期限内到达要约人。

要约没有规定承诺期限的，如果要约是以对话方式做出的，应当即时做出承诺，但当事人另有约定的除外。如果要约是以非对话方式做出的，承诺应当在合理期限内到达要约人。要约以信件或电报做出的，承诺期限自信件载明的日期或电报交发之日起计算；信件未载明日期时，自投寄该信件的邮戳日期开始计算。要约以电话或传真等快速通讯方式做出的，承诺期限自要约到达受要约人时开始计算。

4. 承诺撤回

承诺可以撤回。撤回承诺的通知应当在承诺通知到达要约人之前或者与承诺通知同时到达要约人。撤回承诺有以下特点：①只能发生在合同成立之前的阶段；②承诺撤回只适用于以非对话方式做出的承诺；③承诺只能撤回，不能撤销。

5. 承诺的逾期与延迟

延迟承诺分为一般延迟承诺和意外延迟承诺。一般延迟承诺又称为逾期承诺，是指受要约人超过承诺期限发出承诺的。意外延迟承诺是指受要约人在承诺期限内发出，按照通常的情形能够及时到达要约人，但因其他原因承诺到达要约人时超过承诺期限的。

受要约人超过承诺期限发出承诺的，除要约人及时通知受要约人该承诺有效外，视为新要约。对于意外延迟承诺，除要约人及时通知受要约人因承诺超过期限不接受该承诺的以外，该承诺有效。

四、合同成立地点和格式条款

（一）合同成立地点

承诺生效的地点为合同成立的地点。针对当事人订立合同的不同形式，我国《合同法》规定了确认合同成立的不同地点标准：当事人采用合同书形式订立合同的，双方当事人签字或者盖章的地点为合同成立的地点；采用数据电文形式订立合同的，收件人的主营业地为合同成立的地点；没有主营业地的，其经常居住地为合同成立的地点。当事人另有约定的，按照其约定。合同成立地点影响到在合同发生争议时的诉讼或仲裁管辖。

（二）合同格式条款

合同的格式条款，也称为格式合同、标准合同，是当事人为了重复使用而预先拟定，并在订立合同时不与对方协商的条款。百货商店里的商品标签是最简单的格式合同，保险公司的保险单是典型的格式合同。

格式条款的基本特点是：①内容相同的合同要约向社会公众广泛发出。②合同条款具有不可协商的性质。提出格式条款的一方当事人在交易之前已经确定合同的全部条款，另一方只能选择同意或拒绝，不能提出任何反要约，即没有讨价还价的余地。③合同当事人在经济或法律地位上事实上不平等。提出格式条款的一方当事人通常是拥有行业垄断地位的经营者（如交通、保险、金融、供电、供热、供水、供气等行业的经营者），可以凭借其经济优势将自己的意志强加于对方当事人，这是导致合同当事人缔约能力事实上不平等的主要原因。

（三）常见的不公平合同格式条款

在实践中，常见的不公平合同格式条款主要有：①直接免除或限制己方责任的条款，如申明不承担某些方面的法律责任；②赋予己方不受法律约束任意解除合同权利的条款；③限制或排除对方的主要权利，加重对方责任的条款；④就与合同无关的事项限制或排除对方权利的条款，如限制对方只能与自己交易等；⑤要求对方放弃权利条款，如强行要求对方放弃自己的某些合法权利；⑥限制消费者寻求法律救济手段的条款，如规定合同争议不得提交仲裁或诉讼解决，只能与经营者协商解决等。

（四）我国对合同格式条款的法律规制

我国现行《合同法》《消费者权益保护法》都对合同的格式条款进行了立法规制。《合同法》主要从格式条款提供者的义务、确认无效格式条款、格式条款解释原则三个方面对格式合同的应用进行了立法规制。

1. 格式条款提供者的主要义务

格式条款提供者应当遵循公平原则确定当事人之间的权利和义务；采取合理方式（能引起对方注意的方式）提请对方注意免除或者限制其责任的条款；对方对免责条款有疑义时，提供格式条款的一方应当按照对方的要求，对该条款予以解释说明。

2. 确认无效的格式条款

合同中的格式条款具有合同无效和可以变更或可以撤销的情形的，或者提供格式条款一方免除其责任、加重对方责任、排除对方主要权利的，该条款无效。

3. 格式条款的解释原则

对格式条款的理解发生争议的，应当按照通常的理解予以解释。对格式条款有两种以上解释的，应当做出不利于提供格式条款一方的解释。格式条款和非格式条款不一致时，应当采用非格式条款。

需要指出的是，某个或某些格式条款的无效，不影响其他部分的效力，其他部分仍然有效。

五、缔约过失责任

缔约过失责任是指当事人在订立合同的过程中，因一方违反依据诚实信用原则所承担的义务而给对方造成损失时应承担的赔偿责任。

缔约过失责任具有如下特点：①缔约过失责任是合同成立之前在合同订立过程中发生的损害赔偿责任；②缔约过失责任是以诚实信用原则为基础的民事责任；③缔约过失责任是补偿相对人的损害后果的民事责任。

我国《合同法》明确规定的缔约过失责任主要有三种：①假借订立合同，恶意进行磋商。恶意磋商是指一方当事人本无意与对方签订合同，却开始或继续与对方进行合同谈判。②故意隐瞒与订立合同有关的重要事实或者提供虚假情报。隐瞒重要事实是指故意不告知对方足以影响其决定是否订立合同的重要事项。提供虚假情报是指故意向对方提供不符合实际情况的资料和信息。③其他违背诚实信用原则的行为。

此外，当事人在订立合同过程中知悉的商业秘密，无论合同是否成立，都不得泄露或者不正当地使用。泄露或者不正当地使用该商业秘密给对方造成损失的，应当承担损害赔偿责任。

第三节 合同的效力

合同的效力，即合同的法律效力，是指已经成立的合同在当事人之间产生的法律约束力。

合同本身不是法律，不具有法律效力，合同的法律效力是由法律赋予的。有效合同，国家法律予以保护，无效合同不具有法律约束力。《合同法》对合同的效力规定了四种情况：①有效合同；②无效合同；③可撤销合同；④效力待定合同。

一、合同生效

（一）合同成立与合同生效

合同的成立与合同的生效不同，合同的成立是指当事人就合同的主要条款达成合意，它只是表明当事人之间存在合意的事实；合同的生效则反映了法律对已成立的合同的评价。合同成立是合同生效的前提和基础，合同生效是合同成立的积极结果的表现。在多数情况下合同成立与合同生效的时间是一致的。

《合同法》规定：依法成立的合同自成立时生效；法律、行政法规规定应当办理批准、登记手续生效的，自批准、登记时生效；附条件的合同，自条件成就时生效；附期限的合同，自期限届至时生效。

（二）合同的生效要件

有效合同必须具备以下生效要件：第一，主体合法。《合同法》第 9 条规定：当事人订立合同，应当具有相应的民事权利能力和行为能力。第二，当事人意思表示真实、自由。第三，合同不得违反法律或社会公共利益。第四，合同内容必须确定并且可能。合同内容必须确定是指合同订立时内容必须是确定的。合同内容的可能是指合同义务人对合同规定的内容具有履行的可能性。

二、无效合同

无效合同是指不具有法律约束力和不发生履行效力的合同。无效合同虽然已经成立，但因其在内容上违反了法律、行政法规的强制性规定和社会公共利益而不产生法律效力。无效合同分为全部无效合同和部分无效合同两种。合同无效时，应当依照法律规定，承担赔偿等法律责任。

《合同法》第 52 条规定，有下列情形之一的，合同无效：

① 以欺诈、胁迫的手段订立合同，损害国家利益；

② 恶意串通，损害国家、集体或者第三人利益；

③ 以合法形式掩盖非法目的；

④ 损害社会公共利益；

⑤ 违反法律、行政法规的强制性规定。

《合同法》第 53 条规定，造成对方人身伤害的免责条款或因故意或者重大过失造成对方财产损失的免责条款无效。根据最高人民法院的《合同法解释》规定，合同法实施以后，人民法院确认合同无效，应当以全国人民代表大会及其常务委员会制定的法律和国务院制定的行政法规为依据，不得以地方性法规、行政规章为依据。当事人超越经营范围订立合同，人民法院不因此认定合同无效，但违反国家限制经营、特许经营以及法律、行政法规禁止经营规定的除外。

三、可变更、撤销的合同

(一) 概念和种类

可撤销或可变更合同是指因当事人订立合同的意思表示不真实，法律允许其行使撤销权而使已经生效的合同归于无效。法律规定了三种可撤销的合同：

1. 因重大误解订立的合同

重大误解是指当事人对合同的性质、对方当事人标的物的品种、质量数量等涉及合同后果的重要事项存在错误认识，违背其真实意思表示订立合同，并因此受到较大损失的情形。

2. 显失公平的合同

显失公平是指一方当事人利用优势或者对方没有经验，在订立合同时致使双方的权利与义务明显违反公平、等价有偿原则的情形。

3. 一方以欺诈、胁迫的手段或者乘人之危，使对方在违背真实意思的情况下订立的合同

欺诈是指一方当事人故意告知对方虚假情况，或者故意隐瞒真实情况，诱使对方当事人做出错误意思表示的，构成欺诈行为。胁迫是指以将来发生的损害或以直接施加损害相威胁，使对方产生恐惧的，构成胁迫行为。乘人之危是指一方当事人乘对方处于危难之机，为争取不正当利益，迫使对方做出不真实的意思表示，严重损害对方利益的，视为乘人之危。

因欺诈、胁迫的手段或者乘人之危而订立的合同，只有在不损害国家利益的情况下，才为可变更、可撤销合同；如果损害了国家利益，则为无效合同。

(二) 合同撤销权的行使

撤销权人可以采取诉讼或仲裁的方式，向人民法院或仲裁机构提出申请，经法院或仲裁机构确认后，将合同予以撤销。

有下列情形之一的，撤销权消灭：具有撤销权的当事人自知道或者应当知道撤销事由之日起 1 年内没有行使撤销权；具有撤销权的当事人知道撤销事由后明确表示或者以自己的行为表示放弃撤销权的。撤销权人行使撤销权的期限为 1 年，该期限从其知道或应当知道撤销事由之日起开始计算。

四、效力待定合同

(一) 概念

效力待定合同是指合同虽然已经成立，但并不完全符合有关合同生效要件的规定，因此其效力能否发生尚未确定，一般须经有权人追认才能生效的合同。

(二) 效力待定合同的种类及处理

对于效力待定合同，《合同法》允许当事人根据具体情况予以补救，主要有 3 种情况：

1. 限制民事行为能力人订立的合同

《合同法》第 47 条规定：限制行为能力人订立的合同，经法定代理人追认后，该合同生效。但纯获利益的合同或者与其年龄、智力、精神健康状况相适应而订立的合同，不必经法定代理人追认。相对人可催告法定代理人在一个月内予以追认，法定代理人未作表示

的，视为拒绝追认。被追认之前，相对人有撤销的权利。撤销应当以通知的方式做出。

2. 无权代理人订立的合同，但表见代理除外

《合同法》第 48 条规定：行为人没有代理权、超越代理权或者代理权终止后以被代理人名义订立的合同，未经被代理人追认，对被代理人不发生效力，由行为人承担责任。

3. 无处分权人订立的合同

《合同法》第 51 条规定：无处分权的人处分他人财产，经权利人追认或者无处分权的人订立合同后取得处分权的，该合同有效。

五、合同被确认无效或被撤销的法律后果

（一）返还财产

因无效合同或被撤销后，依据该合同取得的财产，应当予以返还；不能返还或者没有必要返还的，应当折价补偿。

（二）赔偿损失

有过错的一方应当赔偿对方因此所受到的损失，双方都有过错的，各自承担相应的责任。

（三）收归国家所有或者返还集体、第三人

当事人恶意串通，损害国家、集体或者第三人利益的，因此取得的财产归国家所有或返还集体、第三人。

第四节 合同的担保

合同的担保是指法律规定或当事人约定，为保证合同履行所采取的具有法律效力的保证措施。

有关担保问题的现行立法主要有《中华人民共和国担保法》（以下简称《担保法》）、《关于适用〈中华人民共和国担保法〉若干问题的解释》（以下简称《担保法解释》），以及《中华人民共和国物权法》（以下简称《物权法》）中的第四编“担保物权”。根据《担保法》的规定，担保方式有保证、抵押、质押、留置和定金五种。

一、保证

（一）保证的概念

保证是指保证人和债权人约定，当债务人不履行债务时，保证人按照约定履行债务或承担责任的行为。即合同双方之外的第三人担保合同一方合同义务的行为。当合同被担保方不能履行行为合同时，由担保人负责履行或者赔偿。

为债务人的债务履行作担保，当债务人不履行债务时，由第三人按照约定履行债务或者承担责任的行为。其中，第三人称为保证人，被担保的债务人称为被保证人。

（二）保证人

《担保法》对保证人资格做了如下规定：

① 具有清偿能力的法人、其他组织或公民，可以作保证人。

② 国家机关不得为保证人，但经国务院批准为使用外国政府或者国际经济组织贷款进行转贷的除外。

③ 以公益为目的的事业单位、社会团体不得作保证人，如学校、医院。但从事经营活动的事业单位、社会团体可以担任保证人。

④ 企业法人的分支机构、职能部门原则上不得担任保证人，但企业法人的分支机构有法人书面授权的，可以在授权范围内提供保证。

（三）保证合同

保证须订立书面合同，合同内容包括：被保证的主债权种类、数额；债务人履行债务的期限；保证的方式；保证担保的范围；保证的期限；双方认为需要约定的其他事项等。

（四）保证的方式

1. 一般保证责任

当事人在保证合同中约定，在债务人不能履行债务时，由保证人承担保证责任的，为一般保证。一般保证的保证人在主合同纠纷未经审判或仲裁，并就债务人财产依法强制执行仍不能履行债务前，对债权人可以拒绝承担担保责任。但是债务人住所变更，致使债权人要求其履行债务发生重大困难，或者法院受理债权人破产案件，中止执行程序的，或者保证人以书面形式放弃先诉抗辩权的，保证人承担保证责任。

2. 连带责任保证

债务人在主合同规定的债务履行期限届满时没有履行债务的，债权人可以直接要求保证人在其保证范围内承担保证责任。

保证责任的具体方式由当事人在保证合同中约定，没有约定或约定不明确的，按连带责任保证承担保证责任。保证人在约定的保证期间内承担保证责任；当事人未约定或约定不明确的，保证期间为主债务履行期届满之日起 6 个月。

（五）保证责任

1. 保证担保的范围

保证担保的范围包括主债权及利息、违约金、损害赔偿金和实现债权的费用；保证合同另有约定的，按照约定。当事人对保证担保的范围没有约定或约定不明的，保证人应当对全部债务承担责任。

2. 保证期间

保证期间是指当事人约定或者法律规定的保证人承担保证责任的时间期限。保证期间可以由当事人双方自行约定，保证人与债权人未约定保证期间的，根据《担保法》第 25 条的规定，保证期间为主债务履行期届满之日起 6 个月。关于连续保证的保证期间，《担保法》规定，保证人就连续发生的债权作保证，未约定保证期间的，保证人可以随时书面通知债权人终止保证合同，但保证人对于通知到债权人前所发生的债权，承担保证责任。

3. 企业法人分支机构的物权担保后果

企业法人的分支机构未经法人书面授权或超出授权范围与债权人订立保证合同的，该合同无效或超出授权范围的部分无效。债权人和企业法人有过错的，应当根据其过错各自承担相应的民事责任。债权人无过错的，由企业法人承担民事责任。

4. 保证责任的免除

有以下情形之一的，保证人不承担民事责任：

① 主合同当事人双方串通，骗取保证人提供保证的；

② 主合同债权人采取欺诈、胁迫等手段，使保证人在违背其真实意思的情况下提供保证的。

5. 保证人的追偿权

保证人承担保证责任后，有权向债务人追偿。债务人破产的，保证人可以参加破产财产分配，预先行使追偿权。

二、抵押

（一）抵押的概念和抵押合同

抵押是指债务人或第三人不移转对特定财产的占有，将该财产作为债权担保的行为。债务人不履行债务时，债权人有权依法以该财产折价或者以拍卖、变卖该财产的价款优先受偿。提供抵押财产的债务人或者第三人为抵押人，享有抵押权的债权人为抵押权人，抵押人提供的担保财产为抵押物。

根据《担保法》的规定，抵押必须订立书面合同，并应当包括以下内容：

① 被担保的主债权和种类、数额；

② 债务人履行的期限；

③ 抵押物的名称、数量、质量、状况、所在地、所有权权属或使用权权属；

④ 抵押担保的范围；

⑤ 当事人认为需要约定的其他事项。

抵押合同不完全具备上述内容的，可以补正。

（二）抵押物

抵押物，又称抵押财产，是抵押权的客体。抵押物必须是特定的、可以转让的物，并且应当进行登记或以其他方法公示。

可以用于抵押的财产有：

① 抵押人所有的房屋和其他地上定着物；

② 抵押人所有的机器、交通运输工具和其他财产；

③ 抵押人依法有权处分的国有土地使用权、房屋和其他地上定着物；

④ 抵押人依法有权处分的国有机器、交通运输工具和其他财产；

⑤ 抵押人依法承包并经发包方同意抵押的荒山、荒沟、荒丘、荒滩等荒地的土地使用权；

⑥ 依法可以抵押的其他财产。

依法不得抵押的财产有：

① 土地所有权；

② 耕地、宅基地、自留地、自留山等集体所有的土地使用权；

③ 学校、幼儿园、医院等以公益为目的的事业单位、社会团体的教育设施、医疗卫生设施和其他社会公益设施；

④ 所有权、使用权不明或有争议的财产；

⑤ 依法被查封、扣押、监管的财产；

⑥ 其他依法不得抵押的财产。

我国法律对房地产的抵押作了专门规定，实行房与地同时抵押的原则。以依法取得的国有土地上的房屋抵押的，该房屋占用范围内的国有土地使用权同时抵押。以出让方式取得的国有土地使用权抵押的，应当将抵押时该国有土地上的房屋同时抵押。乡（镇）、村企业的土地使用权不得单独抵押。以乡（镇）、村企业的厂房等建筑物抵押的，其占用范围内的土地使用权同时抵押。

应当办理抵押物登记的，未经登记，抵押合同不生效。当事人以上述财产以外的财产抵押的，可以自愿办理抵押登记，抵押合同自签订之日起生效。当事人没有办理抵押物登记的，不得对抗第三人。

（三）抵押的效力

抵押担保的范围包括主债权及利息、违约金、损害赔偿金和实现抵押权的费用，抵押合同另有约定的按照约定。

在抵押期间，抵押人转让已办理登记的抵押物时，应当通知抵押权人并告知受让人转让物已经抵押的情况，否则转让行为无效。转让所得明显低于抵押物价值的，抵押权人可以要求抵押人提供相应的担保，否则不得转让。

因抵押人原因使抵押物价值减少的，抵押权人有权要求其停止减少抵押物价值的行为并恢复原状，或提供与减少的价值相应的担保。但抵押人对此无过错的，抵押权人只能就抵押物因损害而得到的赔偿值范围要求担保，如抵押人作为抵押物的汽车出险，便只能就所得的保险赔偿范围要求担保。

同一财产向两个以上债权人抵押的，按抵押物登记的先后顺序清偿，顺序相同的，按照债权比例清偿。未登记的，按照合同生效时间的先后顺序清偿，顺序相同的，按照债权比例清偿。已登记的先于未登记的受偿。

三、质押

（一）质押概述

质押是指债务人或者第三人将其动产或权利移交给债权人占有，以作为债权担保的行为。当债务人不清偿债务时，债权人有权依法以该动产或权利折价或者以拍卖、变卖该动产或权利的价款优先受偿。

在质押法律关系中，享有质权的债权人为质权人或质押权人；将财产移转给质权人占有作为担保的债务人或第三人为出质人，出质人移转给质权人占有作为担保的财产为质物或质押物。质押包括动产质押和权利质押。

（二）动产质押和权利质押

动产质押是指债务人或第三人将其动产移交给债权人占有以作为债权担保的行为。法律未禁止在民事主体之间转移的物均可以作质押。

权利质押是指以所有权、用益物权以外的可让与的财产权利为标的的质押。权利质押的标的为可依法转让的财产权，具体包括：

① 汇票、本票、支票、债券、存款单、仓单、提单；

② 依法可以转让的股份、股票；

③ 依法可以转让的商标专用权，专利权、著作权中的财产权以及依法可以质押的其他权利。

四、留置

留置指债权人依照合同约定占有债务人的动产的行为。债务人不按照合同的期限履行债务时，债权人有权留置该财产并就其折价或以拍卖、变卖所得的价款优先受偿。其中，债权人为留置权人，占有的动产为留置财产。留置权为法定担保物权，当具备一定条件时，留置权依法律而当然发生。

留置的财产为不可分物时，可留置整个物；留置财产为可分物的，留置财产的价值应当相当于债务的金额。留置人在留置财产后负保管责任，发生灭失、损坏时负赔偿责任。债权人留置财产后，应给予债务人不少于2个月的期限；逾期不履行的，才可协议以留置物折价，或依法拍卖、变卖。

五、定金

定金是合同当事人为保证合同履行，订立合同时预先付给对方的一定数额的金钱。

定金属于债的担保的一种方式，属于金钱担保。债务人履行债务后，定金应当抵作价款或收回。定金一般可以分为证约定金（证明合同成立时所交付的定金）、成约定金（以定金交付作为合同成立的必要条件，此定金未交付则合同不成立）、违约定金（指预先交付定金，当出现违约情形时，以此定金承担责任）、解约定金（交付此定金并声明如单方解约以此定金承担责任）、立约定金（如口头约定时，交付此定金作为保证）。

定金应当以书面形式约定。当事人在定金合同中应当约定交付定金的期限，定金合同从实际交付定金之日起生效。定金的数额由当事人约定，但不得超过主合同标的额的20%，超过的部分不发生定金效力。

第五节　合同的履行

一、合同履行的原则和义务

《合同法》第60条规定，当事人应当按照约定全面履行自己的义务。当事人应当遵循诚实信用原则，根据合同的性质、目的和交易习惯履行通知、协助、保密等义务。

合同双方当事人通过协商而相互之间达成一致，对于合同的标的、质量数量、合同履行的方式等方面形成具体约定的，合同履行应按具体约定履行。同时，不论具体合同中约定如何和是否约定，有一些基本义务是必须履行的：全面履行义务；及时通知义务；协助义务；保密义务；防止损失扩大义务。

二、合同履行的规则

（一）合同内容约定不明确时的履行规则

《合同法》第61条规定，合同生效后，当事人就质量、价款或者报酬、履行地点等内容没有约定或者约定不明确的，可以协议补充，不能达成补充协议的，按照合同有关条款或者交易习惯确定。如果仍然不能确定的，则按照以下规定履行：①质量要求不明确的，按照国家标准、行业标准履行。没有国家标准、行业标准的，按照通常标准或者符合合同目的的特定标准履行。②价款或者报酬不明确的，按照订立合同时履行地的市场价格履行。依法应当执行政府定价或者政府指导价的，按照规定履行。③履行地点不明确的，给付货币的，在接受货币一方所在地履行。交付不动产的，在不动产所在地履行。其他标的在履行义务一方所在地履行。④履行期限不明确的，债务人可以随时履行，债权人也可以随时要求履行，但应当给对方必要的准备时间。⑤履行方式不明确的，按照有利于实现合同目的的方式履行。⑥履行费用的负担不明确的，由履行义务一方负担。

（二）政府定价的履行规则

《合同法》第 63 条规定，执行政府定价或者政府指导价的，在合同约定的交付期限内政府价格调整时，按照交付时的价格计价。逾期交付标的物的，遇价格上涨时，按照原价格执行；价格下降时，按照新价格执行。逾期提取标的物或者逾期付款的，遇价格上涨时，按照新价格执行；价格下降时，按照原价格执行。无政府定价的交易，随行就市决定价格。

（三）合同履行涉及当事人之外的第三人的规则

1. 向第三人履行的合同

《合同法》第 64 条规定，当事人约定由债务人向第三人履行债务的，债务人未向第三人履行或履行债务不符合约定的，应当向债权人承担违约责任。

2. 由第三人履行的合同

《合同法》第 65 条规定，当事人约定由第三人向债权人履行债务的，第三人不履行债务或履行债务不符合约定，债务人应当向债权人承担违约责任。

（四）提前履行规则或部分履行债务规则

《合同法》第 71 条规定，债权人可以拒绝债务人提前履行债务，但提前履行不损害债权人利益的除外。债务人提前履行债务给债权人增加的费用，由债务人承担。

部分履行是指合同的债务人一方在履行期限届满时，不能全面满足合同规定的要求。如果部分履行并不损害债权人利益，债权人可以接受部分履行。

三、合同履行中的抗辩权

合同履行时的抗辩权，亦称异议权，是指在双务合同中，合同一方当事人对抗对方请求或者否认对方的权利而主张的权利。合同履行中抗辩权主要有同时履行抗辩权、后履行抗辩权和不安抗辩权。

（一）同时履行抗辩权

《合同法》第 66 条规定，当事人互负债务，没有先后履行顺序的，当同时履行。一方在对方履行之前有权拒绝其履行要求。一方在对方履行债务不符合约定时，有权拒绝其相应的履行要求。

（二）后履行抗辩权

《合同法》第 67 条规定，当事人互负债务。有先后履行顺序，先履行一方未履行的，后履行一方有权拒绝其履行要求。先履行一方债务不符合约定的，后履行一方有权拒绝其相应的履行要求。

（三）不安抗辩权

《合同法》第 68 条规定，应当先履行债务的当事人，有确切证据证明对方有下列情形之一的，可以中止履行：

① 经营状况严重恶化；

② 转移财产、抽逃资金以逃避债务；

③ 丧失商业信誉；

④ 有丧失或者可能丧失履行债务能力的其他情形。

当事人恢复履行能力或提供有效的担保后，先履行义务的当事人必须依合同约定履行。当事人在合理的期限之内未能恢复履行能力或提供有效担保的，负有先给付义务的一方有权解除合同。

四、合同的保全

合同的保全是指合同在履行过程中，由于债务人的财产状况会直接影响债权人的债权实现，为保护债权人的债权免受债务人财产不当减少带来的危害，允许债权人对债务人的不当行为做出积极反应的法律制度。合同的保全主要包括代位权与撤销权两种形式。

（一）债权人的代位权

代位权是指债务人怠于行使其到期债权，对债权人造成损害的，债权人为了保全其债权，依法请求人民法院以自己的名义代位行使债务人的债权的权利。代位权的行使范围以债权人的债权为限。债权人行使代位权的必要费用，由债务人负担。

代位权的行使应同时符合下列条件：

① 债权人对债务人的债权合法；

② 债务人怠于行使其到期债权，对债权人造成损害；

③ 债务人的债权已到期；

④ 债务人的债权不是专属于债务人自身的债权。专属于债务人自身的债权是指基于扶养关系、抚养关系、赡养关系、继承关系产生的给付请求权和劳动报酬、退休金、养老金、抚恤金、安置费、人寿保险、人身伤害赔偿请求权等权利。

（二）债权人的撤销权

撤销权是指因债务人放弃其到期债权，无偿或以明显不合理的低价转让财产给他人，对债权人造成损害的，债权人可以请求人民法院撤销债务人此行为的权利。

《合同法》第 75 条规定，撤销权自债权人知道或者应当知道撤销事由之日起一年内行使。自债务人的行为发生之日起 5 年内没有行使撤销权的，该撤销权消灭。

撤销权的行使范围以债权人的债权为限。债权人行使撤销权的必要费用，由债务人负担。

这里的撤销权与可撤销合同中的撤销权是不同的概念。后者是针对效力待定合同而言，当事人存在意思表示不真实可以行使撤销权使该合同归于无效。

可撤销合同中的撤销权与合同保全中的撤销权的区别，如下表 4－2 所列。

表 4－2　可撤销合同与合同保全中撤销权的区别

区分标准	可撤销合同中的撤销权	合同保全中的撤销权
目的	贯彻意思自治原则	防止债务人的财产不当减少
主体	意思表示不真实的人或受害人	债权人

（续表）

区分标准	可撤销合同中的撤销权	合同保全中的撤销权
撤销对象	所撤销的是撤销权人自己的意思表示不真实的行为	债务人与第三人之间实施的有害于债权人权利的行为
效力	只在当事人之间发生效力	突破合同相对性原则，将对第三人发生效力

第六节 合同的变更、转让与终止

一、合同变更

合同变更有广义和狭义之分。广义的合同变更，包括合同主体、客体和内容的变更。狭义的合同变更，仅指合同客体和内容的变更。合同主体的变更又称为合同转让。这里的合同变更仅指狭义的合同变更，即合同内容的变更。合同变更的方式主要有三种：

（一）当事人协议变更

合同是由当事人协商一致而订立的，经当事人协商一致，可以变更合同。但法律、行政法规规定变更合同应当办理批准登记等手续的，应依照其规定办理批准、登记等手续方可变更。为防止发生纠纷，当事人对合同变更的内容应作明确约定，变更内容约定不明确的，《合同法》规定，推定为合同未变更。

（二）法院或仲裁机关裁决变更

如因重大误解或显失公平而订立的合同，当事人一方可以向人民法院或仲裁机关申请裁决变更或撤销合同。

（三）法定事由出现变更

如遭遇不可抗力导致债务人不能按期履行债务时，债务人可以减少债务数额或延期履行债务。合同变更后，当事人应当按照变更后的合同履行。原合同未变更部分仍然有效，合同变更的部分仅对未履行的部分发生法律效力，对已履行的部分无溯及力。

因合同的变更而使一方当事人受到经济损失的，受损一方可向另一方当事人要求损失赔偿。

二、合同的转让

（一）合同转让的概念

合同的转让是指不变更合同内容即合同规定的权利义务的前提下，合同当事人依法将合同的权利和义务全部或者部分地转让给第三人，或者将合同的权利和义务一并转让给第三人，由受让方承担合同的权利和义务。

（二）合同权利的转让

1. 合同权利转让的概念

合同权利转让是指不改变合同的内容，合同债权人将其债权的全部或者部分转让给第三人享有。其特征是债权转移给第三人，第三人成为债权人，转让的对象是合同的债权。权利的转让，既可以是全部地转让，也可以是部分地转让。

2. 合同权利转让的条件

合同权利转让的条件有：①有效存在的合同债权；②债权人须有处分能力；③转让的合同债权具有可让与性。债权人转让权利的，应当通知债务人。未经通知，转让无效。

3. 合同权利转让的效力

合同权利转让后，原合同债权人全部或者部分地脱离合同关系。从属于该权利的从权利也随之转移给受让人，如抵押权、质权、留置权等，但人身权利除外，如名誉权、人格权、署名权等。

转让人对转让的权利负有瑕疵担保责任。转让人应将合同权利的证明文件全部转交给受让人。转让人丧失债权人的权利，债权人不得再向债务人主张行使债权。受让人成为新债权人，债务人应向受让人履行债务。债务人对受让人享有相应的抗辩权、抵销权。

（三）合同义务的转让

1. 合同义务转让的概念

合同义务转让是指在不改变合同内容的情形下，债务人在取得债权人同意后，将合同义务的全部或部分转移给第三人负担的一种法律制度。其特征有：①合同内容保持不变，只是义务的履行主体改变而已；②合同义务转让是债务人与第三人达成协议并经债权人同意而将债务转移给第三人承担，有别于第三人代替债务人履行债务。

2. 合同义务转让的要件

合同义务转让必须具备如下条件：①须存在有效债务；②债务人须有处分能力；③合同义务具有可转让性；④必须经过债权人同意。如需登记、审批，还应办理相关手续。

3. 合同义务转让的法律效力

合同义务转让的法律效力：新的受让人成为合同债务主体，原债务人免于合同义务；从债务转归新债务人；抗辩权转归新债务人。

（四）合同权利和义务一并转让

合同权利和义务一并转让，亦称合同概括转让，是指原合同一方当事人经对方同意，将其债权债务一并转让给第三人，由第三人享有和承担依原合同约定该当事人所享有和承担的权利和义务。

受让人完全取代原合同一方当事人的地位，成为合同当事人。原合同关系消灭，附属于原合同的全部权利和义务完全转移于受让人，从而产生了一种新的合同关系。

三、合同的权利义务终止

（一）合同权利义务终止的概念

合同权利义务终止是指合同依法成立后，因一定的事由产生或出现而使合同确定的权利义务归于消灭。

（二）合同权利义务终止的原因

合同权利义务终止基于以下原因：债务已按照约定全部履行；合同解除；抵销；提存；免除；混同；法律规定或当事人约定的其他情形。

（三）合同权利义务终止后的效力

合同权利义务终止会产生如下效力：从合同的权利义务一并终止；合同当事人须承担后合同义务，如通知义务、协助义务、保密义务等。

（四）合同解除

1. 合同解除的概念

合同解除是指合同依法成立后、没有履行完毕前，在一定条件下，通过当事人的合意行为或依据法律规定的单方行为，终止合同效力的行为。

2. 合同解除的种类

合同解除的种类有协议解除、诉讼或仲裁解除、法定单方解除。

合同基于以下法定事由而被解除：①因不可抗力致使合同目的不能实现；②当事人一方迟延履行主要债务，经催告后在合理的期限内仍未履行；③在履行期限届满前，当事人一方明确表示或者以自己的行为明确表示不履行主要债务；④当事人一方迟延履行主要债务或者有其他违约行为致使合同目的不能实现；⑤法律规定的其他情形。

3. 法定单方解除权的行使

有约定期限的，在约定期限内行使。没有约定期限的，在合理期限内行使。行使解除权的一方应将解除合同的意思通知对方。通知形式以法律规定或约定的形式进行，没有法律规定或约定形式的，最好采用书面形式。

4. 合同解除的效力

合同解除后，尚未履行的，终止履行；已经履行的，根据履行情况和合同性质，当事人可以要求恢复原状、采取其他补救措施，并有权要求赔偿损失。

（五）抵销

抵销是指合同当事人互负债务时，依法各以自己的债权充抵各自所负的债务，从而使各自的债务在对等额内消灭的行为。

（六）提存

提存是指由于债权人的原因，债务人无法向债权人给付合同标的物时，债务人将合同标的物交付提存机关而消灭合同关系的法律制度。交付合同标的物的债务人为提存人；债权人为提存领受人；交付的标的物为提存物；由国家设立保管提存物的机关为提存机关。

1. 提存的原因

有下列情形之一，难以履行债务的，债务人可以将标的物提存：

① 债权人无正当理由拒绝受领的。

② 债权人下落不明的。债权人下落不明包括以下几种情况：一是债权人不清、地址不详；二是债权人失踪（宣告失踪），其继承人不清。第一种情况不仅指债权人本人不清、地址不详，也应包括债权人的代理人不清、地址不详，否则，债务人可以向债权人的代理人履行债务。第二种情况应增加债权人失踪、尚无代管人一项，因为有财产代管人，债务人就可向该代管人给付。

③ 债权人死亡（或宣告死亡）或者丧失行为能力而未确定继承人、监护人或者继受人的。

④ 法律规定的其他情形。例如，债权人延迟受领标的物，债权人不在债务履行地又不能到履行地受领，债权人不清、地址不详等。

2. 提存的标的物

提存的标的物，为债务人依债务的规定应当给付之标的物。提存的标的物，以适宜于提存为限。作为提存标的之物，特定物或种类物均可，但应限于动产，有如下几种：货币；有价证券、票据、提单、权利证书；贵重物品；担保物（金）或其替代物；其他适宜提存的标的物。如果标的物不适于提存或者提存费用过高的，债务人依法可以拍卖或者变卖标的物，提存所得的价款。

3. 提存的通知或公告

标的物提存后，除债权人下落不明的以外，债务人应当及时通知债权人或者债权人的继承人、监护人。

4. 提存的效力

① 提存对债务人的效力。债务人或其他代为清偿之人将债的标的物提存之后，不论债权人受领与否，依法均产生债务消灭的效力。债权人对债务人负有到期债务的，在债权人未履行债务或者提供担保之前，提存部门根据债务人的要求应当拒绝其受领提存物。

② 提存对债权人的效力。债权人受领提存物的权利，自提存之日起5年内不行使而消灭，提存物扣除提存费用后归国家所有。在提存期间，债权人可以随时提取提存物。标的物提存后毁损、灭失的风险由债权人承担。提存期间，标的物的孳息归债权人所有。提存费用由债权人负担。

③ 提存对提存机关的效力。提存机关对提存人提存的标的物进行审查后，决定是否予以提存。如果予以提存，应妥善保管提存物，并且在债权人合法受领时交付提存物。

（七）债务的免除

债权人可以免除债务人的债务。债权人免除债务人部分或者全部债务的，合同的权利义务部分或者全部终止。

免除债务是处分债权的行为，做出免除意思表示的债权人必须具有完全民事行为能力，无民事行为能力或者限制民事行为能力人的免除行为除非由法定代理人代理或经法定代理人同意，否则不产生法律效力。

免除债务可以附条件或者附期限。附生效条件的免除，比如债权人表示只要债务人在合同履行期归还本金，可以免除利息。附解除条件的免除，比如赠与人表示赠与合同成立后，如果赠与人的经济状况恶化，赠与合同不再履行。附生效期限的免除，比如出租人通知承租人下月一号开始不必再支付房租。附终止期限的合同，比如出卖人通知买受人，其授予买受人商品的八折优惠月底终止。

免除债务的行为产生如下法律效果：①免除使债务消灭。债权人免除部分债务的，债务部分消灭；免除全部债务的，债务全部消灭。②免除消灭债权和债权的从权利。免除了对方债权，也等于放弃了自己的债权。债权消灭，从属于债权的担保权利、利息权利、违约金请求等也随之消灭。

债务的免除不得损害第三人利益。对于已就债权设定担保权益的债权人，不得免除债务人的债务而以此对抗担保权人。

（八）混同

合同关系或债的关系的主体是对立的双方，当债权与债务同归于一人，不存在债权人和债务人，由此导致权利义务关系终止时，称为混同。

第七节　违约责任

一、违约责任的概念

违约责任，又称违反合同的民事责任，是指合同当事人违反合同义务所应承担的法律责任。违约责任的有关规定，是《合同法》一个非常重要的制度。依法订立的合同，对当事人具有法律拘束力，当事人应当按照合同的约定，全面履行自己的义务。

违约责任有两个构成要件：一要有违约行为的存在；二是无免责事由。可见，违约责任是一种严格责任，只要合同当事人有违约行为，不论其有无主观过错，均要承担违约责任，除非有约定或者法律规定的免责事由。

二、承担违约责任的主要形式

根据《合同法》规定，违约的当事人承担违约责任的形式主要有：继续履行、采取补救措施、赔偿损失、约定违约金和定金等。具体适用哪种形式，由当事人根据法律规定和自己的要求加以选择。

（一）继续履行

继续履行，也称实际履行，是指当债务人不履行合同义务时，债权人请求违约的债务人方继续履行合同义务的违约责任形式。订立合同的目的是为了实现合同的约定，即实际履行合同。继续履行合同既是为了实现合同的目的，又是一种违约责任。当事人一方违反合同约定，不履行合同或者履行不符合约定，对方当事人有权要求其继续履行，以维护自己的合法权益。《合同法》规定，当事人一方未支付价款或者报酬的，对方可以要求其支付价款或者报酬。

当事人一方不履行非金钱债务或者履行非金钱债务不符合约定的，《合同法》规定，对方也可以要求履行，但有下列情形之一的除外：法律上或者事实上不能履行；债务的标的不适于强制履行或者履行费用过高；债权人在合理期限内未要求履行。

（二）采取补救措施

采取补救措施是指债务人履行合同不符合约定时，债权人依据合同履行情况要求债务人采取矫正合同不适当履行的具体补救措施。《合同法》规定，质量不符合约定的，应当按照当事人的约定承担违约责任。对违约责任没有约定或者约定不明确，依照法律规定的合同约定不明补救处理仍不能确定的，受损害方根据标的的性质以及损失的大小，可以合理选择要求对方承担修理、更换、重作、退货、减少价款或者报酬等违约责任。

（三）赔偿损失

当事人一方不履行合同义务或者履行合同义务不符合约定的，在履行义务或者采取补救措施后，对方还有其他损失的，应当赔偿损失。

支付赔偿金是承担违约责任的主要形式之一。它虽然是对违约方的一种经济制裁，但不具有惩罚性，主要目的在于弥补损失，是补偿性质的。所以，《合同法》规定，当事人一方不履行合同义务或者履行合同义务不符合约定，给对方造成损失的，损失赔偿额应当相当于因违约所造成的损失，包括合同履行后可以获得的利益，但不得超过违反合同一方订立合同时预见到或者应当预见到的因违反合同可能造成的损失。

经营者对消费者提供商品或者服务有欺诈行为的，法律规定依照《中华人民共和国消费者权益保护法》的规定承担损害赔偿责任。

（四）支付违约金

违约金是指按照当事人的约定或者法律规定，一方当事人因违约而向另一方支付的金钱。一般情况下，违约金的标的物是金钱，但当事人也可以约定违约金的标的物为金钱以外的其他财产。违约金有法定违约金和约定违约金之分，由法律直接规定的违约金为法定违约金：由当事人约定的为约定违约金。

《合同法》规定，当事人可以约定一方违约时应当根据违约情况向对方支付一定数额的违约金，也可以约定因违约产生的损失赔偿额的计算方法。约定的违约金低于造成的损失的，当事人可以请求人民法院或者仲裁机构予以增加；约定的违约金过分高于造成的损失的，当事人可以请求人民法院或者仲裁机构予以适当减少。当事人迟延履行约定违约金的，违约方支付违约金后，还应当履行债务。

（五）给付或者双倍返还定金

《合同法》规定，当事人可以依照《担保法》约定一方向对方给付定金作为债权的担保。债务人履行债务后，定金应当抵作价款或者收回。给付定金的一方不履行约定的债务的，无权要求返还定金；收受定金的一方不履行约定的债务的，应当双倍返还定金。

三、违约责任的免除

一般来说，在合同订立之后，如果一方当事人没有履行合同或者履行合同不符合约定，不论是自身原因，或者第三人原因，都应向对方承担违约责任。但是，如果当事人一方违约是由某些无法防止的客观原因造成的，则可以根据情况免除部分或者全部责任。

《合同法》规定，因不可抗力不能履行合同的，根据不可抗力的影响，部分或者全部免除责任，但法律另有规定的除外。当事人迟延履行后发生不可抗力的，不能免除责任。《合同法》所称的不可抗力，是指不能预见、不能避免且不能克服的客观情况。当事人一方因不可抗力不能履行合同的，应当及时通知对方，以减轻可能给对方造成的损失，并应当在合理期限内提供证明。

第五章　物权法

第一节　物权概述

一、物权的概念与特征

物权是指权利人依法对特定的物享有直接支配和排他的权利，包括所有权、用益物权和担保物权。与其他权利相比较，具有以下特征：

物权是绝对权。物权的权利主体是特定的，其他任何人都负有不得非法干涉和侵害权利人所享有的物权的义务。一切不特定的人都是义务主体。

物权的客体是特定的独立物。作为物权客体的物一般应具备以下条件：①须为特定物。②须为独立物。③不限于有体物。④须存在于人体外部。从人体中分离出来的组织、器官等，也可成为物权的客体。此外，为人力所能支配控制、能满足人的需求是物作为物权客体的最基本的要求。

物权是以对物的支配并享受利益为内容。对物进行支配，不是物权的目的而是实现物权的手段，物权权利主体的目的在于通过对物的直接管领支配进而取得或享有利益。

物权具有排他性。这种排他性一方面是指物权具有不容他人侵犯的性质；另一方面是指同一物之上不得同时成立两个内容不相容的物权，例如，同一物之上不得同时设立两个所有权和用益物权，在同一物上，数个物权并存时，先设立的物权优先于后设立的物权。

二、物权的种类

物权的种类和内容，是由法律规定的。物权法定的原则是由物权的性质决定的。依据不同标准物权可以分为：

1. 自物权和他物权

自物权，即所有权，是指所有人依法可以对物进行占有、使用、收益和处分的权利。他物权是指所有权以外的物权。

两者区分的意义在于：他物权在内容上是不完全的、受限制的，又称为“限制物权”。他物权人一般只能对标的物享有占有、使用和收益的权利，没有法律依据和所有人的授权，不得行使处分权。并且他物权的权能不能超越所有权的权能内容。与所有权不同，他物权一般都有时间限制的。

2. 用益物权和担保物权

用益物权是指以物的使用收益为目的的物权，包括地上权、地役权、永佃权等。担保物权是指以担保债权为目的，即以确保债务的履行为目的的物权，包括抵押权、质权、留置权等。

两者区分的意义在于：用益物权以追求物的使用价值为内容，标的物必须具有使用价值。担保物权以标的物的价值和优先受偿为内容，故标的物必须具有交换价值。所以用益物权往往有明确的存续期间，而担保物权是以债权的存在为前提。担保物权还具有物上代位性，即当担保物权的标的物转化为价值形态时，担保物权就以变形物为客体。

3. 动产物权和不动产物权

不动产物权包括不动产所有权、地上权、地役权、房屋典权、国有土地的使用权、不动产的抵押权等。动产物权包括动产所有权、留置权、质押权、动产的抵押权等。

两者区分的意义在于：二者在取得方法、成立要件和效力方面存在着一些区别。动产物权一般以标的物的交付为所有权转移的要件，而不动产物权则是以依法登记为要件。

三、物权的效力

物权效力是指物权基于对物的支配权性质而产生的特定保障力或特殊法律效力。因而物权具有以下特殊的效力：

1. 排他效力

物权的排他效力是指内容相同的物权之间具有相互排斥性，即在同一物上不容同一性质或同一内容的两种以上物权并存。物权的排他性并不是什么物权都相互排斥，以下几种情形数个物权可以存在于同一物上：数个内容相同的地役权；所有权与定限物权（他物权）；不以占有为内容的数个物权也是可以共存的。

2. 优先效力

物权的优先效力，亦称物权的优先权，指同一标的物上有数个利益相互冲突的权利并存时，具有较强效力的权利排斥或先于效力较弱的权利得到实现。物权的优先效力表现为：①物权对于债权的优先效力。其主要情形有二：一是物权破除债权；二是物权对债权的优先受偿权。享有担保物权的债权人可就担保物优先于其他债权人受清偿，当企业破产时担保物权人享有别除权。物权优先于债权的例外：一是买卖不破租赁；二是基于社会公益或政策的缘由，法律规定某些物权不得享有优先次序。如先设定的抵押权不得优先于船长、船员的工资等劳动报酬、社会保险费等费用的给付请求权。②物权相互间的优先效力。一方面成立在先的物权优先于成立在后的物权。另一方面先成立的物权具有排斥后成立的物权的效力。

3. 追及效力

物权的追及效力，又称物权的“追及权”，是指物权成立后，物权的标的物无论辗转落入何人之手，除法律另有规定外，物权人均可追及至物之所在行使物权的法律效力。物权的追及效力不是绝对的。物权法为维护交易安全，确立的善意取得制度就是对物权的追及效力的限制。

四、物权法的基本原则

物权法的基本原则包括物权法定原则、一物一权原则和公示、公信原则。

1. 物权法定原则

物权法定原则是指物权只能依据法律设定，禁止当事人自由创设物权和变更物权。表现为物权的种类、内容、效力与公示方法必须由法律设定，而不能由当事人通过协议加以设定。如买卖不动产的，所有权在办理登记之后发生转移，如果当事人双方约定从房屋交付之时起发生转移的，这种约定无效。

2. 一物一权原则

“一物一权原则”也叫“一物不存二主”。一物一权主要是指一物之上只能设定一个所有权，但并不是指一物之上不能设置多个物权。随着所有权权能的发展和物的使用效率的提高，一物之上可以设置多个物权。但一个物只能在整体上成立一个所有权，而一物的某一部分如尚未与该物完全分离，则不能成为单独所有权的客体，比如房屋的门窗只有被卸下，跟墙体发生分离时，才可在其上成立一项所有权。

3. 公示、公信原则

公示是指物权在变动时，必须将物权变动的事实通过一定的公示方法向社会公开，从而使第三人知道物权变动的情况，以避免第三人遭受损害并保护交易安全。物权的变动之所以要公示是由物权本身的性质所决定的，物权具有很强的排他性、优先性，如果其变动不采用一定的方法进行公示，第三人的权利就很容易遭受损害。

公信是指一旦当事人变更物权时，依据法律的规定进行了公示，则即使依公示方法表现出来的物权不存在或存在瑕疵，但对于信赖该物权的存在并已从事了物权交易的人，法律仍然承认其具有与真实的物权存在相同的法律效果，以保护交易安全。

五、物权变动

物权变动是指对物权的产生、变更和消灭的总称。从物权人的角度而言，是指物权的取得、变更或丧失。

物权变动的原因大概有以下几种：①法律行为：包括合同行为和单方法律行为，如因买卖、赠与、互易、遗赠等取得物权；②事实行为：如因生产、天然孳息、时效、先占、遗失物拾得、埋藏物发现、标的物灭失、混同、加工、附合、法定期限的届满而取得物权；③事件：典型的如因法定继承取得物权；④公法行为：因人民法院、仲裁委员会的法律文书或者人民政府的征收决定等引起的物权变动。

我国物权法规定不动产通过登记进行变动，动产基于交付而变动。

一是不动产因登记而变动。不动产物权的变动实行登记生效主义，即除法律另有规定外，不动产物权的设立、变更、转让和消灭，只有经依法登记，才发生物权变动效力。但物权行为不生效并不影响合同的效力。

房产证、土地使用权证等则属于不动产权属证书。不动产权属证书记载的内容应当与不动产登记簿一致，我国《物权法》第 17 条规定，除有证据证明不动产登记簿确有错误外，以不动产登记簿为准。

《物权法》规定登记形式有：①更正登记。权利人、利害关系人认为不动产登记簿记载的事项错误的，可以申请更正登记。②异议登记。当利害关系人主张进行更正登记，而不动产登记簿上记载的权利人不同意，此时利害关系人可以申请异议登记，异议登记获准的，利害关系人应当在异议登记之日起 15 日内起诉。③预告登记。当事人为确保合同的履行，向登记机构申请的一种预备性登记。预告登记后，债权消灭或者自能够进行不动产登记之日起三个月内未申请登记的，预告登记失效。预告登记的本质是限制原物权人再次处分权利，防止发生不利于合同相对人的物权变动。

二是动产因交付而变动。动产物权的设立和转让，自交付时发生效力，法律另有规定的除外。这里的交付通常有：①现实交付。即直接占有的转移。法律另外对于船舶、航空器和机动车等特殊动产的物权变动有特殊规定，实行登记对抗主义，未经登记，不得对抗善意第三人。②简易交付。即动产在转让合意达成以前已经被受让人占有，此时双方通过合意方式对转让行为进行确认。简易交付的，物权自法律行为生效时发生效力。③指示交付是指动产在被第三人合法占有的条件下，出让人与受让人约定，由该第三人听从出让人的指示，直接将动产交付给受让人。④占有改定是指出让人和受让人约定，动产的所有权转移给受让人，但由出让人继续占有该动产。该约定生效时，物权发生转移。

六、物权的保护

物权的民法保护方法包括物权上的保护方法和非物权保护方法。

1. 确权请求物权

请求确认物权，是指民事主体之间就物权的归属发生争议或者权利状态不明时，请求有关机构确认物权归属、明确权利状态。

我国物权法理论和实践多认为，请求确认物权并不是一种独立的物权请求权，而是一种物权的保护方法，且属于实体法上的权利。

2. 排除妨碍请求权

请求排除妨碍，是指当他人以无权占有以外的方式妨害物权人行使物权时，物权人有权请求妨害人排除妨害，以恢复物权的圆满状态。物权人包括所有权人、用益物权人和担保物权人。请求排除妨碍，包括请求除去已构成之妨碍和请求防止可能出现的妨碍。

3. 恢复原状请求权

当物权的标的物因他人的侵权行为而损坏时，如果能够修复，物权人可以请求侵权行为人加以修理以恢复物之原状。恢复原状的请求，可以由物之所有人基于物之所有权提出，也可以由物之合法占有人提出。

4. 返还原物请求权

请求返还原物，是指物之所有权人在其物被他人无权占有时，有权请求无权占有人返还其物，以恢复其对物的占有。

无权占有有两种基本类型：一是占有人从占有之始就没有法律根据。如占有人占有的物，是他人的遗失物、被盗窃物等。二是占有之始本来有法律根据，但是后来该根据消失。如借用、租赁他人的物，已经超过了约定的期限等。

5. 损失赔偿请求权

当他人侵害物权的行为造成物权人的经济损失时，物权人可以直接请求侵害人赔偿损失，也可请求法院责令侵害人赔偿损失。物之损害赔偿请求，既可以由物之所有权人提出，也可以由物之合法占有人提出。物权人请求赔偿损失的保护方法可以与物上请求权保护方法同时使用。

七、占有

占有是指民事主体对于物具有事实上的管领力的一种状态。占有的性质是一种事实状态，而不是一种权利，它有三个特点：①占有是一种法律保护的事实状态；②占有的对象仅限于物；③占有是对物具有的事实上的管领力。

占有分为以下类型：①有权占有与无权占有。具体的规则是：不动产或者动产的占有，除有相反证据证明外，推定为有权占有。无权占有又可以分为：善意占有与恶意占有。所谓善意占有是指占有人误以为自己的占有是合法占有。如果明知或应当知道其占有无法律根据，则为恶意占有。②自主占有与他主占有。③单独占有和共同占有。

占有人取得占有有两种方式，即原始取得和继受取得。占有的原始取得，是指不基于他人转移占有而直接取得对某物的占有，即占有人基于事实上的管领力而原始取得占有。主要方式是：先占、侵占、遗失物拾得、其他原始取得。占有的继受取得分为两种形式：占有让与、占有概括承受。

占有的权利是：①使用该物的权利。②就该物取得收益的权利。因此财产所有人将财产交占有人占有，如果没有法律的特别规定，在占有期内，占有权高于所有权。除财产所有人以外的其他任何人，都对占有人占有的财产负有不得侵犯的义务，都必须维护这种占有的状态。

按照《物权法》第 245 条的规定，占有的不动产或者动产被侵占的，占有人有权请求返还原物；对妨害占有的行为，占有人有权请求排除妨害；因侵占或者妨害造成损害的，占有人有权请求损害赔偿。占有人返还原物的请求权，自侵占发生之日起一年内未行使的，该请求权消灭。

第二节 所有权

一、所有权的概述

（一）所有权的概念与特征

所有权是指权利人依法对自己的财产享有的占有、使用、收益、处分的权利。它宣示的是某项财产归属于某人，由某人行使权利。所有权除具备物权的共性外，还具有以下特征：①所有权具有完全性。所有权是所有人对其所有物进行一般、全面支配的最完全、最充分的物权。它不仅包括了对物的占有、使用、收益，还包括了对于物的最终处分权。②所有权具有原始物权性，不是从其他财产权派生出来的，而是法律直接确认财产归属关系的结果。③所有权具有弹力性，内容可以自由伸缩，所有权的权能能够与所有人部分分离，而并不消灭。④所有权具有永久存续性，不能预定其存续期间，也不因时效而消灭。

（二）所有权的权能

所有权的权能是所有人为利用所有物以实现对所有物的独占利益，而于法律规定的范围内可以采取的各种措施与手段。占有、使用、收益、处分权能是所有权的积极权能；排除他人干涉的权能是其消极权能。

所有权的积极权能有：①占有。占有是所有权人对于财产实际上的占领、控制。②使用。使用是依照物的性能和用途并不毁损物或者变更其性质而对物加以利用。③收益。收取所有物带来的孳息、利润等经济利益。④处分。处分是所有权内容的核心，是所有权必不可缺的一项权能。它可以分为事实上的处分和法律上的处分。事实上的处分，是在生活或生产中使物的物质形态发生变更或者消灭。法律上的处分是指依照所有人的意思，通过某种民事行为对财产进行处理。

所有权的消极权能就是物权保护请求权。所有人对其所有物进行占有、使用、收益及处分时，如遇他人的非法干涉与妨害，可以根据具体情况，请求排除妨碍、返还原物、恢复原状、赔偿损失。但所有人行使此项权能时，必须受法律、习惯及社会公德的限制，对法律、习惯和社会公德认为正当的干涉不得排除。

（三）所有权的取得

所有权的取得有两种方式：原始取得和继受取得。区分依据在于看所有权的取得是否要基于原权利人的意志和权利。

原始取得的方式有：①劳动生产。民事主体通过自己的劳动生产活动获得劳动产品。②收益。通过合法途径取得民事利益。如收取孳息，获得银行存款的利息。③先占。对无主财产的占有需要注意：一是并非所有的无主财产均可先占取得。财产无人继承、又无人受遗赠的财产归国家所有。二是在我国先占对象主要是抛弃物。④添附。包括混合、附合、加工三种情形。混合是指不同所有人的财产掺合在一起，不能识别。附合是指不同所有人的财产结合在一起，如果分离将会毁损其价值或者在经济上不合理。加工是指在他人的有价值的财产上附加自己的劳动，使之成为新的财产。加工物的所有权原则上归原所有人，给加工人以补偿；但如果加工附加的价值大于材料的价值时，加工物可以归加工人所有，但要给原物所有人以补偿。⑤拾得遗失物、漂流物、失散的饲养动物。遗失物、漂流物、失散的饲养动物，招领期满无人认领的，所有权收归国家。⑥发现埋藏物、隐藏物。在埋藏物和隐藏物被发现之后，如果埋藏或隐藏该物的人或者其继承人能够证明其合法的所有权或者继承权，应当交还给所有人或其继承人。只有当所有人不明时，埋藏物才归国家所有，形成所有权原始取得方式之一。⑦善意取得。

继受取得的方式包括买卖、互易、赠与、遗嘱继承、遗赠等。

二、共有

（一）共有的概念与特征

共有是指两个或两个以上的民事主体对同一项财产共同享有所有权。包括按份共有和共同共有。共有具有以下法律特征：①共有的主体为两个或两个以上的多数人。②共有的客体是特定的独立物。共有物在共有关系存续期间，不能分割为各个部分由各共有人分别享有所有权，而是由各共有人共同享有所有权，各个共有人的权利及于共有物的全部。③各共有人对共有物按照各自的份额或者平等地享有权利。但是各共有人对自己权利的行使，并不是独立的，在许多情况下要体现全体共有人的意志，要受其他共有人利益的制约。

（二）共有的类型

共有包括按份共有、共同共有和准共有。

1. 按份共有

按份共有是指两个或两个以上的民事主体对同一项财产按照份额享有所有权。这里的份额并非对共有财产进行实际分割，而是用来确定共有人对共有物享有权利、承担义务的范围。各共有人行使自己的份额，效力及于共有物的整体。

按份共有人可以转让其拥有的份额，其他按份共有人在同等条件下享有优先购买权：①共有人将其份额转让给非共有人的，其他共有人可主张优先购买权；如果是在共有人之间转让，其他共有人不能主张优先购买权。②主张优先购买权的共有人提出的购买条件应当与非共有人一样，否则不能主张。③转让自己份额的共有人应当事先就转让行为通知其他共有人，其他共有人应当在法定期间内表明优先购买的意思，否则丧失优先购买权。

共有人对共有的不动产或者动产没有约定为按份共有或者共同共有的，或者约定不明确的，除共有人具有家庭关系外，视为按份共有。按份共有人对共有的不动产或者动产享有的份额，没有约定或者约定不明确的，按照出资额确定；不能确定出资额的，视为等额享有。

2. 共同共有

共同共有是指两个或两个以上的民事主体基于共同关系对同一项财产享有所有权。具有以下法律特征：①共同共有的财产没有份额的划分。只有到共同共有关系消灭、对共有财产进行分割的时候，才能确定出各个共有人应得的份额。②共同共有的权利的行使同样不分份额，完全平等。③共同共有是在共同关系的基础上产生的。这种共同关系，可以由法律直接规定，如夫妻关系；也可以由当事人通过合同的方式约定，如合伙关系。常见的共同关系有几种：夫妻关系、家庭关系、继承关系。

3. 准共有

两个或两个以上的民事主体对所有权以外的财产权的共有被称为“准共有”。准共有的权利是所有权以外的其他权利，包括用益物权、担保物权以及知识产权，准共有适用共有的基本原理。

（三）共有权的行使

对于共有权的行使，我国物权法确立的基本原则是约定优先，没有约定时，按照法律规定的方式行使，这一原则统一适用于按份共有和共同共有。

1. 共有财产的处分

除共有人间另有约定外，处分共有的不动产或者动产以及对共有的不动产或者动产作重大修缮，应当经占份额三分之二以上的按份共有人或者全体共同共有人同意。

2. 共有财产的分割

共有人对财产分割有约定时，如共有人约定不得分割共有的不动产或者动产，以维持共有关系的，应当按照约定，但共有人有重大理由需要分割的，可以请求分割。共有人对财产分割没有约定或者约定不明确时，按份共有人可以请求随时分割，共同共有人在共有的基础丧失或者有重大理由需要分割时可以请求分割。因分割对其他共有人造成损害的，应当给予赔偿。

（四）共有的内外部关系

对外关系上，无论共同共有还是按份共有，共有人都作为一个整体，享有连带债权、承担连带债务。但是如果法律另有规定或者第三人知道共有人不具有连带债权债务关系的除外。

在共有人的内部关系上，首先应当尊重共有人的约定，有约定的，从约定；如果共有人对内部关系没有约定的，则按份共有人按照份额享有债权、承担债务，共同共有人共同享有债权、承担债务。偿还债务超过自己应当承担份额的按份共有人，有权向其他共有人追偿。

三、建筑物区分所有权

（一）建筑物区分所有权的概念与特征

建筑物区分所有权是指多个区分所有人共同拥有一栋建筑物时，各区分所有人对建筑物专有部分所享有的专有所有权，与对建筑物共用部分所享有的共有权，以及因区分所有人之间的共同关系所生的成员权的总称。

具有以下特征：①复合性。建筑物区分所有权为由专有所有权、共用部分持分权及成员权三要素构成的特殊所有权。②专有所有权的主导性。专有所有权的取得及权限决定共用部分持分权和成员权的有无和权限。③一体处分性。构成建筑物区分所有权的三要素具有整体性，不可分离。在对建筑物的专有部分进行处分时，如抵押、继承或转让，共有部分甚至成员权也会一并受到处分。④权利主体身份多重性。建筑物区分所有权人不仅是专有部分的权利人，而且也是共有部分的权利人，同时也享有成员权。

（二）建筑物区分所有权的内容与行使

1. 专有权

这是一种完整的单独的所有权，业主对建筑物内属于自己所有的住宅、经营性用房等专有部门可以直接占有、使用，实现居住或者经营的目的；也可以依法出租、出借，获取收益和增进与他人感情；还可以用来抵押贷款或出售给他人。

但专有权的行使要受到两个方面的限制：①权利人行使权利应当遵循一体处分原则，对专有部分的处分不得与共有部分相分离。业主转让建筑物内的住宅、经营性用房，其对共有部分享有的共有和共同管理的权利一并转让。②权利人不得擅自改变建筑物的用途。业主不得违反法律、法规以及管理规约，将住宅改变成经营性用房。业主将住宅改变成经营性用房的，除遵守法律、法规以及管理规约外，应当经有利害关系的业主同意。

2. 共有权

即每个业主在法律对所有权未作特殊规定的情形下，对专有部分以外的走廊、楼梯、过道、电梯、外墙面、水箱、水电气管线等共有部分，对小区内道路、绿地、公用设施、物业管理用房以及其他公共场所等共有部分享有权利。

对于共有权的行使，我国物权法明确规定，业主对建筑物专有部分以外的共有部分，享有权利，承担义务；不得以放弃权利不履行义务。建筑物及其附属设施的维修资金，属于业主共有。经业主共同决定，可以用于电梯、水箱等共有部分的维修。对于外墙等共有部分，业主可协商一致利用其获取收益，如将外墙出租给广告公司做广告。

3. 共同管理权

即有权对共用部位与公共设备设施的使用、收益、维护等事项通过参加和组织业主大会进行管理。业主通过业主大会和业主委员会行使成员的管理权。事关大家共同利益的重要事项应当由业主共同决定。

四、相邻关系

（一）相邻关系的概念与特征

相邻关系是指两个或两个以上相互毗邻的不动产的所有人或使用人，在行使不动产的所有权或使用权时，因相邻各方应当给予便利和接受限制而发生的权利义务关系。从权利角度也称为相邻权。

其特征表现为：①相邻关系发生在两个或两个以上的不动产相互毗邻的所有权人或者使用权人之间。②相邻关系的客体并不是财产本身，而主要是行使不动产权利所体现的利益，比如不动产毗邻一方向另一方要求获得房屋通风、采光的利益。③两个或两个以上的所有权人或者使用权人的不动产从自然条件来讲，应当相互毗邻。

（二）相邻关系的种类与处理原则

相邻关系的类型主要有：

1. 用水、排水关系

不动产权利人应当为相邻权利人用水、排水提供必要的便利。对自然流水的利用，应当在不动产的相邻权利人之间合理分配。对自然流水的排放，应当尊重自然流向。

2. 相邻土地通行

不动产权利人对相邻权利人因通行等必须利用其土地的，应当提供必要的便利。

3. 因土地与建筑物的利用

不动产权利人因建造、修缮建筑物以及铺设电线、电缆、水管、暖气和燃气管线等必须利用相邻土地、建筑物的，该土地、建筑物的权利人应当提供必要的便利。

4. 通风、采光、日照的关系

建造建筑物，不得违反国家有关工程建设标准，妨碍相邻建筑物的通风、采光和日照。

5. 相邻环保

不动产权利人不得违反国家规定弃置固体废物，排放大气污染物、水污染物、噪声、光、电磁波辐射等有害物质。

6. 相邻防险

不动产权利人挖掘土地、建造建筑物、铺设管线以及安装设备等，不得危及相邻不动产安全。

根据《民法通则》第 83 条的规定，在处理相邻关系时，应兼顾各方的利益，互谅互让、互助团结、有利生产、方便生活，同时适当考虑历史情况和习惯，公平合理地处理纠纷。

五、所有权取得的特别规定

（一）善意取得

善意取得是指无权处分人将其占有的他人动产或者不动产转让给受让人，如果受让人取得该财产时出于善意，可以取得该财产的所有权，原所有人不得要求受让人返还。善意取得制度是对物权追及效力的合理阻断。

其构成要件为：①受让人取得不动产或者动产时须为善意。这里的善意是指受让人在受让财产时不知道或者不应当知道转让人没有处分权。②以合理的价格转让。如果是无偿转让或者低价转让，则不适用善意取得。至于怎样的价格才是合理价格，应当根据市场交易的通常价格来判断。③转让的不动产或者动产应当登记的已经登记，不需要登记的应当已经交付给受让人。也即受让人通过物权变动的公示方法已经取得了合法所有权。

其法律效力表现为：原所有人丧失对其动产或者不动产的所有权，善意受让人成为新的所有权人；对于遭受的损失，原所有人有权向无权处分人要求赔偿损失。

（二）拾得遗失物

拾得遗失物引发的民事权利义务关系有：

1. 拾得人的返还及保管义务

拾得遗失物，应当返还权利人。拾得人应当及时通知权利人领取或者送交公安等有关部门。

拾得人在遗失物送交有关部门前，应当妥善保管遗失物。因故意或者重大过失致使遗失物毁损、灭失的，应当承担民事责任，否则通常情况下无须承担民事责任。

2. 接受部门的招领与保管义务

公安机关收到拾得人上交的遗失物时，知道权利人的，应当及时通知其领取；不知道权利人的，应及时发布招领公告。招领公告期为六个月，招领期满无人认领的，遗失物所有权收归国家所有。

另外，遗失物被认领前，公安机关负有妥善保管的义务。因故意或者重大过失致使遗失物毁损、灭失的，应当承担民事责任。

3. 遗失物权利人的义务

权利人领取遗失物时，应当向拾得人或者公安机关支付保管遗失物等支出的必要费用。权利人悬赏寻找遗失物的，领取遗失物时应当按照承诺履行义务。

4. 遗失物的追回

所有权人或者其他权利人有权追回遗失物。该遗失物通过转让被他人占有的，权利人有权向无权处分人请求损害赔偿，或者自知道或者应当知道受让人之日起二年内向受让人请求返还原物，但受让人通过拍卖或者向具有经营资格的经营者购得该遗失物的，权利人请求返还原物时应当支付受让人所付的费用。权利人向受让人支付所付费用后，有权向无权处分人追偿。

第三节　用益物权

一、用益物权概念与特征

用益物权是指权利人依照法律的规定，对他人所有的不动产或者动产，享有占有、使用和收益的权利。其着眼点在于充分实现物的使用价值。

其特征表现为：①用益物权是一种他物权。用益物权是在他人所有的物上设立的权利，用益物权人没有所有权。②用益物权是一种限定物权。用益物权是对他人之物只享有的占有、使用和收益的权利，不享有处分权。但是用益物权人可以对用益物权进行处分，例如，转让自己享有的地役权、建设用地使用权给他人。③用益物权为独立物权。用益物权一旦设立，就形成了对所有权的限制，在效力上比所有权具有优先性。④用益物权以实现物的使用价值为目的，着眼于物的使用和收益。

二、土地承包经营权

（一）土地承包经营权的概念与特征

土地承包经营权是指农业生产经营者以种植、养殖、畜牧等农业生产为目的，对集体所有或者国家所有的土地进行占有、使用、收益的权利。具有以下特征：①土地承包经营权的主体是从事农业生产的农户、单位和个人，一般是农村集体经济组织成员。②土地承包经营权的客体是专门用来进行农业生产的农用土地，包括耕地、林地、鱼塘等。③土地承包经营权的设定目的是发展种植、养殖、畜牧等农业生产。

（二）土地承包经营权的取得

土地承包经营权的取得有两种方式：一为依法律行为而取得；二为基于法律行为以外的原因而取得。依法律行为而取得土地承包经营权是土地承包经营权取得的主要方式。具体的方式是：①基于农村土地承包合同而取得。②通过招标、拍卖、公开协商而取得。③基于土地承包经营权流转而取得。土地承包经营权人依法有权将土地承包经营权采取转包、互换、转让等方式流转。流转的期限不得超过承包期的剩余期限。未经依法批准，不得将承包地用于非农建设。

除了法律行为外，继承为基于法律行为以外的原因而取得土地承包经营权的方式。《农村土地承包法》第50条规定："土地承包经营权通过招标、拍卖、公开协商等方式取得的，该承包人死亡，其应得的承包收益，依照继承法的规定继承；在承包期内，其继承人可以继续承包。"

（三）土地承包经营权的内容

1. 土地承包经营权人的权利和义务

土地承包经营权人的权利有：①使用权、收益权。土地承包经营权人对其承包的土地，有权依法进行耕作、养殖与畜牧，有权自主组织生产经营和处置其产品。②承包地被依法征用、占用的，承包人有权依法获得相应的补偿。③依法流转权。土地承包经营权可依法律规定进行流转。流转的方式有：转包、出租、互换、转让、入股、抵押等。土地承包经营权人的义务有：①依法定用途使用土地。土地承包经营权人应依"农地农用"为原则经营土地。②保持地力。土地承包经营权人在农业生产中，应维护土地的自然生产力，禁止占用农地建窑、建坟或者擅自在耕地上建房、挖砂、采石、采矿、取土等。

2. 土地承包经营权的期限

通过家庭承包取得的土地承包经营权，其承包期限分别为：耕地的承包期为三十年；草地的承包期为三十年至五十年；林地的承包期为三十年至七十年；特殊林木的林地承包期，经国务院林业行政主管部门批准可以延长。通过招标、拍卖、公开协商等方式承包农村土地的，其承包期限由当事人双方协商确定，但一般不得超过上述期限。

三、建设用地使用权

（一）建设用地使用权的概念和特征

建设用地使用权是因建筑物或其他工作物而使用国家所有的土地的权利。建设用地使用权具有以下特征：①建设用地使用权以开发利用、生产经营和社会公益事业为目的。②建设用地使用权的标的物为国家所有的城镇土地，不包括集体所有的农村土地。③建设用地使用权人使用土地的范围限于建造并经营建筑物、构筑物及其附属设施。④建设用地使用权的性质是地上权。

（二）建设用地使用权的取得

建设用地使用权作为一种不动产物权，则不动产物权的一般取得原因（如继承），自然也适用于建设用地使用权。在此只叙述建设用地使用权取得的方式。

建设用地使用权取得的方式有：

1. 划拨方式

土地划拨是土地使用人按照一定程序提出申请，经主管机关批准即可取得土地使用权。划拨有两种方式：一是县级以上人民政府依法批准，在土地使用者缴纳补偿、安置等费用后，将国有土地交付给土地使用者使用；二是县级以上人民政府依法批准，将建设用地使用权无偿交付给土地使用者使用。

可以通过划拨方式取得的建设用地有：国家机关用地和军事用地；城市基础设施用地和公益事业用地；国家重点扶持的能源、交通、水利等基础设施用地；法律、行政法规规定的其他用地。上述以划拨方式取得的建设用地，须经县级以上地方人民政府依法批准。

2. 出让方式

建设用地使用权出让是国家以土地所有人身份将建设用地使用权在一定期限内有偿地让与土地使用者。建设用地使用权出让有三种形式：协议、招标和拍卖。根据我国物权法的规定，工业、商业、旅游、娱乐和商品住宅等经营性用地以及同一土地有两个以上意向用地者的，应当采取拍卖、招标等公开竞价的方式出让。

3. 流转方式

建设用地使用权流转是指土地使用人将建设用地使用权再转移的行为，如转让、互换、出资、赠与等。

（三）建设用地使用权的内容和流转

建设用地使用权人对作为权利客体的土地，享有占有、使用、收益的权利，有权自主利用该土地建造并经营建筑物、构筑物及其附属设施。依出让方式取得的建设用地使用权，权利人还可依法转让、互换、出资、赠与或抵押，但法律另有规定的除外。通过划拨出让方式取得的建设用地使用权，土地使用者应当从事社会公益事业，不得以营利目的使用国有土地。

建设用地使用权人的义务是：①支付建设用地使用权费用；②合理利用土地；③依法保护土地；④恢复土地原状。

建设用地使用权可以依法进行流转：①建设用地使用权可以依法转让。建设用地使用权转让、互换、出资或者赠与的，附着于该土地上的建筑物、构筑物及其附属设施一并处分，即房随地走；建筑物、构筑物及其附属设施转让、互换、出资或者赠与的，该建筑物、构筑物及其附属设施占用范围内的建设用地使用权一并处分，即地随房走原则。②建设用地使用权可以进行抵押。③建设用地使用权的期限届满时，建设用地使用权消灭。这种消灭是建设用地使用权的最终消灭，不再存在。

四、宅基地使用权

（一）宅基地使用权的概念和特征

宅基地使用权是指农村集体经济组织的成员依法享有的在农民集体所有的土地上建造房屋、居住使用的权利。

宅基地使用权具有不同于其他土地使用权的法律特征：①宅基地使用权的主体是农村集体经济组织的成员。②宅基地使用权的客体是农民集体所有的土地。③宅基地使用权的内容是合法、长期地使用集体所有的土地，满足农民的居住需求。

（二）宅基地使用权的取得与流转

取得宅基地使用权必须依法律规定的行政审批程序办理。在农村，居民自建住宅，应当使用原有的宅基地和村内空闲地。使用耕地的，经乡级人民政府审核后，报县级人民政府批准；使用原有的宅基地、村内空闲地和其他土地的，由乡级人民政府批准。

宅基地使用权可以在本集体经济组织内转让。依据我国法律，宅基地使用权必须随房屋产权的转让而转移，一般情况下，宅基地使用权不得单独转让。在我国，实行“一户只能申请一处宅基地”的原则，凡已经行使了宅基地申请权且取得了宅基地的，因出卖房屋、抵押房屋导致无房屋居住的，不能再申请取得宅基地，但可以以购买房屋等方式通过取得他人房屋的所有权而取得相应的宅基地使用权。

五、地役权

（一）地役权的概念与特征

地役权是指地役权人按照合同约定，利用他人的不动产，以提高自己不动产效益的权利。其中，地役权人使用、经营的土地为需役地，他人的土地，即他人提供给地役权人使用的土地为供役地。

地役权具有以下法律特征：①地役权是使用他人土地的权利。地役权的客体是土地，并以该土地属于他人所有或使用为要素。②地役权是为使用自己土地的便利而享有的权利。使用供役地的目的，是为了需役地的便利。③地役权具有从属性。地役权在性质上虽然是一种用益物权，但须以需役地的所有权或使用权存在为前提，因而它具有从属性。

（二）地役权与相邻关系

地役权与相邻关系，除在利用邻地供自己使用土地的便利上存有相同之处外，两者有着明显的区别。主要有：①相邻关系不是一种独立的物权类型，它是所有权本身的限制或扩张；而地役权则为一种独立的用益物权。②相邻关系是由法律直接规定的；而地役权则是由当事人之间的地役权合同所约定的，且需办理登记手续。③相邻关系是法律对毗邻的不动产的利用作最低限度的调节的结果，它对不动产所有权的限制与扩展程度较小；而地役权作为当事人双方超越相邻关系的限度而约定的权利义务关系，其对土地所有权的限制与扩展的程度则较大。④地役权的取得既可以是有偿的，也可以是无偿的；而相邻关系中，当事人行使法律规定的权利时只要不给邻人造成损失，则通常是无偿的。⑤相邻关系必须以相互毗邻的土地、水域或建筑物为发生前提；而地役权不以需役地与供役地相互毗邻为必要。

（三）地役权的取得和内容

地役权的取得原因，可以是法律行为，也可以是法律事实。地役权基于法律行为取得，即是当事人之间以地役权设定合同来设定地役权。地役权也可因某种法定事实的发生而法定取得。地役权的法定取得有两种事由：①因用益物权的设定而取得地役权。②因用益物权的分割转让而取得地役权。

地役权的内容，是指在地役权设定以后，在有关当事人之间发生的权利义务关系。地役权人的权利和义务是：①供役地的使用权。②地役权行使处所或方法变更权。③为必要的附随行为与设施的权利。④行使所有权的物上请求权的权利。⑤支付地租的义务。⑥维持附属设施的义务。供役地人的权利和义务是：①容忍土地上的负担或不作为义务；②附属设施使用权及费用分担义务；③变更使用场所及方法的请求权；④租金及其调整请求权。

按照《物权法》的规定，取得地役权可以进行登记，也可以不登记，不登记的地役权对第三人不具有对抗效力。

六、特许物权

（一）特许物权的概念、特征和性质

特许物权，是指经过行政特别许可而开发、利用自然资源，获得收益的准物权。由于它是基于开发、利用土地之外的自然资源而享有的权利，故我国学者也将其称为自然资源使用权。

特许物权的特征是：①特许物权的标的是自然资源而不是土地本身。②特许物权的权利行使方式是对自然资源的开发和获取行为。③特许物权的取得方式是行政许可。

特许物权的性质表现为：首先，特许物权是对土地上的自然资源的利用和开发，权利行使符合用益物权的特征。其次，特许物权目的不在于占有土地上的自然资源，而仅在于对其行使某种开发性的行为，其基本性质又不同于用益物权。因此，特许物权是具有用益物权性质的准物权。

（二）特许物权的种类

1. 海域使用权

海域使用权是指依法经批准获得的持续使用特定海域 3 个月以上的排他性特许物权。《物权法》第 122 条规定："依法取得的海域使用权受法律保护。"海域使用权的取得方式有三种：①依法申请取得；②招标取得；③拍卖取得。

2. 采矿权

采矿权是指单位或自然人个人依照法定程序取得的在采矿许可证规定的范围内开采矿产资源，获得所开采的矿产品的特许物权。采矿权的取得须经行政许可。我国的矿产资源属于国家所有，实行采矿权有偿取得制度，开采矿产资源必须按照国家有关规定缴纳资源税和资源补偿费。采矿权人对所采矿产享有使用、收益和处分权。采矿权虽为准物权，但由于其事关社会公共利益、国家战略利益，采矿权行使与流转须受适当限制。如要求采矿权的受让人、承租人必须具备某种资格，或买卖、出租合同应当经过主管行政部门审批等。

3. 取水权

取水权是指自然人、法人或者其他组织依法经批准取得的利用水工程或者机械提水设施直接从江河湖泊或者地下取水的特许物权。取水权人的权利是：在有关主管机关核定的取水量、确定的取水地点以及取水期限等范围内，取水权人有权直接从江河湖泊或者地下取用水资源，并加以利用。取水权人的义务是：取水权人应当按照有关规定及时缴纳水资源费，不得违反规定取水、用水。

4. 渔业权

渔业权是指自然人、法人或其他组织依法取得的在一定水域从事养殖或捕捞水生动植物的特许物权。渔业权包括养殖权和捕捞权。

第四节　担保物权

一、担保物权概述

（一）担保物权的概念与特征

担保物权，是与用益物权相对应的他物权，指的是为确保债权的实现而在债务人或第三人的特定物上设定的，以直接取得或者支配特定物的交换价值为内容的权利。包括抵押权、质押权、留置权。

担保物权具有以下特征：①担保物权具有从属性。担保物权是作为主债权的担保而存在的。主债权债务合同无效，担保合同无效。②担保物权具有变价性。当债务人到期不履行债务时，担保物权人可以请求拍卖、变卖担保财产或者将担保财产折价受偿。③担保物权具有优先性。担保物权优先于债权受偿，在先的担保物权又比顺序在后的担保物权优先受偿。④担保特权具有物上代位性。提供担保的标的物毁损灭失时，担保人对物的毁损灭失无过错，则担保人因该物获得的赔偿金、补偿金、保险金等可以视为担保财产，担保物权继续存在，此即担保物权的物上代位性。

（二）担保物权的效力

1. 担保物权的担保范围

我国《物权法》第 173 条规定，担保物权的担保范围包括主债权及其利息、违约金、损害赔偿金、保管担保财产和实现担保物权的费用，当事人另有约定的，按照约定。

对于抵押权和质权，约定优先适用。而留置权是法定的担保物权，其担保的债权范围仅限于主债权及利息、违约金、损害赔偿金、留置物保管费用和实现留置权的费用。

2. 人的担保与物的担保并存的处理

对于同一债权上既有人的担保又有物的担保的，权利行使的规则是：如果保证人与物的担保人对各自的担保范围有约定的，债权人应当根据当事人之间的约定行使权利。没有约定的或者约定不明确的，要区别担保物的提供者是债务人还是债务人之外的第三人进行处理：①债务人自己提供物的担保的，债权人应当先向债务人的担保物行使权利，如果担保物不足以清偿的，债权人才能请求保证人承担保证责任。②第三人提供物的担保的，此时同一债权上既有第三人的保证又有第三人的物的担保，债权人享有选择权，可以自由选择物的担保或者保证人行使权利。

二、抵押权

(一) 抵押权概念、特征与种类

抵押权是指对于债务人或者第三人提供担保的不移转占有的不动产或者其他财产，当债务人到期不履行债务时，债权人享有的就该财产拍卖、变卖或者折价优先受偿的权利。

抵押权具有以下法律特征：①抵押权的性质属于担保物权，用以担保债权的实现，抵押权具有支配效力与优先效力。②抵押权的标的物是债务人或者第三人的不动产、动产或者权利。③抵押权的标的物不需要移转占有，抵押人仍然可以占有标的物而予以使用、收益、处分。④抵押权的价值功能在于抵押权人就抵押财产所卖得的价款优先受偿。

抵押权的类型有：①普通抵押权和特殊抵押权。特殊抵押权则是与普通抵押权相比具有特殊性的抵押权，例如共同抵押权、浮动抵押权和最高额抵押权。②不动产抵押权与动产抵押权。不动产抵押权是以不动产为标的物而设定的抵押权，动产抵押权是以动产为标的物而设定的抵押权。

(二) 抵押财产及其范围

《物权法》第 180 条和第 184 条详细规定了允许抵押的财产范围与禁止抵押的财产范围。允许抵押的财产范围是：①建筑物和其他土地附着物；②建设用地使用权；③以招标、拍卖、公开协商等方式取得的荒山、荒沟、荒丘、荒滩等土地承包经营权；④生产设备、原材料、半成品、产品；⑤正在建造的建筑物、船舶、飞行器；⑥交通运输工具；⑦法律、法规规定可以抵押的其他财产。禁止抵押的财产范围是：①土地所有权；②耕地、宅基地、自留山、自留地等集体所有的土地使用权，但法律规定可以抵押的除外；③学校、幼儿园、医院等以公益为目的的事业单位、社会团体的教育设施、医疗卫生设施和其他社会公益设施；④所有权、使用权不明或者有争议的财产；⑤依法被查封、扣押、监管的财产；⑥法律、行政法规规定不得抵押的其他财产。

(三) 抵押权的取得和登记

抵押权的取得可以分为基于法律行为取得和非基于法律行为取得两种：①基于法律行为取得，包括抵押权设立与抵押权转让两种。②非基于法律行为取得，包括两种：一是基于法律的规定而取得抵押权，即法定抵押权；二是通过继承而取得抵押权。

设定抵押权，应当进行物权登记。我国《物权法》将当事人不办理抵押权登记的法律后果区分为两种不同的情形：①不办理登记则抵押合同无法产生抵押权设定的法律效果。以建筑物和其他土地附着物，建设用地使用权，以招标、拍卖、公开协商等方式取得的荒地等土地承包经营权，正在建造的建筑物抵押的，应当办理抵押登记，抵押权自登记时设立。②不办理登记抵押权依然成立但不能对抗第三人。以生产设备、原材料、半成品、产品抵押，以正在建造的船舶、飞行器抵押的，抵押权自抵押合同生效时设立；未经登记，不得对抗善意第三人。

(四) 抵押权的实现

抵押权的实现是指债权已届清偿期而未获清偿时，抵押权人将抵押物拍卖、变卖或折价优先受偿的行为。抵押权实现的方法有三个：拍卖、变卖、折价。

抵押权的实现的顺序规则是：①抵押权的一般清偿顺序是指抵押权人就抵押物折价或者拍卖、变卖该抵押物所得的价款享有优先于一般债权人受偿的权利。②一物之上存在多个抵押权的，其清偿顺序如下：一是抵押权都已登记的，按照登记的先后顺序清偿；顺序相同的，按照债权比例清偿。二是抵押权已登记的先于未登记的受偿。三是抵押权未登记的，按照债权比例清偿。③建设用地使用权抵押后，该土地上新增的建筑物不属于抵押财产。④以招标、拍卖的方式取得的荒地等土地承包经营权抵押的，或者以乡镇、村企业的厂房等建筑物占用范围内的建设用地使用权一并抵押的，实现抵押权后，未经法定程序，不得改变土地所有权的性质和土地用途。

（五）最高额抵押

最高额抵押是指为担保债务的履行，债务人或者第三人对一定期间内将要连续发生的债权提供担保财产的，债务人不履行到期债务或者发生当事人约定的实现抵押权的情形，抵押权人有权在最高债权额限度内就该担保财产优先受偿的权利。

最高额抵押具有以下特征：①是为将来发生的、不特定的债权设定的抵押权。②预定最高担保限额。实际发生的债权额超过最高担保限额的，以最高限额为准，超过部分不享有担保，不具有优先受偿权；实际发生的债权额在最高限额以内的，以实际发生的债权额为准。③适用范围上具有限定性。最高额抵押主要适用于一定期间内连续发生的买卖、借款合同等的抵押担保。④除当事人另有约定外，最高额抵押担保的债权确定前，部分债权转让的，最高额抵押权不得转让。

三、质权

（一）质权的概念与特征

质权是指对于债务人或者第三人提供担保的移转占有的动产或者权利，当债务人到期不履行债务时，债权人享有的就该动产或者权利拍卖、变卖或者折价优先受偿的权利。质权具有以下特征：①质权是为担保债权的履行而设定的，是从属于主债权的担保物权。在债务人不履行债务时，债权人可以就质物优先受偿。②质权的标的物为动产或者权利，不动产之上不能设定质权。③质权须移转质物的占有，质权以占有标的物为成立要件。在设立质权时，处置人应当将质物的占有移交给债权人。

（二）动产质权

动产质权是以动产作为其标的物的质权。动产质权的设立应当注意以下几点：①设立质权，当事人应当采用书面形式订立质权合同。②禁止“流质”约定。质权人在债务履行期届满前，不得与出质人约定债务人不履行到期债务时质押财产归债权人所有。③质权自出质人交付质押财产时设立，这里的交付必须是现实交付。不交付则质权不能生效。

质权人的权利有下列几种：①占有质物。②收取孳息。③对质权进行保全。因不能归责于质权人的事由可能使质押财产毁损或者价值明显减少，足以危害质权人权利的，质权人有权要求出质人提供相应的担保；出质人不提供的，质权人可以拍卖、变卖质押财产。④转质。质权人在质权存续期间，经出质人同意的，可以用质押财产转质为自己的债务提供担保；未经出质人同意转质，造成质押财产毁损、灭失的，应当向出质人承担赔偿责任。⑤放弃质权。质权人放弃质权的，其他担保人在质权人丧失优先受偿权益的范围内免除担保责任，但其他担保人承诺仍然提供担保的除外。⑥优先受偿。

质权人的义务有下列几种：①不得擅自使用、处分质押财产。质权人在质权存续期间，未经出质人同意，擅自使用、处分质押财产，给出质人造成损害的，应当承担赔偿责任。②妥善保管质押财产。质权人因保管不善致使质押财产毁损、灭失的，应当承担赔偿责任。③返还质押财产。债务人履行债务或者出质人提前清偿所担保的债权的，质权人应当返还质押财产。

动产质权实现的方法有三种：折价、拍卖与变卖。对于质押财产拍卖、变卖的变价款，质权人有权优先受偿。质押财产折价或者拍卖、变卖后，其价款超过债权数额的部分归出质人所有，不足部分由债务人清偿。出质人也可以请求质权人在债务履行期届满后及时行使质权；质权人不行使的，出质人可以请求人民法院拍卖、变卖质押财产。因质权人怠于行使质权造成损害的，由质权人承担赔偿责任。

（三）权利质权

权利质权是为了担保债权清偿，就债务人或者第三人所享有的权利设定的质权。可用来设定质权的标的物有以下几种：

一是以汇票、支票、本票、债券、存款单、仓单、提单出质的，当事人应当订立书面合同。质权自权利凭证交付质权人时设立；没有权利凭证的，质权自有关部门办理出质登记时设立。

二是以基金份额、股权出质的，当事人应当订立书面合同。以基金份额、证券登记结算机构登记的股权出质的，质权自证券登记结算机构办理出质登记时设立；以其他股权出质的，质权自工商行政管理部门办理出质登记时设立。

三是以注册商标专用权、专利权、著作权等知识产权中的财产权出质的，当事人应当订立书面合同。质权自有关主管部门办理出质登记时设立。经与质权人协商同意，出质人转让或者许可他人使用出质的知识产权中的财产权所得的价款，应当向质权人提前清偿债务或者提存。

四是以应收账款出质的，当事人应当订立书面合同。质权自信贷征信机构办理出质登记时设立。应收账款出质后，不得转让，但经出质人与质权人协商同意的除外。出质人转让应收账款所得的价款，应当向质权人提前清偿债务或者提存。

四、留置权

（一）留置权的概念和特征

留置权是指法律规定可以留置的债权，债权人依债权占有属于债务人的动产，债务人不按照约定的期限履行债务时，债权人有权依法留置该财产，以该财产折价或者以拍卖、变卖该财产的价款优先受偿的担保物权。留置权具有以下法律特征：①留置权是以他人之物而发生的限制性物权。②留置权是法定担保物权。③留置权是二次发生效力的物权：第一次效力发生在留置权产生之时，债权人即留置权人于其债权未受清偿前可以留置债务人的财产，促使债务人履行其义务；第二次效力是留置权人于债务人超过规定的宽限期仍不履行其义务时，可依法以留置财产折价，或拍卖、变卖的变价款优先受偿。④留置权的效力就债权的全部及于留置财产的全部。⑤留置权依主权利的存在而存在。

（二）留置权的成立

留置权是法定担保物权，当具备一定条件时，即依照法律规定成立，发生留置权的效力，而不是依当事人的约定而产生。

留置权成立的积极要件是留置权成立所应具备的事实，具体为以下三项：①须债权人合法占有债务人的动产；②须债权的发生与该动产有牵连关系；③须债权已届清偿期且债务人未履行债务。

留置权成立的消极要件，是留置权成立的否定条件，即虽然具备留置权成立的上述积极要件，但因消极要件的存在，而使留置权仍不能成立。留置权成立的消极要件通常有以下五项：①须当事人事先无不得留置的约定；②须留置债务人的财产不违反公共秩序或善良风俗；③须留置财产与债权人所承担的义务不相抵触；④须留置财产与对方交付财产前或交付财产时所为的指示不相抵触；⑤对动产的占有须非因侵权行为而取得。

（三）留置权的效力

留置权的一般效力范围，包括留置权所担保的债权的范围和留置权标的物的范围两个方面。留置权所担保的债权范围，是与留置财产有牵连的一切债权，包括原债权、债权的利息、迟延的利息、实现留置权的费用、留置财产保管费以及因留置财产瑕疵而产生的损害赔偿等。留置权对留置财产所及的效力范围，包括主物、从物、孳息和代位物。

留置权对留置权人的效力。留置权发生以后，首先在留置权人的身上发生效力，使其享有留置权所包括的各项权利以及承担相应的义务。留置权人的权利是：①留置财产的占有权。②留置财产孳息收取权。③留置财产必要的使用权。④必要费用偿还请求权。⑤留置财产变价权。⑥优先受偿权。留置权人的义务是：①留置财产的保管义务。②不得擅自使用、利用留置财产的义务。③返还留置财产的义务。

留置权对债务人的效力。留置权产生以后，留置权对于债务人的效力是：①债务人仍享有留置财产的原有权利；②债务人行使留置财产的权利受到限制；③不得干扰、阻碍留置权人行使留置权；④偿付因留置财产而支出的必要费用。

留置权对其他担保物权的效力。同一动产上已设立抵押权或者质权，该动产又被留置的，留置权人优先受偿。

（四）留置权的实现

留置权的实现是指在债务人于债权人留置标的物后一定的期限内仍不履行其债务的，留置权人可以留置财产的变价优先受偿。留置权的实现方式有两种，即折价、变价。当事人协商一致折价的，可依约定办理，当事人约定折价不成，则须依变价方式。

实现留置权均须经过必要的程序和具备相当的条件，主要是宽限期、通知义务和变价取偿。

① 宽限期。当事人双方可以事先在合同中约定，约定的期限不得少于两个月；没有事先约定宽限期的，债权人在留置财产后，应自行确定一个宽限期，但最短亦不得少于两个月。

② 通知义务。债权人留置合同标的物以后，应当立即通知债务人。

③ 变价取偿。债务人在宽限期届满仍不履行债务的，也不另行提供担保的，即具备了留置权实现的条件，留置权人可以对留置财产变价、取偿。

第五节 公安执法与物权保护

胡锦涛在中共中央政治局进行关于制定和实施物权法若干问题的集体学习时，就曾特别强调：要认真学习《物权法》，牢固树立物权观念。尤其要正确处理行使国家权力和保障公民权利的关系。《物权法》作为保护公民财产权的基本法律，它要调整的就是因物的归属和利用而产生的财产性法律关系。而在公安工作中，警察无论是对治安、户政、消防、交通以及出入境管理等行政事务的管理，还是刑事执法中侦查、强制措施的运用，乃至警察对民事纠纷的调解、公民危难情形的救助，都会不同程度地涉及物权法的适用。因此，在公安执法中只有进一步强化物权观念，丰富自己的物权理论知识，才能更好地做到理性、平和、文明和规范地执法，才能真正实现执法为民的宗旨。

一、公安执法与物权观念

（一）私权观念

西方有一个关于物权的格言："风可进，雨可进，国王不可进。"这个格言阐释的就是私权神圣的观念，此处的"国王"即意指公权力。警察亦是公权力的化身，公安执法行使的就是国家公权力。因此公安执法中如何强化私权观念是公安执法理念培养的一个重要内容。

物权属于财产权，是私权的重要表现形式，也是人权的重要组成部分，尊重个人的物权，就是尊重人权。没有对物权的保护，对人权的保障就是不完善的。物权是实现人权的基础，没有最基本的财产权，人身、信仰、住宅不受侵犯，言论、出版等诸多自由也就成了水中月、镜中花。民生的最大问题就是权利问题，产权的问题得不到应有的保护，就根本谈不上民生。因此保护物权是人类正常生活、保护其他基本人权的基础。

公安机关从立法到执法，都会涉及物权问题。就立法而言，从前几年有些地方出台的"撞了白撞"法规，到近几年来出台的"电动车禁行"和"私家车限行"规定，都涉及公民私权如何保护的问题。就公安执法而言，公安执法中的查封、扣押、冻结、罚款、追缴、没收等也都会涉及物权问题。因此，在公安执法中牢固树立私权观念对于公安民警践行社会主义法治理念，做到理性、文明、平和、规范执法具有重要的现实意义。

（二）平等观念

平等保护原则是《物权法》的一个基本原则。《物权法》的许多条款都体现了平等保护的原则和理念，实践了宪法关于法律面前人人平等的基本原则，对合法的公私财产实行平等保护。因此，在公安执法中，要树立平等观念，切实做到在执法和服务中平等对待，保障人民群众的知情权和表达权。权力只有正确行使并在阳光下运行，才能提高公安机关的公信力，彰显公安机关的执法权威，树立公安机关执法为民的良好形象，调动最广大人民群众建设社会主义法治国家的积极性。

（三）排他观念

物权的排他性是物权的重要属性之一。物权的排他性，不仅排除一般人的干涉，而且排除国家的干涉。物权的排他性就是划分公权力与私权利的界限。物权界线之外，属于公共场所，是公权力活动的范围；物权界线之内，是私权利的活动空间，属于私人意识自治的范围。公权力要跨越这个界线，唯有两条：一是权利人同意；二是持有合法的法律文书。如江平先生所言："《物权法》就是竖立在公权力面前的私权利保护之墙。"《物权法》的一个核心任务就是妥善平息公权力与私权利的冲突。因此，物权的排他性观念其实就是法治的观念。这与公安执法中依法行政的理念是统一的，与我们的"立警为公，执法为民"的宗旨是一致的。

二、公安行政执法与物权保护

（一）业主的建筑物区分所有权、相邻关系与社区治安

《物权法》为我们构建了和谐社会的生活法则。可以说正是这些法则支撑着民间社会的和谐、安定、有序。

1. 业主的建筑物区分所有权与社区治安

业主的建筑物区分所有权是指各业主对住宅等专有部分享有所有权，对电梯等公共设施、绿地等公共场所共有部分享有共有以及共同管理的权利。它是随着高层建筑物的出现和小区的形成而产生的新的所有权形式。业主的建筑物区分所有权是引发社区治安纠纷的一种常见形式。因此，社区民警只有自觉学习有关建筑物区分所有权的法律知识，才能及时化解和处理有关纠纷，这也是社区警务的重要内容之一。

2. 相邻关系与社区治安

在和谐社区创建中，良好的相邻关系是一个重要的环节。所谓相邻关系是指相互毗邻的不动产的所有人或使用人因对不动产行使所有权或使用权而发生的权利义务关系。譬如小区出口被堵怎么办？通风采光被高楼阻挡怎么办？邻居装修扰民怎么办？楼下住宅改成餐厅怎么办……诸如此类的家长里短、琐碎矛盾，为社会治安带来了新的问题。《物权法》第七章对相邻关系中的用水、排水、通行、铺设管线、排污、通风、采光和日照等作了具体规定。作为一名社区民警只有具备这些知识，才能更好地解决社区居民的相邻纠纷，才能更好地履行《人民警察法》第 21 条的职责要求，及时地给予社区居民以法律帮助，及时地调解或者疏导纠纷，积极防止民事纠纷转化为治安案件，甚至刑事案件。因此，正确处理相邻关系，避免矛盾激化，是维护社会稳定、构建和谐社区的重要工作。

（二）物权保护与公安行政处罚、行政强制

1. 公安行政处罚与物权保护

公安行政处罚是指享有行政处罚权的公安行政执法主体依法对违反公安行政法律规范的行政相对人实施制裁的具体行政行为。公安行政处罚中的财产处罚均涉及物权保护问题。因此，公安机关以及公安民警在依法对违法行为实施行政处罚时，就要严格依法行使权力，尊重和保护行政相对人的物权，防止权力的滥用给公民私权造成的侵害。

2. 公安行政强制与物权保护

公安行政强制包括公安行政强制措施和公安行政强制执行。公安行政强制措施是指公安机关及其人民警察在公安行政管理活动中，依法定职权和程序，采取强制手段限制特定的相对人行使某种权利或者强制其履行某种义务的公安行政执法行为。公安行政强制执行是指相对人不履行公安机关做出的、已发生效力的执行性行政决定时，公安机关依法强制其履行的公安行政执法行为。涉及财产的公安行政强制措施主要有查封、扣押、冻结等；

涉及财产的公安行政强制执行主要有强制划拨、强制扣除、强制拆除等。可见无论是公安行政强制措施还是公安行政强制执行，都可能涉及行政相对人的物权保护问题。

（三）公安行政执法与遗失物招领、保管

《物权法》第109条规定："拾得遗失物，应当返还权利人。拾得人应当及时通知权利人领取，或者送交公安等有关部门。"第110条规定："有关部门收到遗失物，知道权利人的，应当及时通知其领取；不知道的，应当及时发布招领公告。"可见，如果遗失物拾得人将遗失物送交公安机关，则公安机关可能产生两项义务：知道权利人的应当及时通知其领取；不知道权利人的应当及时发布招领公告。如果公安机关知道权利人而没有及时通知其领取或者不知道权利人又未及时发布招领公告导致权利人损失的，要承担相应的法律责任。该法第11条还规定："拾得人在遗失物送交有关部门前，有关部门在遗失物被领取前，应当妥善保管遗失物。因故意或者重大过失致使遗失物毁损、灭失的，应当承担民事责任。"因此公安机关在保管遗失物期间应当履行妥善保管义务，因故意或者重大过失致使遗失物毁损、灭失的应当承担民事责任。

（四）群体性事件处置与征收、征用

积极预防、妥善处置群体性事件，最大限度地化解不稳定因素，切实维护社会稳定是公安机关的重要职责。当前，由于我国正处于经济转轨、社会转型的特殊历史时期，经济基础和社会结构剧烈变动，利益关系和利益格局深刻调整，影响社会稳定的不确定因素明显增多。据有关部门统计，近年来全国频繁发生因人民内部矛盾引发的上访、集会等群体性事件，目前的上访事件约有1/3以上因拆迁、征地而起。而城市拆迁、农村征地已成为公权力侵犯私权利的重灾区。

《物权法》第42、43、44条对征收、征用问题作了明确的制度安排，对征收、征用的条件，征收补偿的原则、内容，以及对征收补偿不到位和侵占补偿费用的行为等内容也都做了规定，这些将会对涉及征地、拆迁的法律法规产生巨大的影响，未来的相关法律将会对不动产被征收人合法财产权给予更周到的保护，在私权利与公权力的博弈中，私权利将会越来越受到尊重。第57条对国有资产的保值增值和防止国有资产流失问题作了规定，第62、63条对村务公开、集体财产的保护问题作了规定，这些规定对维护公民的合法权益，避免和减少因企业改制、村务纠纷等问题引发的群体性事件也将产生深远的影响。民生的背后是民权，民权的背后是公正。对民生问题的真诚关怀，使《物权法》真正成为公民财产权利的保障书，也从本源意义上证明了法乃善良公正之术。

三、公安刑事执法与物权保护

（一）虚拟财产与刑事犯罪

《物权法》和《刑法》有着密切的联系，保护国有财产和劳动群众集体所有的财产，保护公民私人所有的财产是我国《刑法》的重要任务之一。有形财产关系构不成犯罪的，主要由经济法及《物权法》调整，构成犯罪的则需要由《刑法》作出规定。我国《刑法》除在分则第五章规定了侵犯财产罪外，还在分则第三章破坏社会主义市场经济秩序罪和第八章贪污贿赂罪中规定了相关侵犯财产的罪名，因此，《刑法》是保护物权的最后一道关卡，是实现物权正义的最后一道防线，严厉打击有关犯罪，就是切实保护物权。

当前，由于网络社会的迅速发展，虚拟财产问题日益成为公安刑事执法的热点和难点。面对侵犯虚拟财产案件，司法机关内部经常就罪与非罪问题发生激烈争执。即使在确定有罪的情况下，以什么罪名定罪也有不同意见，包括破坏计算机信息系统罪、侵犯商业秘密罪、非法经营罪、盗窃罪或者诈骗罪等。我国现行法律只对公民的合法收入、储蓄、房屋和其他合法财产予以认可，虽然在司法实践中虚拟财产已逐渐获得认可，但目前尚没有针对虚拟财产的立法，因此，应尽快明确虚拟财产的法律地位。另外，立法思想应当从惩治传统的计算机犯罪转移到惩治网络犯罪，增加窃用计算机网络服务罪、提供计算机网络犯罪工具罪等新罪名。同时，将非法入侵计算机信息系统罪中被侵入的计算机信息系统的范围从国家事务、国防建设、尖端科学技术领域扩大到经济建设、公共信息服务领域，给予所有合法计算机网络用户以同样的保护。

（二）善意取得与涉案财物的追缴

善意取得是指无权处分他人动产或不动产的让与人，在将其持有的动产或不动产转让给受让人后，如果受让人取得该动产或不动产时系出于善意，则其即取得该动产或不动产的所有权，原动产或不动产所有人不得要求受让人返还。善意取得直接关系到公安机关追缴涉案财物的问题。追缴涉案财物是公安执法的一个重要环节，而追缴涉案财物的关键就是涉案财物哪些可以追缴，哪些不可以追缴。当前有关追缴涉案财物的法律依据由于时间跨度长、历史变迁大，其间过时的规定、相互矛盾的规定等都不同程度地存在，而且内容过于简单，难以适应当前执法的需要，因此，《物权法》关于善意取得的规定对于完善公安执法中追缴涉案财物的法律依据将起到重要指导作用。但是，《物权法》对被盗赃物的善意取得问题未作规定，“立法考虑是，对被盗、被抢的财物，所有权人主要通过司法机关依照《刑法》《刑事诉讼法》《治安管理处罚法》等有关法律的规定追缴后退回。在追赃过程中，如何保护善意受让人的权益，维护交易安全和社会经济秩序，可以通过进一步完善有关法律规定解决，《物权法》对此可以不作规定”。

但是，善意取得是全世界普遍采纳的一个通行规则，为妥善处理打击犯罪和维护交易的秩序与安全，应借鉴《物权法》善意取得的立法精神，尽快完善有关法律规定。随着社会关系调整的复杂性、多元性以及柔性化的不断发展，公安执法依据的法律类型也正在发生深刻的变化，民商法律、经济法律、劳动法律等法律规范中有关公安执法的直接依据或者间接依据将不断增加，公安民警应不断转变执法观念，克服重刑轻民等传统观念，自觉践行社会主义法治理念，努力促进社会公平正义。

第六章 工业产权法

第一节 工业产权法概述

一、知识产权

知识产权也叫智力成果权，是指公民、法人、非法人单位对自己在科学技术和文学艺术等领域从事脑力劳动所创造的成果依法取得的专有权。一般来说，工业产权和著作权等统称为知识产权。

知识产权具有以下法律特征：

1. 知识产权的地域性

知识产权作为一种专有权在空间上的效力并不是无限的，而是要受到地域的限制，其效力只限于本国境内，即除签有国际公约或双边、多边协定外，依一国法律取得的权利只在该国境内有效，受该国法律保护。

2. 知识产权的独占性

知识产权为权利人所独占，权利人垄断这种专有权利并受到严格保护。即只有权利人才能享有，他人不经权利人许可不得行使其权利。

3. 知识产权的时间性

知识产权只在法律规定的期限内受到法律保护，一旦超过了法律规定的有效期限，这一权利就自行消灭，或者说该知识产权就依法丧失。知识产权所有人对其智力成果享有的知识产权在时间上的效力并不是永久的，而要受到法定有效期的限制。

二、工业产权

工业产权是知识产权的重要组成部分。工业产权是指人们对发明、实用新型、外观设计、商标等智力成果，依照法律规定在一定期限和一定地域范围内拥有的专有权，是商标权与专利权的统称。

工业产权属于无形财产权，与有形财产权相比，具有以下特征：

第一，行政授权性。工业产权一般不能自动产生，要由国家专门的机关依专门的法律、特定的程序，通过申请、核准的方式来确认。

第二，专有性。专有性又称排他性、垄断性、独占性，是指工业产权在一定的区域和期限内，专属于创造人或其所属单位，即权利人享有独自的占有、使用、收益和处分的权利，排除他人享有同样权利。即非经权利人同意，任何人均不得使用其专利和注册商标，否则，即为侵权。

第三，地域性。由于工业产权的取得有赖于法律专门确认，所以，根据国家主权原则，依照特定国家法令获得承认和保护的工业产权，一般只能在该国领域有效，即工业产权的专有性受到严格的地域限制，并不当然获得其他国家的承认。正是由于工业产权的地域性特点，我国许多驰名商标在国外被抢注。如五星啤酒、青岛啤酒在美国被抢注，英雄金笔在日本被抢注等。一个国家所保护的工业产权除在一定情况下适用统一保护工业产权的国际公约外，不发生域外效力。因此，任何公民、法人要想自己的工业产权在国外受保护，需要在外国重新申请商标注册和申请专利。

第四，时间性。时间性又称为期限性，工业产权保护是有一定期限的，法定期限届满，工业产权自行终止，成为社会公共财产，任何人都可以使用。因此，规定一个合理的保护期限是很有必要的，保护期过长或过短均会导致权利人和社会公众利益的失衡。我国商标权的保护期是自核准注册之日起 10 年，但可以无限次续展，每次续展注册的期限依然是 10 年。而专利权的保护期不完全相同，发明专利权的保护期是 20 年，实用新型和外观设计专利权的保护期是 10 年。

三、工业产权的国际保护

随着贸易交往的国际化，从 19 世纪末开始，各国开始通过签订国际条约的途径来保护本国工业产权在国外的权利和利益。至今，已先后签订了一系列国际条约，基本形成了工业产权的国际保护制度。关于工业产权的国际条约主要有：1883 年的《保护工业产权巴黎公约》、1891 年的《商标国际注册马德里协定》、1970 年的《专利合作条约》、1967 年的《成立世界知识产权组织公约》和 1973 年的《商标注册条约》等。其中《保护工业产权巴黎公约》是十分重要的，它的签订从一定意义上来说，奠定了现代工业产权制度的基础。

《保护工业产权巴黎公约》确立的工业产权国际保护制度的主要原则是国民待遇原则、优先权原则、独立性原则；另外，在商标权保护方面，还有保护缔约国的服务商标和集体商标的原则；在保护专利权方面，有强制许可原则。

《商标国际注册马德里协定》只对巴黎公约成员国开放，其主要作用在于简化商标国际注册手续，有利于成员国国民商标权的国际保护。《专利合作条约》1970 年在华盛顿签订，于 1978 年 1 月 24 日生效。其主要目的是使成员国国民向若干个成员国同时申请专利时，能通过一条统一的渠道，减少手续与费用，避免需要向各国专利局反复申请审批的程序。

我国于 1980 年加入了联合国世界知识产权组织，此后又加入了《保护工业产权巴黎公约》《商标国际注册马德里协定》《专利合作条约》。

第二节　专利法

一、专利法概述

（一）专利和专利权

“专利”一词源于拉丁文“Patere”，之后演变为英文中的“Patent”，再后来被我国学者翻译为“专利”，成为法律上的一个专门术语。

现代专利一词具有三层含义：

① 专利是指基于专利证书所产生的对专利权的法律保护，是专利权的简称。

② 专利就是指取得了专利权的发明创造。

③ 专利就是指记载被授予专利权的发明创造的各种公开的文献，即专利文献。

专利权是指国务院专利行政管理部门根据专利法规定的条件，授予发明设计人或专利申请人对发明创造所享有的专有权。专利权是知识产权的一种，和商标权共同构成工业产权，属于民事权利，是一项无形财产权。

（二）专利法

专利法是由国家制定或认可的，用以调整因确认、保护发明创造而产生的各种社会关系的法律规范的总称。它主要规定了专利权的主体和客体、授予专利权的条件、专利申请的审查和批准、专利权的期限、专利实施的强制许可、专利权的保护等内容。专利法有广义和狭义之分。狭义的专利法仅指全国人民代表大会常务委员会通过的《中华人民共和国专利法》（以下简称《专利法》）。广义的专利法除《专利法》外，还包括国家有关法律、行政法规和规章中关于专利的法律规范。我国参加缔结的有关专利权国际保护方面的条约、协定，也属于广义的专利法的范畴。

《中华人民共和国专利法》经过了三次修订，新修订的专利法于 2009 年 10 月 1 日起施行。为了贯彻《专利法》，国务院对《中华人民共和国专利法实施细则》也进行了修订。

二、专利权的客体

专利权的客体是指专利权人的权利和义务所指向的对象，也就是依法取得专利法保护的发明创造。我国专利法保护的客体有 3 种，即发明、实用新型和外观设计。

（一）发明

1. 发明的概念

专利法中的“发明”与人们日常生活提到的“发明”是有一定区别的。日常所说的发明，其意思是通过脑力劳动创造或者设计出了前所未有的东西，如我国古代造纸、印刷术、火药、指南针的“四大发明”，又如近现代改变人类生存方式的电话、飞机、计算机等。而专利法所称的发明有严格的规定，但各国对专利意义上的发明并没有一致的解释。依据我国专利法的有关规定，发明是指对产品、方法或者其改进所提出的新的技术方案。

发明应当具备以下条件：

一是发明必须是利用自然规律的结果。科学发现是对自然规律本身的新认识，但不是利用，因此科学发现不是发明。

二是发明是具体的技术方案。它是解决某一课题的合理手段，必须产生一定的技术效果。因此天然物的发现不能被称为发明。

三是发明必须是新的技术方案。发明之所以被称为发明，在于其是一种创造。因此其必须是新的，即与原来的东西不同。

2. 发明的分类

发明可以分为产品发明、方法发明和改进发明三种不同的形式。

（1）产品发明

产品发明是指对一切有形物体的发明，用物品来表现最终的技术方案，表明技术成果，是人们通过研究开发出来的关于各种新产品、新材料、新物质等的技术方案。产品是指经过人工制造的各种制成品或者产品。产品发明可以分为：制造品发明，如机器、设备、工具和生活用具等的发明；材料物品发明，如化学物质、合成物质的发明；新用途的产品发明。产品发明可以是一种独立产品，也可以是一个产品的部件。未经人们制造加工，完全属于自然状态的东西不能算作产品发明，诸如天然大理石、植物的自然杂交而产生的植物的新品种。产品专利只保护产品本身，不考虑保护该产品的制造方法。

（2）方法发明

方法发明是指为了解决某一个技术问题所采用的步骤或者手段，是把一个对象或物质改变成另一个对象或物质所利用的操作手段、制造方法及工艺流程等技术方案的发明。方法发明可以是一系列步骤的全过程，也可以是其中的一个步骤。方法发明可以分为：制造方法发明，如制造纯碱工艺、机械制造工艺等；化学方法发明，如制造合成树脂、合成纤维等。方法发明还包括不改变物质状态的纯方法发明，如测量方法、检验方法、通信方法等。

（3）改进发明

改进发明是指在基本发明的基础上作进一步的改进而获得的发明，是对已有的产品发明和方法发明提出实质性的改进的新技术方案。改进发明相对首创发明而言，这种发明不是新的产品和新的制造方法的发明，而是对已有的产品和制造方法的重大改革，它没有突破原有产品发明和方法发明的格局，但给原有的发明带来新的特性、新的质变。改进发明虽然不属于首创发明，但对促进技术进步有重要作用。这类发明在实施上有赖于基本发明的实施，对于这类存在着从属关系的发明，在我国专利法中专门规定了一种强制许可制度。有的国家在专利法上专门为此设立了增补专利制度。所谓“增补”便是在基本专利的基础上进行增补，也属于改进发明。

（二）实用新型

1. 实用新型的概念

实用新型是指对产品的形状、构造或者其结合所提出的适于实用的新的技术方案。实用新型与发明相比，其显著的不同之处在于，实用新型比发明的创造性水平要求要低，它只是对产品的形状、结构或者将外形与结构结合起来做局部的革新，不涉及产品制造原理的变革。

2. 实用新型的特征

① 实用新型是对产品来说的，只有产品才可以申请实用新型专利，如仪器、设备、用具或日用品等。方法不能申请实用新型专利，制造产品的工艺方法不是实用新型。另外，该产品必须具有确定的形状或构造，或是二者的结合。实用新型应具有特定的立体外形和相应的功能。

② 作为实用新型对象的产品必须是具有立体形状和构造的产品，像气态产品、液态产品及粉末状、糊状、颗粒状等不具有立体形状的产品，法律不能授予专利。

③ 作为实用新型对象的产品必须具有实用性，能够在工业上应用。比如把圆形铅笔改成六边形的，这样持笔就具有防滑的实用性。实用新型具有实用价值，可以实施，可以

用工业方法再现。产品的形状、构造或者其结合的技术方案必须能够产生技术上的积极效果，具有技术性能。如果单纯表现为视觉上的美感，不具有技术上的特性，则不是实用新型专利权的客体。

④ 作为实用新型对象的产品必须具有可移动性，不能移动的不动产是不能申请实用新型专利的。虽具有固定形状或构造，但不可移动的产品，如房屋、桥梁等，不能成为实用新型专利权的客体。实用新型在许多发达的国家是不受保护的，因为其技术性能比较低，技术含量小，但是我国将其作为法律保护的对象，主要考虑到我国技术发展的现状，它适合我国目前技术发展的需要。

（三）外观设计

外观设计又称工业品外观设计，是指对产品的形状、图案、色彩或者其结合所做出的富有美感并适于工业上应用的新设计。外观设计具有如下特征：

1. 外观设计必须以产品为载体

外观设计是工业品的外观设计，不能脱离具体的产品而存在。离开具体产品的外观设计，只能是一种纯美术作品，可受著作权法的保护，而不是外观设计。

2. 外观设计必须在工业上被应用

使用外观设计的产品经过工业生产过程能够大量地复制生产，包括通过手工业大量地复制生产。不能复制或不能大量复制的产品不能作为外观设计的载体。

3. 外观设计要富有美感

专利法明确规定外观设计必须富有美感。这种美感应当表现在物品表面的图案、色彩或花纹上，或者表现在物品的立体造型上。

（四）不授予专利权的对象

国家并非对所有的发明创造都授予专利权，专利法规定，只有符合法律规定的条件或者具有专利性的发明创造，才可以被授予专利权并且给予法律保护。如果一项发明创造的内容违反专利法的宗旨，违反我国法律、社会公德或妨碍公共利益，则不能授予专利权。同时，不少发明创造，或该发明创造如果被授予专利可能出现垄断，依法也不能授予专利权。

依据我国《专利法》的规定，在我国不被授予专利权的情况包括：

1. 对违反国家法律、社会公德或者妨害公共利益的发明创造不授予专利权

① 违反国家法律的发明创造。法律是国家意志的体现，任何违反法律的发明创造本质上违背了国家意志，违反了公共利益，不能被授予专利权。例如，赌博、吸毒、伪造公文印章设备、机器等类似的发明创造都属于违反国家法律的发明创造，不能被授予专利权。

② 违反社会公德的发明创造。社会公德是指公众普遍认为是正当的并被接受的伦理道德观念和行为准则。如果一项发明创造违背了社会主义道德风尚，是不能被授予专利权的。

③ 妨害公共利益的发明创造。这是指对公众或社会造成危害，或者会使国家和社会的正常秩序受到影响的发明创造。如严重污染环境、损害珍贵资源、破坏生态平衡、致人伤残或者造成其他危害的发明创造，必然会破坏正常的社会秩序，因此也无法授予专利权。

2. 科学发现

科学发现是指人们通过自己的智力劳动对客观世界已经存在的但未被认知的规律、性质和现象的认识，例如天然物质、自然现象及其变化过程、特性和规律等。科学发现仅仅是认识世界，它不能直接应用于生产实践，不是一种新的技术方案，不具备发明那样的创造性，不具备工业上的实用性，因此不能授予专利权。

3. 智力活动的规则和方法

智力活动的规则和方法是指人们进行推理、分析、判断、记忆等思维活动的规则和方法。这类成果由于其没有采用技术手段，也没有解决技术问题和产生技术效果，不具备技术特征，不能把它运用到工业生产中去，因此不能授予专利权。智力活动的规则和方法包括的内容非常广泛，如数学计算方法、生产经营管理方法、学习语言规则、游戏规则、生产管理方法等。

4. 疾病的诊断和治疗方法

疾病的诊断和治疗方法是指以有生命的人体或者动物体为对象，进行识别、研究、确定或消除病症所采取的各种措施。因为疾病的诊断和治疗方法实施的对象是具体的人或者动物，不能在工业上重复应用，而且基于“救死扶伤”的国际人道主义的考虑，疾病的诊断和治疗方法不能被授予专利权。但在实施这些方法时所使用的仪器或装置是可以在工业上制造的，因此，医疗设备或药品等发明创造可以依法申请专利。

5. 动物和植物品种

在我国专利法制度中，动物和植物是有生命的物体，不是专利法意义上的技术方案，因此不被授予专利权。但是对动植物品种的生产方法，可以依照专利法的规定授予专利权。

6. 原子核变换方法获得的物质

原子核变换方法所获得的物质是指用核裂变或者核聚变的方法获得的元素或者化合物。这类物质由于关系到国防、科研和原子能工业的重大利益。出于国家重大利益的考虑，专利法规定不授予专利权。

三、授予专利权的条件

（一）授予发明和实用新型专利权的条件

根据我国《专利法》第22条、第23条和《专利法实施细则》第2条的规定，授予专利权的发明和实用新型应当具备新颖性、创造性和实用性。

1. 新颖性

新颖性是指发明或实用新型不属于现有技术；在申请日以前没有同样的发明或者实用新型在国内外出版物上公开发表过、在国内公开使用过或者以其他方式为公众所知，也没有同样的发明或者实用新型由他人向国务院专利行政部门提出过申请，并记载在申请日以后公布的专利申请文件中。由此可见，发明或者实用新型只有在申请日前，在世界范围内未公开，在国内未公用、未公开，没有抵触申请的即具备了新颖性的要求。

新颖性包含以下要素：

(1) 现有技术

根据《专利法》的规定，现有技术是指申请日以前在国内外为公众所知的技术。现有技术包括在申请日以前在国内外出版物上公开发表、在国内外公开使用或者以其他方式为公众所知的技术。

(2) 公开的时间界限

现有技术的时间界限是申请日，享有优先权的，则指优先权日。广义上说，申请日以前公开的技术内容都属于现有技术，但申请日当天公开的技术内容不包括在现有技术范围内。

(3) 技术公开方式

现有技术公开方式包括出版物公开、使用公开和以其他方式公开3种，均无地域限制。

(4) 抵触申请

根据《专利法》的规定，在发明或者实用新型新颖性的判断中，由任何单位或者个人就同样的发明或者实用新型在申请日以前向专利局提出并且在申请日以后（含申请日）公布的专利申请文件或者公告的专利文件损害该申请日提出的专利申请的新颖性。为描述简便，在判断新颖性时，将这种损害新颖性的专利申请称为抵触申请。

(5) 丧失新颖性的例外

我国《专利法》规定了不丧失新颖性的例外情形，即申请专利的发明创造在申请日以前6个月内，有下列情形之一的，不视为丧失新颖性：

① 在中华人民共和国主办或承认的国际展览会上首次展出的。

② 在规定的学术会议或者技术会议上首次发表的。

③ 他人未经申请人的同意而泄露其内容的。

2. 创造性

创造性也被称为先进性，是指同申请日以前已有的技术相比，发明有突出的实质性特点和显著的进步；实用新型有实质性特点和进步。这里的已有技术，是指申请日以前已经公开的技术。实质性特点，是指发明或实用新型所具有的技术特征同现有技术相比有本质性的突破；进步是指发明或实用新型同现有技术相比有所发展和前进。《专利法》对发明和实用新型的创造性要求是不同的，即对发明而言，要求具有突出的实质性特点和显著的进步，而对实用新型而言，只要具有实质性特点和进步就被认为满足了创造性的条件。

3. 实用性

实用性是指该发明或者实用新型能够制造或者使用，并且能够产生积极效果。申请专利的发明或者实用新型必须能在产业中应用，必须能够解决技术问题，具有实用性，否则，建立专利制度也就失去意义。如果说新颖性、创造性仅仅是授予专利的条件，那么实用性不仅作为条件而存在，同时也是发明创造的目的所在。

(二) 授予外观设计专利权的条件

新颖性是授予外观设计专利权的一个基本条件。判断外观设计新颖性所依据的标准与判断发明和实用新型所依据的标准基本相同。

四、专利申请与审批

(一) 专利的申请

1. 专利申请的原则

(1) 单一性原则

当两个或两个以上的单位或者个人就同一发明创造分别提出专利申请时，一项发明创造只应授予一个专利权。就是指一份专利申请文件只能就一项发明创造提出专利申请，一件发明或者实用新型专利申请应当限于一项发明或者实用新型，一件外观设计申请应当限于一项外观设计，即“一申请一发明原则”。之所以这样规定，一个原因是便于专利检索，另外一个原因是防止专利权人申请多项专利只交一项专利费。

（2）先申请原则

先申请原则是指有两个以上的申请人分别就同样的发明创造申请专利的，专利权授予最先申请的人，对其他人的申请一律予以驳回。判断申请在先的标准是专利申请日，即国务院专利行政部门或者由其指定的专利申请受理代办处收到完整专利申请文件的日期。同时在确定专利申请日应注意，如果专利申请文件是通过邮局邮寄的，则以寄出的邮戳日为申请日。如果两个以上的申请人在同一日分别就同样的发明创造申请专利的，应当在收到专利行政管理部门的通知后自行协商确定申请人。

（3）优先权原则

优先权原则指申请人在一个缔约国第一次提出专利申请后，在一定期限内又以相同的发明创造向其他缔约国提出申请的，则该申请人有权要求该缔约国以申请人第一次提出专利申请的日期为申请日。

我国专利申请的优先权原则主要体现在两个方面：第一，申请人自发明或者实用新型在外国第一次提出专利申请之日起 12 个月内，或者自外观设计在外国第一次提出专利申请之日起 6 个月内，又在中国就相同主题提出专利申请的，依照该外国同中国签订的协议或者共同参加的国际条约，或者依照相互承认优先权的原则，可以享有优先权。第二，申请人自发明或者实用新型在中国第一次提出专利申请之日起 12 个月内，又向国务院专利行政部门就相同主题提出专利申请的，可以享有优先权。

（4）书面原则

专利申请人在办理专利申请事务中应采用书面的形式，并且专利申请人或者代埋人提交的书面文件必须使用国务院专利行政部门指定的格式，有利于审查工作的进行，也有利于专利申请的管理。《专利法》规定，申请发明或者实用新型专利的，应当提交请求书、说明书及其摘要和权利要求书等文件。申请外观设计专利的，应当提交请求书、该外观设计的图片或者照片以及对该外观设计的简要说明等文件。目前，世界各国都要求以书面形式办理专利申请手续。随着信息技术的发展，发达国家已经开始建立专利审查的无纸化系统。申请专利将可以采用电子数据的方式，通过网络递交。

2. 专利申请的提出和撤回

专利申请人在提交发明专利或者实用新型专利申请时，必须提交下列文件：

（1）请求书

请求书是指专利申请人向国务院专利行政部门提交的请求授予其发明或者实用新型专利的一种书面文件。请求书应当写明发明或者实用新型的名称，发明人的姓名，申请人姓名或者名称、地址以及其他事项。

（2）说明书

说明书是指发明或者实用新型专利申请人对发明或者实用新型的技术内容进行具体说明的陈述性书面文件，也是在申请专利时必须提交的文件。申请人在提交请求书时要按照国务院专利行政部门要求的格式进行填写，并使用中文。

（3）权利要求书

权利要求书是指专利申请人向国务院专利行政部门提交的用以确定专利保护范围的文件。

（4）附图

附图是指必要的时候专利申请书中应当有发明或者实用新型的附图。

（5）摘要

摘要中应当简要说明发明或者实用新型的技术要点。

申请外观设计专利的，应当提交请求书以及该外观设计的图片或者照片等文件，并且应当写明使用该外观设计的产品及其所属的类别。如有必要，国务院专利行政部门可以要求申请人提交使用该外观设计的样品或者模型。

专利申请人向国务院专利行政部门提交相关文件之后，可以在被授予专利权之前随时撤回其专利申请。依据《专利法》的规定，下述情形下的专利申请被视为撤回。

① 发明专利申请自申请日起 3 年内，国务院专利行政部门可以根据申请人随时提出的请求，对其申请进行实质审查，申请人无正当理由逾期不请求实质审查的，该申请即被视为撤回。

② 发明专利已经在外国提出过申请的，国务院专利行政部门可以要求申请人在指定期限内提交该国为审查其申请进行检索的资料或者审查结果的资料；无正当理由逾期不提交的，该申请即被视为撤回。

③ 国务院专利行政部门对发明专利申请进行实质审查后，认为不符合本法规定的，应当通知申请人，要求其在指定的期限内陈述意见，或者对其申请进行修改，无正当理由逾期不答复的，该申请即被视为撤回。

（二）专利的审批

我国《专利法》针对不同的专利类型分别采取了不同的审查制度，对发明专利申请采用的是早期公开迟延审查制，而对实用新型和外观设计专利申请的审查采用即时审查制。

1. 发明专利审批程序

（1）初步审查与早期公开

初步审查也称形式审查，是专利审批程序的第一个阶段。初步审查是指国务院专利行政部门在受理专利申请后对其所做的形式审查。国务院专利行政部门收到发明专利申请后，经初步审查认为符合本法要求的，自申请日起满 18 个月，即行公布。国务院专利行政部门可以根据申请人的请求早日公布其申请。

（2）实质审查

所谓实质审查，是指国务院专利行政部门对申请专利的发明是否符合新颖性、创造性、实用性等授予专利权的实质条件进行的审查。对发明专利的实质审查时间界限是自申请日起 3 年内。就一般情况而言，国务院专利行政部门对专利申请早期公开后，并不依职权主动进行审查，只有在申请人提出请求的条件下，才对其进行实质审查。如果无正当理由逾期不提交的，该申请即被视为撤回。国务院专利行政部门对发明专利申请进行实质审查后，认为不符合《专利法》规定的，应当通知申请人，要求其在指定的期限内陈述意见，或者对其申请进行修改。如果无正当理由逾期不答复的，该申请即被视为撤回。

（3）授予专利权

发明专利申请经实质审查没有发现驳回理由的，由国务院专利行政部门做出授予发明专利权的决定。在国务院专利行政部门做出授予发明专利权的决定后，应当通知专利申请人自收到通知之日起 2 个月内办理登记手续，专利申请人按期办理登记手续的，国务院专利行政部门应当授予发明专利权，发给发明专利证书，同时予以公告。发明专利权自公告之日起生效。

2. 实用新型和外观设计专利审批程序

我国对实用新型和外观设计专利申请实行的是形式审查制，因此实用新型和外观设计专利的审查手续相对简单。根据《专利法》第 40 条的规定，实用新型和外观设计专利申请经初步审查没有发现驳回理由的，由国务院专利行政部门做出授予实用新型专利权或者外观设计专利权的决定，发给相应的专利证书，同时予以登记和公告。实用新型专利权和外观设计专利权自公告之日起生效。

五、专利权的归属

（一）职务发明创造的专利权归属

我国《专利法》规定，执行本单位的任务或者主要是利用本单位的物质技术条件所完成的发明创造为职务发明创造。职务发明创造申请专利的权利属于该单位，申请被批准后，该单位为专利权人。利用本单位的物质技术条件所完成的发明创造，单位与发明人或者设计人订有合同，对申请专利的权利和专利权的归属做出约定的，从其约定。这一规定的目的在于鼓励单位员工的创新积极性，使得人力资源与单位物质技术实现更好的结合。

发明人或者设计人所在的单位尽管是职务发明创造的专利申请人和专利权人，但是作为法人，专利权中具有人身属性的权利仍然归属发明人和设计人，例如署名权。此外，为了激励发明人和设计人，我国专利法还赋予发明人和设计人享受荣誉和精神奖励的权利、取得物质奖励的权利，并相应地规定了发明人或者设计人所在单位的义务。例如，《专利法》第十六条规定："被授予专利权的单位应当对职务发明创造的发明人或者设计人给予奖励；发明创造专利实施后，根据其推广应用的范围和取得的经济效益，对发明人或者设计人给予合理的报酬。"

（二）非职务发明创造

非职务发明是指在本职工作或单位交付的工作之外，完全依靠自己的物质技术条件完成的发明创造。非职务发明专利的申请权归发明人或设计人本人，专利被批准后，专利权归发明人或设计人本人。这里的发明人、设计人本人包括中国的自然人，也包括在中国没有经常居所的外国人，但是应当委托依法设立的专利代理机构办理专利申请。

（三）委托发明创造与合作发明创造

对单位合作完成以及单位委托完成的发明创造，我国《专利法》第八条规定："两个以上单位或者个人合作完成的发明创造、一个单位或者个人接受其他单位或者个人委托所完成的发明创造，除另有协议的以外，申请专利的权利属于完成或者共同完成的单位或者个人；申请被批准后，申请的单位或者个人为专利权人。"这里贯彻的仍然是合同自由的原则。

六、专利权人的权利和义务

（一）专利权人的权利

根据专利法的规定，专利权人的权利包括如下内容：

1. 专利实施权

专利权被授予后，除法律另有规定的以外，任何单位或者个人未经专利权人许可，都不得实施其专利，即不得为生产经营目的制造、使用、许诺销售、销售、进口其专利产品，或者使用其专利方法以及使用、许诺销售、销售、进口依照该专利方法直接获得的产品。

2. 专利转让权

专利转让权是专利权移转的主要方式。根据专利法规定，中国单位或者个人向外国人转让专利申请权或者专利权的，必须经国务院有关主管部门批准。专利权的转让，在当事人签订了书面合同后，还须向国务院专利行政部门登记，由国务院专利行政部门予以公告。专利权的转让自登记之日起生效。

3. 专利许可权

专利许可权是专利权人享有的许可他人在一定的时间和地域范围内使用其专利，并获得报酬的权利。专利实施许可的对象是专利权的部分权能，而不是专利所有权，这是专利实施许可合同和专利转让合同的区别所在。根据《专利法实施细则》规定，专利权人与他人订立的专利实施许可合同，应当自合同生效之日起 3 个月内向国务院专利行政部门备案。

4. 标记权

专利权人有权在其专利产品上、产品包装上、容器上、说明书上或者产品的广告宣传上做上专利标记和专利号。标记权是专利权人的一项权利，可以起到宣传和警示的作用，但它不是专利权人的一项义务。这种标记权也仅仅在专利权有效期内享有。

5. 请求保护权

如果发生了专利权被侵犯，专利权人就可以行使其请求保护权，请求专利管理机关进行处理或直接向人民法院提起诉讼。

（二）专利权人的义务

1. 依法缴纳专利年费

缴纳专利年费是专利权人最基本的义务。如果专利权人未按时缴纳授予专利权当年以后的年费或者缴纳的数额不足的，国务院专利行政部门应当通知专利权人自应当缴纳年费期满之日起 6 个月内补缴，同时缴纳滞纳金。期满未缴纳的，专利权自应当缴纳年费期满之日起终止。

2. 实施专利的义务

国家保护专利权人对专利的独占权，一方面是为了保护专利权人的利益，另一方面还在于推广发明创造，促进科学技术的进步和发展。因此，如果专利权人取得了专利权后，自己不实施专利又提出不合理的条件而限制他人获得专利实施许可时，那么就可能会出现由专利权人垄断其发明创造，使国家授予专利权的目的无法实现。这种情况下，具备实施条件的单位就可以依法向国务院专利行政部门申请，国家就有权强制其实施。

3. 充分公开发明创造的义务

充分公开发明创造的义务是指专利权人在专利申请文件中，应当充分公开其发明创造的内容，以使同行业的技术人员能够理解和实施。

4. 接受专利实施强制许可的义务

根据《专利法》的规定，专利实施的强制许可主要存在以下几种情形：

① 专利权人不许可他人实施其专利时的强制许可。具备实施条件的单位以合理的条件请求发明或者实用新型专利权人许可实施其专利，而未能在合理长的时间内获得这种许可时，国务院专利行政部门根据该单位的申请，可以给予实施该发明专利或者实用新型专利的强制许可。

② 为国家利益或公共利益目的颁发的强制许可。在国家出现紧急状态或者非常情况时，或者为了公共利益的目的，国务院专利行政部门可以给予实施发明专利或者实用新型专利的强制许可。

③ 依据我国《专利法》的规定，一项取得专利权的发明或者实用新型比之前已经取得专利权的发明或者实用新型具有显著经济意义的重大技术进步，其实施又有赖于前一发明或者实用新型的实施的，国务院专利行政部门根据后一专利权人的申请，可以给予实施前一发明或者实用新型的强制许可。

七、专利权的法律保护

（一）专利权的保护期限

根据我国专利法的规定，发明专利权的期限为 20 年，实用新型专利权和外观设计专利权的期限为 10 年，均自申请日起计算。

（二）专利权的保护范围

我国专利法根据专利种类的不同，规定了不同的保护范围。

1. 发明和实用新型专利权的保护范围

发明或者实用新型专利权的保护范围以其权利要求的内容为准，说明书及附图可以用于解释权利要求。

2. 外观设计专利权的保护范围

外观设计专利权的保护范围以表示在图片或者照片中的该外观设计专利产品为准。

（三）专利侵权行为

1. 概念

专利侵权行为是指行为人未经专利权人许可，以营利为目的，实施了受法律保护的专利，侵犯专利权人的专利权的行为。

2. 类型

(1) 未经专利权人许可实施其专利的侵权行为

① 未经专利权人许可制造其专利产品。

② 未经专利权人许可故意使用其专利产品。

③ 未经专利权人许可许诺销售、销售其专利产品。

④ 未经专利权人许可使用其专利方法以及使用、许诺销售、销售依照该专利方法直接获得的产品。

⑤ 未经专利权人许可进口专利产品或进口依照专利方法直接获得的产品。

⑥ 未经专利权人许可，为生产经营目的制造、销售、进口其外观设计专利产品。

（2）假冒他人专利的侵权行为

① 未经许可在其制造或销售的产品、产品的包装上标注他人的专利号。

② 未经许可，在广告或者其他宣传材料上使用他人的专利号，使人将所涉及的技术误认为是他人的专利技术。

③ 未经许可，在合同中使用他人的专利号，使人将合同涉及的技术误认为是他人的专利技术。

④ 伪造或编造他人的专利证书、专利文件或专利申请文件。

（3）冒充他人专利的侵权行为

①制造或销售标有专利标记的专利产品。

②专利权被宣告无效后，继续在制造或销售的产品上标注专利标记。

③在广告或其他宣传材料中将非专利技术称为专利技术。

④在合同中将非专利技术称为专利技术。

⑤伪造或变造专利证书、专利文件或专利申请文件。

（四）侵害专利权行为的法律责任

1. 民事责任

民事责任的形式主要包括停止侵权、赔偿损失、消除影响、恢复名誉等。

2. 行政责任

① 假冒他人专利的，除依法承担民事责任外，由管理专利工作的部门责令改正并予以公告，没收违法所得，可以并处违法所得 3 倍以下的罚款；没有违法所得的，可以处 5 万元以下的罚款；构成犯罪的，依法追究刑事责任。

② 以非专利产品冒充专利产品，以非专利方法冒充专利方法的，由管理专利工作的部门责令改正并予以公告，可以处 5 万元以下的罚款。

③ 侵犯发明人或者设计人的非职务发明创造专利申请权和本法规定的其他权益的，由所在单位或者上级主管机关给予行政处分。

3. 刑事责任

假冒他人专利，构成犯罪的，依法追究刑事责任。

第三节　商标法

一、商标法概述

（一）商标的概念与特征

商标又叫牌子，是指由文字、图形等要素组合成的，使用于一定的商品或者服务之上，用以区别商标使用者与同类商品的生产经营者或者服务经营者的显著标记。

商标具有以下特征：

① 商标是用于商品或服务上的标志，与商品或服务不能分离，并依附于商品或服务。

也就是说商标代表的必定是商品或服务。

② 商标是区别于他人商品或服务的标志，具有特别显著性的区别功能，从而便于消费者识别。

③ 商标的组成要素十分丰富，可由图案、个人姓名、签署、文字、设计式样、字母、字体、数字、颜色、声音、气味、货品的形状或其包装，以及上述标志的任何组合所构成。

④ 商标具有独占性。使用商标就是为了与他人的商品或服务相区别，便于消费者识别。所以，注册商标持有人对其商标具有专用权、受到法律的保护，未经商标权持有人的许可，任何人不得擅自使用该注册商标相同或相类似的商标，否则，即构成侵犯注册商标持有人的商标专用权，将承担相应的法律责任。

（二）商标的分类

1. 根据商标的构成要素划分

商标分为文字商标、图形商标、数字商标、字母商标、立体商标及颜色组合商标。文字商标是以文字构成的商标。文字可以是汉字、少数民族的文字，也可以是外国文字。例如耐克（NIKE）、李宁（LINING）、Safeguard（舒肤佳）等。图形商标是指由平面图形构成的商标。可以是人物画、动植物画、风景画，也可以是一些记号、符号等抽象造型构图。数字商标是2001年修改商标法新增加的商标种类，如555、999等。字母商标是由字母构成的商标。这里的字母既可以是拉丁字母，也可以是其他文字的字母，甚至是不具有任何含义的单个或者数个字母。立体商标即三维商标，是以立体标志、商品整体外形或商品的实体包装物的立体形象所呈现的商标。立体商标是2001年修改商标法所增加的内容。颜色组合商标也是2001年修改商标法所增加的商标种类，是指由几种不同的颜色按照一定的规则组合而成的商标。

2. 根据商标的使用对象不同划分

商标分为制造商标和销售商标。制造商标是指商品制造者在其生产的商品上使用的商标。销售商标是指销售者在自己经销的商品上使用的商标，又叫商业商标。

3. 根据商标用途划分

商标分为商品商标、服务商标。商品商标是指自然人、法人和其他组织在生产、制造、加工或经销的商品上使用的商标。服务商标是指服务提供者用以表明自己的服务区别于其他同类服务提供者的标志。

4. 根据商标的作用和功能划分

商标分为证明商标、集体商标、防御商标和联合商标。证明商标，又称为保证商标，是指由对某种商品或者服务具有监督能力的组织所控制，而由该组织以外的单位或者个人使用于其商品或者服务项目之上，用来证明商品或服务的原产地、质量等特定品质的标志。集体商标，也称团体商标，是指以团体、协会等组织的名义注册，供该组织成员在商事活动中使用，以表明使用者是该组织中的成员的标志。防御商标是指注册商标所有人在与其注册商标所核定使用的商品或服务不同的其他类别的商品或者服务上注册的同一商标。联合商标是指某一个商标所有者，在相同的商品上注册几个近似的商标，或在同一类别的不同商品上注册几个相同或近似的商标，这些相互近似的商标称为联合商标。

5. 根据商标在相关市场上的知名度划分

商标分为驰名商标、著名商标和知名商标。驰名商标是指经过长期使用，在市场上享有较高声誉并为相关公众所熟知的注册商标。著名商标是指由省级工商行政管理部门认可的，在该行政区划范围内具有较高声誉和市场知名度的商标。知名商标是指由市一级工商行政管理部门认可的，在该行政区划范围内具有较高声誉和市场知名度的商标。

（三）商标法的概念

商标法是指调整在商标注册、使用、管理和保护注册商标专用权过程中所发生的社会关系的法律规范的总称。《中华人民共和国商标法》公布于 1982 年 8 月 3 日，并于 1993 年 2 月 22 日、2001 年 10 月 27 日、2013 年 8 月 30 日进行了三次修订。同时，为了更好地保护商标专用权，保障消费者的利益，维护正常的市场竞争秩序，国务院和最高人民法院颁布了一系列的行政法规、规章及司法解释，同时，还缔结或者参加了包括《商标国际注册马德里协定》《商标注册用商品和服务国际分类尼斯协定》等若干与商标有关的国际条约。

在我国，商标法有广义和狭义之分。狭义的商标法仅指全国人民代表大会常务委员会通过的《商标法》。广义的商标法除《商标法》外，还包括国家有关法律、行政法规和规章中关于商标的法律规范，如《商标法实施条例》《驰名商标认定和管理暂行规定》《商标代理管理办法》《商标印制管理办法》等。我国参加缔结的有关商标权国际保护方面的条约、协定，经批准公布具有国内法效力的，也属于广义的商标法的范畴。

二、商标注册

根据《商标法》规定，在我国要取得商标专用权，必须首先通过商标注册。

（一）商标注册的原则

1. 申请在先原则

申请在先原则是指两个或两个以上的申请人在同一种商品或者类似商品上，以相同或者近似的商标申请注册的，初步审定并公告申请在先的商标，驳回其他人的申请。申请在先原则是一项确定商标专用权归属的原则。其目的是防止产生市场混淆，保护商标使用人的正当利益及消费者的利益。

2. 自愿注册与强制注册相结合的原则

自愿注册原则，即指商标使用人是否申请商标注册取决于自己的意愿。强制注册原则，也称全面注册原则，是指商标使用人对其使用的商标必须申请注册，未经核准注册的，其商品不得在市场上销售。根据我国商标法的规定，商标是否注册一般取决于商标使用人的意愿，但是未经注册的商标，其商标专用权不受法律的保护。同时，我国对极少数特殊商品要求必须使用注册商标，如人用药品和烟草制品等，在我国实行的是强制注册的原则。

3. 优先权原则

商标注册申请人自其商标在外国第一次提出商标注册申请之日起 6 个月内，又在中国就相同商品以同一商标提出商标注册申请的，依照该外国同中国签订的协议或者共同参加的国际条约，或者按照相互承认优先权的原则，可以享有优先权。

（二）商标注册申请人

商标注册的申请人可以是从事生产、制造、加工、拣选、经销商品或者提供服务的自然人、法人或者其他组织；自然人、法人或者其他组织对其生产、制造、加工、挑选或者经销的商品或者经营的服务，需要取得商标专用权的，应当向商标局申请商品商标注册。即只要符合商标法的规定，一切民事主体都可以成为商标权的主体，并且不受其行为能力的限制。不仅一个民事主体可以申请商标注册，而且两个或两个以上的自然人或组织也可以申请商标注册。

（三）商标注册的条件

1. 商标的构成要素合法

根据我国《商标法》的规定，商标法定构成要素包括文字、图形、字母、数字、三维标志、颜色组合，以及上述要素的组合。

2. 申请注册的商标必须具有显著性特征，便于识别

商标本身就是用于区别商品或服务的标记，因此申请注册的商标必须具有显著性特征，以便于使用商品或者接受服务的用户能够区别。

3. 申请注册的商标不得与他人在先取得的有关权利相冲突

申请商标注册不得损害他人现有的在先权利，也不得以不正当手段抢先注册他人已经使用并有一定影响的商标。

（四）商标的禁用规定

1. 下列标志不得作为商标使用

根据我国《商标法》的规定，下列标志不得作为商标使用：

① 同中华人民共和国的国家名称、国旗、国徽、军旗、勋章相同或者近似的，以及同中央国家机关所在地特定地点的名称或者标志性建筑物的名称、图形相同的；

② 同外国的国家名称、国旗、国徽、军旗相同或者近似的，但经该国政府同意的除外；

③ 同政府间国际组织的名称、旗帜、徽记相同或者近似的，但经该组织同意或者不易误导公众的除外；

④ 与表明实施控制、予以保证的官方标志、检验印记相同或者近似的，但经授权的除外；

⑤ 同“红十字”“红新月”的名称、标志相同或者近似的；

⑥ 带有民族歧视性的；

⑦ 夸大宣传并带有欺骗性的；

⑧ 有害于社会主义道德风尚或者有其他不良影响的；

⑨ 县级以上行政区划的地名或者公众知晓的外国地名，不得作为商标。但是，地名具有其他含义的除外，已经注册的使用地名的商标继续有效。

2. 下列标志不得作为商标注册

根据我国《商标法》的规定，下列标志不得作为商标注册：

① 仅仅有本商品的通用名称、图形、型号；

② 仅仅直接表示商品的质量、主要原料、功能、用途、重量、数量及其他特点的；

③ 缺乏显著性特征的。

上述标志经过使用取得显著性特征，并便于识别的，可以作为商标注册。

3. 下列情形的商标不予注册并禁止使用

根据我国《商标法》的规定，下列情形的商标不予注册并禁止使用：

① 以三维标志申请注册商标的，仅由本商品自身的性质产生的形状、为获得技术效果而需有的商品形状或者使商品具有实质性价值的形状，不得注册。

② 就相同或者类似商品申请注册的商标是复制、模仿或者翻译他人未在中国注册的驰名商标，容易导致混淆的，不予注册并禁止使用。就不相同或者不相类似商品申请注册的商标是复制、模仿或者翻译他人已经在中国注册的驰名商标，误导公众，致使该驰名商标注册人的利益可能受到损害的，不予注册并禁止使用。

③ 未经授权，代理人或者代表人以自己的名义将被代理人或者被代表人的商标进行注册，被代理人或者被代表人提出异议的，不予注册并禁止使用。

④ 商标中有商品的地理标志，而该商品并非来源于该标志所标示的地区，误导公众的，不予注册并禁止使用，但是，已经善意取得注册的继续有效。

（五）商标注册的审查与核准

商标审核是商标主管机关对商标申请注册事项进行全面审查并做出审查决定的行政行为。商标注册的审查与核准包括以下几个程序：

1. 形式审查

商标局收到商标注册申请文件后，应当首先进行形式审查。形式审查主要是审查该商标注册申请的文件和手续是否符合法定条件，从而确定是否受理申请。经过形式审查，申请手续齐备并按照规定填写申请书件的，编定申请号，发给《受理通知书》，正式受理注册申请。不符合要求和规定的，予以退回；基本符合要求和规定的，限期补正。

2. 实质审查

实质审查是指对申请注册的商标是否符合商标注册的实质要件所进行的审查。实质审查的内容范围主要包括：申请注册的商标是否具有显著性，是否便于识别；商标的构成要素是否违反商标法的禁止性规定；商标的构成要素是否侵犯了他人的在先权利；商标是否与他人在同种或者同类商品或者服务上已经注册的商标相同或者近似等。

3. 驳回和驳回复审

申请注册的商标，凡不符合商标法的有关规定或者同他人在同一种商品或类似商品上已经注册的或初步审定的商标相同或相近似的，由商标局驳回申请，不予公告。

4. 异议和异议复审

申请注册的商标，凡符合《商标法》规定的，由商标局初步审定，予以公告。自公告之日起 3 个月内，任何人均可以提出异议。商标局应当听取异议人和被异议人陈述事实和理由，经调查核实后，做出裁定。当事人不服的，可以自收到通知之日起 15 日内向商标评审委员会申请复审，由商标评审委员会做出裁定，并书面通知异议人和被异议人。当事人对商标评审委员会的裁定不服的，可以自收到通知之日起 30 日内向人民法院起诉。

5. 核准注册

经过初步审定公告的商标，在 3 个月内无人提出异议或异议不成立时，即对申请注册的商标予以核准注册，并将核准的商标及核准注册的有关事项，载入《商标注册簿》，发给申请人《商标注册证》，并予公告。核准注册标志着商标注册申请人取得商标专用权，商标一经注册，即为注册商标，受到国家法律保护。

三、商标权

（一）商标专用权人的权利

商标权是指注册商标所有人对注册商标进行支配的权利。具体包括专有使用权、转让权、许可使用权、续展权、请求保护权。

1. 专有使用权

注册商标专有使用权是指注册后的商标在法定期限内，只有商标所有人在其核定的商品上有使用该商标的权利，他人未经商标所有人许可，不得擅自使用，否则便构成侵权。注册商标专有使用权是注册商标所有人享有的最基本的权利。

2. 转让权

注册商标转让权是指注册商标所有人在法定范围内，根据一定的程序和条件将其拥有的注册商标转让给他人所有，转让后，原注册商标所有人就不再拥有该注册商标的专用权，而受让人成了注册商标的所有人，享有该注册商标的专用权。转让商标是商标所有权人对自己财产的处分，商标所有权人转让商标的权利是商标权的重要内容之一。

3. 许可使用权

注册商标的许可使用权是指注册商标所有人通过签订许可使用合同，允许他人在约定的范围内使用其注册商标的法律行为。在使用许可的情况下，商标的所有权人仍然是原来的商标注册人。

4. 续展权

我国商标法规定，注册商标有效期为 10 年，自核准注册之日起计算。注册商标的有效期满，需要继续使用的，应当在期满前 6 个月内申请续展注册。在此期间未能提出申请的，可以给予 6 个月的宽展期。宽展期满仍未提出申请的，注销其注册商标。每次续展注册的有效期仍为 10 年。由于续展次数没有限制，注册商标可以无限续展，即其理论上的有效期可以无限地延续。

5. 请求保护权

注册商标专用权受法律保护，任何组织和个人不得非法侵犯。当注册商标专用权受到不法侵害时，注册商标所有权人有权向人民法院或工商行政管理部门请求保护，依法追究侵权者的相应法律责任。

（二）商标专用权人的权利限制

1. 商标权的限制

商标权的限制是指注册商标专用权人所享有的权利因与他人正当利益或者社会公共利益发生冲突，法律为协调权利人与社会公共利益的相互关系，而对商标专用权人的权利行使进行必要限制的制度。作为一项知识产权，商标专用权人的权利是独占的，但同时为防止权利的滥用，或者对他人利益的不正当限制，对商标专用权形式加以必要的限制是十分必要的，这也是法律实现利益平衡作用的体现。

2. 商标合理使用应当具备的条件

根据我国《商标法》的规定，商标权的限制主要指的是商标的合理使用。商标合理使用应当具备以下条件：

（1）注册商标属于显著性相对较弱的商标

具有显著性是商标法对商标标识的基本要求。显著性是一个程度问题，商标法所要求的显著性是对商标组成文字、图形应当具备可识别性的最低要求。不具有显著性的标识一般不会被注册为商标。但也有例外，如果这样的标识已经过较长时间的使用，或者已经被批准注册，可以继续使用并受到法律的保护。由此产生了合理使用的制度。缺乏显著性的商标标识包括商品的通用名称和图形；直接表示商品的质量、主要原料、功能、用途、重量、数量及其他特点等内在因素的叙述性用语；地理名称，等等。

（2）他人的使用必须是合理的、善意的

使用人对注册商标的使用主观上是善意的、客观上是合理的。这里的善意要符合民法中的诚实信用原则，这种主观的判断要结合使用的客观行为衡量，即应当综合考虑使用意图、使用行为发生的时间、使用方式以及使用的客观效果，对注册商标的使用是否有正当理由，是否符合商业惯例，是否会造成市场上的商品来源的混淆，等等。

四、注册商标专用权的保护

（一）保护范围

注册商标的专用权，以核准注册的商标和核定使用的商品为限，表明专用权人在自己已经注册核定的商品上独占使用自己的注册商标，而注册商标专用权的保护范围要大于注册商标专用权的范围，对注册商标专用权的保护，是通过对侵权行为的处理来实现的。

（二）商标侵权行为

1. 未经注册商标权人的许可

在同一种商品或者类似商品上使用与其注册商标相同或者近似的商标的行为。这是最为常见的商标侵权行为，具体表现方式为：其一，在同一种商品上使用与他人注册商标相同的商标。其二，在同一种商品或者服务上使用与他人注册商标相近似的商标。其三，在类似的商品或者服务上使用与他人注册商标相同的商标。其四，在类似的商品或者服务上使用与他人注册商标相近似的商标。

2. 销售侵犯注册商标专用权的商品的行为

销售侵犯注册商标专用权的商品的行为一般来讲都是故意行为，这种行为不仅侵害了注册商标专用权人的利益，而且还损害了消费者的利益，需要予以制裁。

3. 伪造、擅自制造他人注册商标标识或者销售伪造、擅自制造的注册商标标识的行为

“伪造”，是指不经他人许可而仿照他人注册商标的图样及物质实体制造出与该注册商标标识相同的商标标识；“擅自制造”，主要是指未经他人许可在商标印制合同规定的印数之外，又私自加印商标标识的行为。伪造与擅自制造有一个共同的特点，即都是未经商标注册人许可的行为，其区别为前者商标标识本身是假的，而后者商标标识本身是真的。销售伪造、擅自制造的注册商标标识的行为，则是指以此种商标标识为标的进行买卖，既包括批发也包括零售，既包括内部销售也包括在市场上销售。商标标识是商标使用的重要形式。伪造、擅自制造他人注册商标标识行为的目的，在于以之用于自己或供他人用于其生产或者销售的同一种商品或者类似商品上，以便以假充真、以次充好；而销售伪造、擅自制造的注册商标标识的行为，其目的是为了获取非法利益。

4. 未经商标注册人同意，更换其注册商标并将该更换商标的商品又投入市场的行为

这种行为可称为“反向假冒”。在现实生活中，有些自然人、法人或者其他组织为了牟取不正当利益，通过实施反向假冒行为在客观上减少了他人商标在市场上出现的机会，错误地混淆了商品的来源和出处，损害了消费者和注册商标权人的合法利益，破坏了市场竞争的正常秩序，是一种欺骗行为。反向假冒行为的构成必须具备两个要件：一是必须是行为人未经商标所有人同意而擅自更换商标。二是撤换商标的行为必须发生在商品流通的过程中。

5. 给他人的注册商标专用权造成其他损害的

根据我国《商标法实施条例》和《商标民事案件适用法律的解释》的规定，包括但不限于下列几种情况，属于《商标法》规定的给他人注册商标专用权造成其他损害的行为：

① 在同一种或者类似商品上，将与他人注册商标相同或者近似的标志作为商品名称或者商品装潢使用，误导公众的。这种行为一方面是注册商标丧失了显著性，使其转化为商品的通用名称；另一方面使消费者误认为不正当使用者和注册商标权人提供的产品应为同一人的商品，从而损害注册商标权人的利益。

② 故意为侵犯他人注册商标专用权行为提供仓储、运输、隐匿等便利条件的。这种侵权行为是一种共同侵权行为。

③ 将与他人注册商标相同或者相近似的文字作为企业的字号在相同或者类似商品上突出使用，容易使相关公众产生误解的。

④ 复制、摹仿、翻译他人在中国注册的驰名商标或者主要部分在不相同或者不相类似商品上作为商标使用，误导公众，致使该驰名商标所有人或者持有人的利益可能受到损害的。

⑤ 将与他人注册商标相同或者近似的文字注册为域名，并且通过该域名进行相关商品交易的电子商务，容易使相关公众产生误认的。

（三）商标侵权的法律责任

1. 行政责任

对侵犯注册商标专用权行为，工商行政管理部门有权依法查处。工商行政管理部门认定商标侵权行为成立的，有权采取以下措施：

① 责令立即停止侵权行为。

② 没收、销毁侵权商品和专门用于制造、伪造注册商标标识的工具。

③ 罚款。罚款可由工商行政管理部门与前两项行政处理措施一并做出，也可以单独做出。罚款数额为非法经营额 3 倍以下；非法经营额无法计算的，罚款数额为 10 万元以下。

2. 民事责任

根据我国《商标法》的规定，民事责任主要包括停止侵犯、消除影响、赔偿损失等。其中，侵犯商标专用权的赔偿数额，为侵权人在侵权期间因侵权所获得的利益，或者被侵权人在被侵权期间因被侵权所受到的损失，包括被侵权人为制止侵权行为所支付的合理的开支。侵权人因侵权所得利益，或者被侵权人因被侵权所受损失难以确定的，由人民法院根据侵权行为的情节判决给予 50 万元以下的赔偿。销售不知道是侵犯注册商标专用权的商品，能证明该商品是自己合法取得的并说明提供者的，不承担赔偿责任。

3. 刑事责任

如果有下列3种行为，构成犯罪的，还要承担刑事责任：

① 未经注册商标所有人许可，在同一种商品上使用与其注册商标相同的商标，情节严重的，处3年以下有期徒刑或者拘役，并处或者单处罚金；情节特别严重的，处3年以上7年以下有期徒刑，并处罚金。

② 销售明知是假冒注册商标的商品，销售金额数额较大的，处3年以下有期徒刑或者拘役，并处或者单处罚金；销售金额数额巨大的，处3年以上7年以下有期徒刑，并处罚金。

③ 伪造、擅自制造他人注册商标标识或者销售伪造、擅自制造的注册商标标识，情节严重的，处3年以下有期徒刑、拘役或者管制，并处或者单处罚金；情节特别严重的，处3年以上7年以下有期徒刑，并处罚金。

第七章　经济竞争法律制度

第一节　反不正当竞争法

一、反不正当竞争法概述

(一) 反不正当竞争法概念

反不正当竞争法是由国家制定的，为保护国家和人民的利益，保护社会主义竞争秩序，制裁生产经营活动中不正当竞争行为的法律规范的总称。

为保障社会主义市场经济健康发展，鼓励和保护公平竞争，制止不正当竞争行为，保护经营者和消费者的合法权益，第八届全国人民代表大会常务委员会第三次会议于1993年9月2日通过了《反不正当竞争法》，自1993年12月1日起施行。

反不正当竞争法调整的是在制止不正当竞争行为过程中发生的社会关系，具体包括以下几个方面：

① 市场主体（经营者）之间发生的竞争关系；

② 经营者与消费者或者公众之间因市场行为而发生的社会关系；

③ 因确认竞争行为的性质所发生的监督管理关系；

④ 制裁不正当竞争行为中的经济关系。

(二) 反不正当竞争法的基本原则

1. 平等、自愿、公平竞争的原则

参与社会主义市场经济的一切经营者，不论其所有制形式如何、经营方式如何，都应当遵循自愿、平等、公平的原则，合法地进行竞争。竞争主体，不论是法人、其他经济组织或个人，都应完全依据自己的意愿设立、变更或终止民事法律关系，都有表达自己真实意志的权利，当然，也有尊重他人表达自己真实意志的义务。

2. 诚实信用的原则

经营者在市场交易中应当严格依据法律的规定和合同的约定行事，尊重事实，讲求商业信誉，诚实进行交易，不得采取虚假欺诈手段。竞争必须遵守公认的商业道德。不正当竞争行为的本质特征就是违背了诚实信用的商业竞争规则。

3. 参照国际惯例、国际条约的原则

随着我国对外开放的扩大，不正当竞争也越来越多地涉及国际经济贸易关系。《反不正当竞争法》体现了国际惯例、国际条约的有关规定，特别是我国已参加的国际条约，如《保护工业产权巴黎公约》等，以适应处理不正当竞争案件的实际需要。

（三）反不正当竞争法的作用

① 建立统一的社会主义市场经济秩序，保障和促进社会主义市场经济健康发展。

② 创设和完善竞争环境，鼓励和保护公平竞争。

③ 保护经营者、消费者的合法权益和国家利益。

二、不正当竞争行为

（一）不正当竞争的概念

《反不正当竞争法》规定，不正当竞争行为是指经营者在市场交易中违反自愿、平等、公平、诚实信用的原则和公认的商业道德，以不正当手段损害其他经营者的合法权益，扰乱社会经济秩序的行为。经营者是指从事商品经营或者营利性服务的法人、其他经济组织和个人。

（二）不正当竞争行为

《反不正当竞争法》第二章专章规定了不正当竞争行为，具体表现为 11 种。其中 4 种属于限制竞争行为，另外 7 种属于不正当竞争行为。

1. 限制竞争行为

限制竞争行为是指妨碍甚至完全阻止、排除市场主体进行竞争的协议和行为。在我国限制竞争行为的实施者通常有两类主体：一是公用企业和其他依法具有独占地位的经营者；二是政府及其所属部门。限制竞争行为有以下 4 种形式：

① 公用企业或其他依法具有独占地位的经营者的限制竞争行为。公用企业是指涉及公用事业的经营者，包括供水、供电、供热、供气、邮政、电信、交通运输等行业的经营者。其他依法具有独占地位的经营者是指在市场上不受制约，即不必考虑竞争者或交易对手的利益的经营者。

② 政府及其所属部门限制竞争行为。《反不正当竞争法》第七条规定，政府及其所属部门不得滥用行政权力，限定他人购买其指定的经营者的产品，限制其他经营者的正当经营活动；不得限制外地商品进入本地市场，或者本地商品流向外地市场。

③ 搭售或附加其他不合理条件的行为。搭售行为是指经营者销售商品时，违背购买者的意愿，强行搭售商品或者附有其他不合理的条件。搭售行为是经营者用具有市场优势的商品搭售市场地位较低、销路较差、不受消费者欢迎的商品，通过这种手段扩大销售量。

④ 招标和投标中的串通行为。该行为是指投标者和招标者为排挤对手，相互勾结，串通投标，故意抬高或压低标价的不正当行为。

2. 不正当竞争行为

不正当竞争行为是指经营者在市场竞争中，采取非法的或者有悖于公认的商业道德的方式，与其他经营者竞争的行为。

（1）混淆行为

①假冒他人的注册商标；②擅自使用知名商品特有的名称、包装、装潢，造成和他人的知名商标相混淆，使购买者误认为是该知名商品；③擅自使用他人的企业、名称或者姓名，使人误认为是他人的商品；④在商品上伪造或者冒用认证标志、名优标志等质量标志，伪造产地，对商品质量作引人误解的虚假表示。

(2) 商业贿赂行为

经营者采用财物或其他手段进行贿赂以购销商品，属于商业贿赂行为。商业贿赂的主要表现形式是回扣。经营者在购销商品时，可以明示方式给对方折扣，也可以给中间人佣金。这些是合法合理的，但条件是：①明示；②如实入账，即给的一方（经营者）必须如实入账，接受的一方（对方购销者，中间人）也必须如实入账。如经营者在购销商品活动中暗中给对方单位或个人回扣，则以行贿论处；对方单位或个人在账外收受回扣的，以受贿论处。

(3) 虚假的广告宣传行为

虚假的广告宣传行为主要指经营者利用广告或其他方法，对商品的质量、制作成分、性能、用途、生产者、有效期限、产地等作引人误解的虚假宣传；广告经营者在明知或应知的情况下，代理、设计、制作、发布虚假广告。因此，虚假宣传行为的主体可能是产品经营者，也可能是广告经营者。虚假宣传是指商品宣传的内容与商品的客观事实不符。引人误解的宣传是指可能使宣传对象或受宣传影响的人对商品的真实情况产生错误的联想，从而影响其购买决策的商品宣传。经营者利用广告等方法对商品进行虚假宣传，均构成不正当竞争行为。虚假广告行为的主要表现形式有：夸大失实的广告；语言模糊，令人误解的广告；不公正的广告；消息虚假的广告。

(4) 侵犯商业秘密的不正当竞争行为

商业秘密是指不为公众所知悉，能为权利人带来经济利益，具有实用性并经权利人采取保密措施的技术信息和经营信息。商业秘密权是权利人劳动成果的结晶，商业秘密权是权利人拥有的一种无形财产权，反不正当竞争法将侵犯商业秘密行为作为不正当竞争行为予以禁止是十分必要的。商业秘密不是专利，但只要符合法定条件，也可受到法律的保护。

侵犯商业秘密的行为表现为：

① 盗窃、利诱、胁迫或者用其他不正当手段获取权利人的商业秘密；

② 披露、使用或者允许他人以前项手段获取权利人的商业秘密；

③ 违反约定或者违反权利人有关保守商业秘密的要求，披露、使用或者允许他人使用其所掌握的商业秘密。第三人若明知或应知前款所列违法行为，仍获取、使用、披露他人的商业秘密，也视为侵犯商业秘密。

(5) 以排挤竞争对手为目的的低价销售的行为

排挤竞争对手的低价销售行为指经营者以排挤竞争对手为目的，以低于成本的价格销售商品。压价销售、低价倾销均属于此种行为。正当的价格竞争是在采取提高技术、减少消耗、降低成本等措施的基础上，根据市场供求状况和自身发展战略等因素在成本价格以上销售商品。鲜活商品不易保存，经营者根据天气及自身经营条件而低价销售鲜活商品，以免腐烂、变质造成更大损失是完全合理的。经营者为避免商品过期失效造成损失或者货物报废而提前降价处理是允许的、正当的。经营者在销售旺季过后为防止商品积压，影响资金周转等而降价销售是合理的。这是经营者为解决自身困难而采取的合理措施，是为法律所允许的。

(6) 违反规定的有奖销售行为

有奖销售是一种有效的促销手段，法律并不禁止所有的有奖销售行为，而仅仅对下列破坏竞争规则的有奖销售加以禁止，具体包括：

① 谎称有奖销售或对所设奖项的种类、中奖概率、最高奖金额、总金额、奖品种类、数量、质量、提供方法等作虚假不实的表示；

② 采取不正当手段故意让内定人员中奖；

③ 故意将设有中奖标志的商品、奖券不投放市场或不与商品、奖券同时投放，或者故意将带有不同奖金金额或奖品标志的商品、奖券按不同时间投放市场；

④ 抽奖时的有奖销售，最高奖的金额超过 5000 元（以非现金的物品或者其他经济利益作为奖励的，按照同期市场同类商品或者服务的正常价格折算其金额）；

⑤ 用有奖销售手段推销质次价高的商品；

⑥ 其他欺骗性有奖销售行为。

（7）损害竞争对手的商业信誉、商品声誉的行为

诋毁商业信誉行为是指经营者捏造、散布虚伪事实，损害竞争对手的商品信誉和商业声誉，削弱竞争对手能力的行为。诋毁商业信誉行为应有一定的条件：

① 特定的诋毁对象，即有与自己经营有关的竞争对手；

② 散布的是虚假的事实、凭空捏造的不实之词；

③ 散布的方式、手段，可以是公开、明确地针对某竞争对手，或含沙射影令人推知，也可以是公开、口头、书面方式；

④ 目的是诋毁、贬低对手，削弱或毁掉其竞争能力。

三、对不正当竞争行为的监督检查

（一）国家监督检查

根据《反不正当竞争法》的规定，县级以上监督检查部门有权对不正当竞争行为进行监督检查。监督检查部门是指人民政府工商行政管理机关以及法律法规规定的其他部门。其职权为：

① 按规定程序询问被检查的经营者、利害关系人、证明人，并要求提供证明材料或与不正当竞争行为有关的其他资料；

② 查询、复制与不正当竞争行为有关的协议、账册、单据、文件、记录、业务函电和其他资料；

③ 检查与不正当竞争行为有关的财物，必要时可以责令被检查的经营者说明该商品的来源和数量，暂停销售，听候检查，不得转移、隐匿、销毁该财物。

除上述工商行政管理部门外，法律、法规规定的其他有关部门，如技术监督部门、物价部门，也有权在自己职权范围内依法对不正当竞争行为进行监督检查。当事人对监督检查部门做出的处罚决定不服的，可以自收到处罚决定之日起 15 日内向上一级主管机关申请复议，对复议决定不服的，可以自收到复议决定书之日起 15 日内向人民法院提起诉讼，也可以直接向人民法院提起诉讼。

（二）社会监督检查

国家鼓励、支持和保护一切组织和个人对不正当竞争行为进行社会监督。所谓社会监督，包括批评和建议、申诉、控告或者检举以及各种形式的舆论督促。国家对上述社会监督予以鼓励、支持和保护。

在我国，任何一部法律的实施都要依靠广大人民群众，由于反不正当竞争行为可能涉及社会经济生活的各个方面，专靠政府机构是不够的，需要社会各界人士、一切组织和个人进行广泛的社会监督。

四、违反《反不正当竞争法》的具体法律责任

根据我国《反不正当竞争法》的规定，不正当竞争行为应承担的法律责任包括民事责任、行政责任和刑事责任等责任形式。

（一）民事责任

不正当竞争行为给被侵害的经营者造成损失的，应当承担损害赔偿责任，被侵害的经营者的损失难以计算的，赔偿额为侵权人在侵权期间因侵权所获得的利润；并应当承担被侵害的经营者因调查该经营者侵害其合法权益的不正当竞争行为所支付的合理费用。

（二）行政责任及刑事责任

① 经营者假冒他人的注册商标，擅自使用他人的企业名称或者姓名，伪造或者冒用认证标志、名优标志等质量标志，伪造产地、对商品质量作引人误解的虚假表示的，依照《中华人民共和国商标法》《中华人民共和国产品质量法》的规定处罚。

经营者擅自使用知名商品特有的名称、包装、装潢，或者使用与知名商品近似的名称、包装、装潢，造成和他人的知名商品相混淆，使购买者误认为是该知名商品的，监督检查部门应当责令停止违法行为，没收违法所得，可以根据情节处以违法所得 1 倍以上 3 倍以下的罚款；情节严重的可以吊销营业执照；销售伪劣商品，构成犯罪的，依法追究刑事责任。

② 经营者采用财物或者其他手段进行贿赂以销售或者购买商品，构成犯罪的，依法追究刑事责任；不构成犯罪的，监督检查部门可以根据情节处以 1 万元以上 20 万元以下的罚款，有违法所得的，予以没收。

③ 公用企业或者其他依法具有独占地位的经营者，限定他人购买其指定的经营者的商品，以排挤其他经营者的公平竞争的，省级或者设区的市的监督检查部门应当责令停止违法行为，可以根据情节处以 5 万元以上 20 万元以下的罚款。被指定的经营者借此销售质次价高商品或者滥收费用的，监督检查部门应当没收违法所得，可以根据情节处以违法所得 1 倍以上 3 倍以下的罚款。

④ 经营者利用广告或者其他方法，对商品作引人误解的虚假宣传的，监督检查部门应当责令停止违法行为，消除影响，可以根据情节处以 1 万元以上 20 万元以下的罚款。广告的经营者，在明知或者应知的情况下，代理、设计、制作、发布虚假广告的，监督检查部门应当责令停止违法行为，没收违法所得，并依法处以罚款。

⑤ 侵犯商业秘密的，监督检查部门应当责令停止违法行为，可以根据情节处以 1 万元以上 20 万元以下的罚款。

⑥ 经营者违反本法进行有奖销售的，监督检查部门应当责令停止违法行为，可以根据情节处以 1 万元以上 10 万元以下的罚款。

⑦ 投标者串通投标，抬高标价或者压低标价；投标者和招标者相互勾结，以排挤竞争对手的公平竞争的，其中标无效。监督检查部门可以根据情节处以 1 万元以上 20 万元以下的罚款。

⑧ 经营者有违反被责令暂停销售，不得转移、隐匿、销毁与不正当竞争行为有关的财物的行为的，监督检查部门可以根据情节处以被销售、转移、隐匿、销毁财物的价款的1倍以上3倍以下的罚款。

⑨ 政府及其所属部门违法限定他人购买其指定的经营者的商品、限制其他经营者正当的经营活动，或者限制商品在地区之间正常流通的，由上级机关责令其改正；情节严重的，由同级或者上级机关对直接责任人员给予行政处分。被指定的经营者借此销售质次价高商品或者滥收费用的，监督检查部门应当没收违法所得，可以根据情节处以违法所得1倍以上3倍以下的罚款。

⑩ 监督检查不正当竞争行为的国家机关工作人员滥用职权、玩忽职守，构成犯罪的，依法追究刑事责任；不构成犯罪的，给予行政处分。监督检查不正当竞争行为的国家机关工作人员徇私舞弊，对明知有违反本法规定构成犯罪的经营者故意包庇不使受追诉的，依法追究刑事责任。

第二节　产品质量法

一、产品质量法概述

（一）产品与产品质量

1．产品

我国《产品质量法》中的产品是指经过加工、制作，用于销售的产品。经过加工、制作的产品是指经过工业和手工加工制作的工业产品、工艺品和农副产品等；天然物品（如原矿、原煤、石油、天然气、狩猎产品、采集产品等）和初级农产品（包括种植业、养殖业和林业产品）不是经过加工、制作的产品，因而不适用《产品质量法》。建设工程（包括房屋、公路、桥梁、隧道等工程）不适用《产品质量法》的规定，是因为建设工程的质量问题与一般加工、制作的产品有较大的不同，对建设工程的质量问题，应当适用建筑法等法律的规定。但是建设工程使用的建筑材料、建筑配件和设备，则属于《产品质量法》所称的产品。此外，军工产品质量监督管理方法，由国务院、中央军事委员会另行规定。

2．产品质量

产品质量是指产品所应具有的、符合人们需要的各种特性，如适用性、安全性、可靠性、可维修性等。适用性是指产品在设计的条件下实现预期目的或规定用途的能力，它是产品质量最基本的特征之一。安全性是指产品在使用时不危害人的人身财产安全及环境的能力。可靠性是指产品在正常的条件下无故障或者表现出正常的运行状况，并完成规定的功能的能力。可维修性是指产品出现故障后能被修复的能力。在我国，产品质量是指国家有关法律法规、法定质量标准以及合同规定的对产品适用、安全和其他特性的要求。

（二）产品质量法

1．产品质量法的概念

产品质量法是国家制定的，调整产品生产和销售以及对产品进行监督管理过程中所形成的社会关系的法律规范的总称，一般包括产品质量监督和管理、产品质量责任和义务、产品质量损害赔偿、产品质量争议处理等方面的法律规定。

1993年2月22日第七届全国人民代表大会常务委员会第三十次会议通过了《中华人民共和国产品质量法》（以下简称《产品质量法》），这是我国产品质量基本法，也是我国第一部全面、系统地规定产品质量的法律。2000年7月8日，第九届全国人民代表大会常务委员会第十六次会议对《产品质量法》进行了第一次修订，自2000年9月1日起施行。

2. 产品质量法的调整对象

在我国，产品质量法调整的对象是产品质量责任关系和产品质量监督管理关系。前者属于生产者、销售者与用户、消费者之间进行商品交易所发生的经济关系，后者属于行政机关执行产品质量管理职能而发生的经济关系。这两种关系有时是交织在一起的，但在具体规范经济关系或解决经济纠纷时必须将它们分解开来。

二、产品质量的管理和监督

（一）产品质量监督管理机关

我国《产品质量法》对产品质量监督实行专门部门与政府其他职能部门分工负责的体制。据此规定，产品质量监督管理机关是指国家法律授权负责对产品质量进行监督和管理的部门，具体包括：

① 国务院产品质量监督管理部门，负责全国产品质量监督管理工作；

② 县级以上地方产品质量监督管理部门，负责本行政区域内的产品质量监督管理工作；

③ 行业主管部门，即国务院和县级以上地方人民政府所属的有关行业主管部门，根据国务院或同级人民政府赋予的职权负责对本辖区、本行业的产品质量进行行政或行业监督。

（二）产品质量管理制度

1. 产品质量标准制度

产品标准是对产品所做的技术规定，它是判断产品合格与否的主要依据。产品标准分为强制性标准和推荐性标准。我国现行的标准分为国家标准、行业标准、地方标准和经备案的企业标准。可能危及人体健康和人身、财产安全的产品，必须符合保障人体健康和人身、财产安全的国家标准、行业标准，未制定国家标准、行业标准的，必须符合保障人体健康和人身、财产安全的要求。禁止生产、销售不符合保障人体健康和人身、财产安全标准和要求的工业产品。

2. 企业质量体系认证制度

企业质量体系认证制度是指国务院产品质量监督管理部门或者由它授权的部门认可的认证机构，依据国际通用的“质量管理和质量保证”系列标准，对企业的质量体系和质量保证能力进行审核，审核合格后，颁发企业质量体系认证证书，以兹证明的制度。国家根据国际通用的质量管理标准，推行企业质量体系认证制度。企业根据自愿原则可以向国务院产品质量监督管理部门或者国务院产品质量监督管理部门授权的部门认可的认证机构申请企业质量体系认证。经认证合格的，由认证机构颁发企业质量体系认证证书。

3. 产品质量认证制度

产品质量认证制度是指依据国际先进的产品标准和技术要求，经过认证机构确认并通过颁发认证证书和产品质量认证标志的形式，证明产品符合相应标准和技术要求的制度。产品质量认证，分为安全认证和合格认证。企业根据自愿原则，可以向国务院产品质量监督部门或国务院产品质量监督部门认可的认证机构申请产品质量认证。认证合格的，由认证机构颁发产品质量认证证书，准许企业在其产品或者其包装上使用产品质量认证标志。根据国家新近颁布的有关规定，对某些特殊产品，国家实行强制认证制度。

4. 生产许可证制度

生产许可证制度是指国家对于具备某种产品的生产条件并能保证产品质量的企业，依法授予其许可生产该项产品的凭证的法律制度。市场经济的核心是公平竞争、公平交易，当然，任何产品都自由进入市场是不可能的，对少量的直接涉及人体健康和人身、财产安全的产品发放生产许可证是必要的。为了保证产品质量，维护国家、用户和消费者利益，国家规定对重要的工业产品特别是可能危及人体健康和人身、财产安全和公共利益的工业产品实行强制性标准的同时，实行生产许可证制度。

（三）产品质量监督检查

1. 国家机关监督

国家机关监督是指享有监督管理职权的国家机关对产品质量进行的监督管理，即国务院负责产品质量监督的部门对产品质量的监督管理。国家对产品质量实行以抽查为主要方式的监督检查制度，对可能危及人体健康和人身、财产安全的产品，影响国计民生的重要工业产品，以及消费者、有关组织反映有质量问题的产品进行抽查。抽查的样品应当从市场上或者企业成品仓库内的待销产品中随机抽取。监督抽查工作由国务院产品质量监督部门规划和组织。

2. 社会监督

社会监督包括社会舆论监督和社会团体监督。报刊、广播、电视等大众传播媒介，有权按照国家的有关规定，运用新闻媒介，对产品质量进行舆论监督。社会团体监督主要指消费者协会和其他消费者组织依法对产品质量所进行的社会监督。

3. 用户、消费者对产品质量的监督

消费者有权就产品质量问题，向产品的生产者、销售者查询；向产品质量监督部门、工商行政管理部门及有关部门申诉，接受申诉的部门应当负责处理。

三、生产者、销售者的产品责任和义务

（一）生产者的产品质量责任和义务

1. 生产者对其产品质量的责任和义务

根据《产品质量法》的规定，产品质量应当符合如下要求：

① 不存在危及人身、财产安全的不合理的危险，有保障人体健康和人身、财产安全的国家标准、行业标准的，应当符合该标准。保护人身安全和财产安全是《产品质量法》的最高宗旨，也是对产品质量的最基本的要求，它是任何产品都应承担的默示担保义务。

② 具备产品应当具备的使用性能，但是，对产品存在使用性能的瑕疵做出说明的除外。

③ 符合在产品或者其包装上注明采用的产品标准，符合以产品说明、实物样品等方式表明的质量状况。生产者明示采用的标准应与产品的实际质量状况相一致，否则可构成

欺诈性经营。

2. 生产者对其所做产品标识的责任和义务

产品包装是指在产品运输、储存、销售等流通过程中盛装、裹装、捆扎、保护产品的容器、材料及辅助物等的总称。

对产品或者其包装上的标识的要求有：

① 有产品质量检验合格证明；

② 有中文标明的产品名称、生产厂厂名和厂址；

③ 根据产品的特点和使用要求，需要标明产品规格、等级、所含主要成分的名称和含量的，用中文相应予以标明；

④ 限期使用的产品，应当在显著位置清晰地标明生产日期和安全使用期或者失效日期；

⑤ 使用不当，容易造成产品本身损坏或者可能危及人身、财产安全的产品，有警示标志或者中文警示说明。此外，易碎、易燃、易爆、有毒、有腐蚀性、有放射性等危险物品以及储运中不能倒置和其他有特殊要求的产品，其包装质量必须符合相应要求，依照国家有关规定做出警示标志或者中文警示说明，标明储运注意事项。

3. 生产者的其他权利和义务

对生产者的禁止性、限制性规定有：

① 生产者不得生产国家明令淘汰的产品；

② 生产者不得伪造产地，伪造或者冒用他人的厂名、厂址；

③ 生产者不得伪造或者冒用认证标志、名优标志等质量标志；

④ 生产者生产产品，不得掺杂、掺假，不得以假充真、以次充好，不得以不合格产品冒充合格产品。

（二）销售者的产品质量责任和义务

销售者的产品质量责任和义务有：

1. 销售者应当执行进货检查验收制度，验明产品合格证明和其他标志

进货验收制度是指供需双方根据法律的规定或合同的约定，检查、验明供应产品的质量，以分清双方责任的一项制度。销售者具有双重法律地位，对生产者而言，它是用户，对消费者和其他用户而言，它是产品质量的直接承担者。验收货物既是销售者的权利，更是销售者的义务。销售者履行验收义务，可防止和杜绝不合格产品流入市场。

2. 销售者应当采取措施，保护销售产品的质量

产品的质量首先取决于商品的生产者，但产品为销售者占有时，销售者应当采取必要的措施保持产品的质量，防止产品变质、腐烂；防止产品丧失或降低使用性能；防止产品产生危害他人人身、财产的瑕疵。

3. 销售者销售的产品应当符合《产品质量法》的规定

包括有产品质量检验合格证明；有中文标明的产品名称、厂名、厂址；限期使用的产品在显著位置清晰地标明生产日期和安全使用期或者失效期；使用不当易造成产品损坏或者可能危及人身、财产安全的产品，应当有警示标志或中文警示说明等。

4. 销售者不得违反禁止性、限制性规定

即销售者不得销售国家明令淘汰并停止销售的产品和失效、变质的产品；不得伪造产

地，不得伪造或者冒用他人厂名、厂址；不得伪造或者冒用认证标志、名优标志等质量标志；不得掺杂、掺假，不得以假充真、以次充好，不得以不合格产品冒充合格产品。

四、产品质量法律责任

（一）产品质量法律责任

产品质量法律责任是指生产者、销售者生产或销售不符合质量标准的产品，根据《产品质量法》和其他法律的规定，应该承担的法律责任。根据相关规定，违反《产品质量法》的责任形式，包括民事责任、行政责任和刑事责任。

（二）产品质量责任的归责原则和构成要件

1. 归责原则

产品责任的归责原则是指据以确定产品的生产者和销售者承担产品责任的基本准则。我国《产品质量法》，采取了产品责任的二元归责原则，既适用无过错责任原则，也适用过错责任原则，但以无过错责任原则为主导。对于不同的责任主体承担不同种类的赔偿责任，则采用了多种归责方法。

（1）无过错责任原则

无论是缺陷产品的生产者还是销售者，对直接责任的承担均适用无过错责任原则，即只要因使用、消费缺陷产品而受到损害的受害人向该产品的生产者、销售者主张赔偿，生产者与销售者不得以无过错主张免责，受害人也无须证明被告的过错。即使是无过错的销售者，也应首先承担直接责任。

无过错的销售者向受害者承担直接责任之后，得向生产者追偿，由生产者承担最终责任。销售者只需证明缺陷、损害以及二者之间的因果关系，而无须证明生产者的过错。因此，生产者的最终责任属于无过错责任。如果受害者直接向生产者主张赔偿，于大多数情形生产者在承担直接责任的同时亦即承担了最终责任，这时也是适用无过错责任原则。

（2）过错责任原则

由于销售者的过错使产品存在缺陷，销售者应承担最终责任。于此情形，如果销售者承担了直接责任，则不得再向生产者追偿；如果生产者承担了直接责任，生产者则可通过证明缺陷是由于销售者的过错所致，而向销售者追偿。但是，若销售者不能指明缺陷产品的生产者，也不能指明缺陷产品的供货者的，销售者即被视为生产者，其对最终责任之承担由适用过错责任原则转化为适用无过错责任原则。

运输者、仓储者以及介于生产者与销售者之间的中间供货人不是直接责任的承担者，但如果产品的缺陷是因其过错所致，生产者或销售者在承担了无过错的直接责任之后，则可向有过错的运输者、仓储者或中间供货人追偿。运输者、仓储者及中间供货人对这种最终责任之承担所适用的归责原则是过错责任。在具体诉讼中，可以另案处理，也可以将他们列为第三人一并处理。

2. 构成要件

产品质量责任作为一种特殊的侵权责任，其成立须具备以下几个要件：

（1）产品本身有缺陷

产品责任是以进入流通领域中的产品存在缺陷，并造成受害人损害为基础的。关于什么是缺陷，《产品质量法》第 46 条规定："本法所称缺陷，是指产品存在危及人身、他人财产安全的不合理的危险；产品有保障人体健康和人身、财产安全的国家标准、行业标准的，是指不符合该标准。”

产品缺陷是很复杂的现象，一般可将产品的质量缺陷分为四种情况：

① 设计上的缺陷，是指产品在设计上存在着不安全、不合理的因素。例如结构设置不合理，设计选用的材料不适当，没有设计附加应有的安全装置。

② 制造上的缺陷，是指产品在加工、制作、装配等制造过程中，不符合设计规范，或者不符合加工工艺要求，没有完善的控制和检验手段，致使产品存在不安全的因素。

③ 指标上的缺陷，就是指在产品的警示说明上或者在产品的使用指标标志上未能清楚地告知使用人应当注意的使用方法，以及应当引起警惕的注意事项，或者产品使用了不真实、不适当的甚至是虚假的说明，致使使用人遭受损害。如油漆具有易燃性，生产者应附警示标志，提醒使用者存在的危险性，并告知如何避免。如果未履行上述义务，就属于指标上的缺陷。

④ 发展上的缺陷，指产品的制造虽已符合当时科学技术标准，但由于受当时科技水平限制，仍不免存在的缺陷。

因前三种产品质量缺陷造成损害的，应承担产品质量责任。因第四种缺陷造成损害的，按照《产品质量法》的规定，不负产品质量责任。

(2) 损害事实的存在

构成产品质量法律责任，除了当事人违反产品质量法的行为之外，还要求有客观上损害的事实。这里的损害，不是指产品本身的损坏、毁灭，而是指产品造成了他人的人身伤害、死亡或财产损失。例如，食品变质造成食用者中毒，冰箱漏电击伤使用者等。

(3) 产品缺陷与损害事实之间存在因果关系

实施了违反产品质量法的行为，还必须造成了人身、财产损害的事实，才能承担产品质量法律责任。因果关系是产品质量法律责任的一个重要的构成要件。

对于主观过错的要求，产品质量法律责任和一般侵权责任不同，不要求生产者、销售者主观上一定存在过错（包括故意和过失），而是实行无过错责任或称严格责任原则。也就是说承担责任需视其有无人身伤亡或财产损失的事实，但并不要求受侵害人要负举证责任，证明侵权人在主观上有过错。这也是对普通消费者和企业之间的地位和利益的一种平衡。

(三) 民事责任

售出的产品有下列情形之一的，销售者应当负责修理、更换、退货；给购买产品的用户、消费者造成损失的，销售者应当赔偿损失：

① 不具备产品应当具备的使用性能而事先未作说明的；

② 不符合在产品或者其包装上注明采用的产品标准的；

③ 不符合以产品说明、实物样品等方式表明的质量状况的。

因产品存在缺陷，造成人身、缺陷产品以外的其他财产损害的，生产者应当承担赔偿责任。生产者能够证明有下列情形之一的，不承担赔偿责任：

① 未将产品投入流通的；

② 产品投入流通时，引起损害的缺陷尚不存在的；

③ 将产品投入流通时的科学技术尚不能发现该缺陷存在的。

（四）行政、刑事责任

《产品质量法》规定了产品质量违法行为的行政或刑事责任。

① 生产、销售不符合保障人体健康和人身、财产安全的国家标准、行业标准的产品的，责令停止生产、销售，没收违法生产销售的产品，并处违法生产、销售产品（包括已售出和未售出的产品，下同）货值金额等值以上3倍以下的罚款；有违法所得的，并处没收违法所得；情节严重的，吊销营业执照；构成犯罪的，依法追究刑事责任。

② 在产品中掺杂、掺假，以假充真、以次充好，或者以不合格产品冒充合格产品的，责令停止生产、销售，没收违法生产、销售的产品，并处违法生产、销售产品货值金额50％以上3倍以下的罚款；有违法所得的，并处没收违法所得；情节严重的，吊销营业执照；构成犯罪的，依法追究刑事责任。

③ 生产国家明令淘汰的产品的，销售国家明令淘汰并停止销售的产品的，责令停止生产、销售，没收违法生产、销售的产品，并处违法生产、销售产品货值金额等值以下的罚款；有违法所得的，并处没收违法所得；情节严重的，吊销营业执照。

④ 销售失效、变质的产品的，责令停止销售，没收违法销售的产品，并处违法销售产品货值金额2倍以下的罚款；有违法所得的，并处没收违法所得；情节严重的，吊销营业执照；构成犯罪的，依法追究刑事责任。

⑤ 伪造产品产地的，伪造或者冒用他人厂名、厂址的，伪造或者冒用认证标志等质量标志的，责令改正，没收违法生产、销售的产品，并处违法生产、销售产品货值金额等值以下的罚款；有违法所得的，并处没收违法所得；情节严重的，吊销营业执照。

⑥ 产品标志不符合法律规定的，责令改正；有包装的产品标志不符合关于生产、使用日期以及警示标志规定，情节严重的，责令停止生产、销售，并处违法生产、销售产品货值金额30％以下的罚款；有违法所得的，并处没收违法所得。

⑦ 销售者销售《产品质量法》规定禁止销售的产品，有充分证据证明其不知道该产品为禁止销售的产品并如实说明其进货来源的，可以从轻或者减轻处罚。

⑧ 拒绝接受依法进行的产品质量监督检查的，给予警告，责令改正；拒不改正的，责令停业整顿；情节特别严重的，吊销营业执照。

⑨ 隐匿、转移、变卖、损毁被产品质量监督部门或者工商行政管理部门查封、扣押的物品的，处被隐匿、转移、变卖、损毁物品货值金额等值以上3倍以下的罚款；有违法所得的，并处没收违法所得。

⑩ 在广告中对产品质量作虚假宣传，欺骗和误导消费者的，依照《中华人民共和国广告法》的规定追究法律责任。

⑪ 对生产者专门用于生产法律禁止的不符合国家标准、行业标准的产品，明令淘汰的产品，或者以假充真、以次充好的产品的原辅材料、包装物、生产工具，应当予以没收。

⑫ 知道或者应当知道属于法律禁止生产、销售的产品而为其提供运输、保管、仓储等便利条件的，或者为以假充真的产品提供制假生产技术的，没收全部运输、保管、仓储或者提供制假生产技术的收入，并处违法收入50％以上3倍以下的罚款；构成犯罪的，依法追究刑事责任。

⑬ 服务业的经营者将法律禁止销售的产品用于经营性服务的，责令停止使用；对知

道或者应当知道所使用的产品属于《产品质量法》规定禁止销售的产品的，按照违法使用的产品（包括已使用和未使用的产品）的货值金额，依照《产品质量法》对销售者按规定处罚。

第三节 消费者权益保护法

一、消费者权益保护法概述

消费者是指为了满足生活需要而购买、使用商品或者接受服务的个人和单位。国际标准化组织把消费者定义为以个人消费为目的而购买或使用商品和服务的个体社会成员。

1. 消费的含义

①消费的性质专指生活消费，不包括生产消费。②消费的方式包括购买、使用商品和接受服务。③消费者对商品和服务的消费既包括自己出钱获得的消费，也包括他人出钱获得的消费。④消费的主体包括公民个人和单位。⑤消费的客体是商品和服务。

2. 消费者权益保护法的概念

消费者权益保护法是调整在保护消费者权益过程中发生的经济关系的法律规范总称。该法适用于生活消费，农民购买农用生产资料时参照适用本法。

3. 消费者权益保护法的原则

①经营者应当依法提供商品或者服务。②经营者与消费者进行交易，应当遵循自愿、平等、公平、诚实、信用的原则。③国家保护消费者合法权益不受侵犯。④一切组织和个人对损害消费者合法权益的行为进行社会监督。

二、消费者的权利和经营者的义务

（一）消费者的权利

在消费者权益保护制度中，消费者的权利作为消费者权益在法律上的体现，是各国消费者权益保护法的核心。根据我国《消费者权益保护法》第二章的专门规定，消费者有以下权利：

1. 安全保障权

安全保障权是消费者最基本的权利，指消费者在购买、使用商品和接受服务时所享有的保障其人身、财产安全不受损害的权利。消费者依法有权要求经营者提供的商品和服务必须符合保障人身、财产安全的要求。

2. 知悉真情权

知悉真情权是指消费者享有知悉其购买、使用的商品或者接受服务的真实情况的权利。具体地说，消费者有权根据商品或服务的不同情况，要求经营者提供商品的价格、产地、生产者、用途、性能、规格等级、主要成分、生产日期、有效期限、检验合格证明、使用方法说明书、售后服务或者服务的内容、规格、费用等有关情况。

3. 自主选择权

自主选择权是指消费者享有自主选择商品或者服务的权利。该权利包括以下几个方面：

① 自主选择经营者；

② 自主选择商品品种或服务方式；

③ 自主决定是否购买商品和接受服务；

④ 在选择商品和服务时，有权进行比较、鉴别和挑选。

4. 公平交易权

公平交易权是指消费者购买商品或者接受服务时享有获得质量保障、价格合理和计量准确等公平交易条件的权利。

5. 依法求偿权

依法求偿权是指消费者因购买、使用商品或者接受服务而受到人身、财产损害时依法享有请求并获得赔偿的权利。求偿权是弥补消费者所受损害的必不可少的救济性权利。

6. 依法结社权

依法结社权是指消费者依法享有成立维护自身合法权益的社会团体的权利。

从法律上看，经营者和消费者是平等的，但在实践中，消费者始终处于弱者地位。消费者依法结社可以使消费者能够从分散、弱小走向集中、强大，通过集体的力量来改变自己的弱者地位，从而能够与实力雄厚的经营者相抗衡。1984 年 12 月 26 日，作为全国性消费者组织，中国消费者协会成立。到目前为止，全国共有消费者组织 2550 多个。

7. 获取知识权

获取知识权是指消费者享有获得有关消费和消费者权益保护方面知识的权利。这一权利的目的是使消费者更好掌握所需商品服务的知识和使用技能，使消费者正确使用商品，提高自我保护意识。

8. 受尊重权

受尊重权是指消费者在购买、使用商品和接受服务时，享有人格尊严、民族风俗习惯得到尊重的权利。具体内容为：人格尊严不允许别人侮辱、诽谤；民族风俗习惯应得到尊重。

9. 监督权

监督权是指消费者享有对商品和服务以及保护消费者权益工作进行监督的权利。监督权行使的方式有检举、控告、批评、建议和投诉 5 种。但是，由于消费者与经营者相比，通常处于弱势地位，仅明确消费者的权利还不够，我国《消费者权益保护法》第二章还专门规定了经营者的义务。

（二）经营者的义务

根据我国《消费权益保护法》的相关规定，经营者对消费者应履行以下义务：

1. 遵守法律，履行合同

经营者向消费者提供商品或服务，应当依照《产品质量法》和其他有关法律、法规的规定履行义务。经营者和消费者有约定的，应当按照约定履行义务，但双方的约定不得违背法律、法规的规定。

2. 听取意见，接受监督

经营者应当听取消费者对其提供的商品或服务的意见，接受消费者的监督。这是与消费者的监督权相对应的经营者的义务，对此加以法律规定，有利于改善消费者的地位。

3. 保障人身和财产安全

这是与消费者的安全权相对应的经营者的义务。经营者应当保证其提供的商品或服务符合保障人身、财产安全的要求。对可能危及人身、财产安全的商品和服务，应当向消费者做出真实的说明和明确的警示，并说明和标明正确使用商品或接受服务的方法以及防止危害发生的方法。

经营者发现其提供的商品或服务存在严重缺陷，即使正确使用商品或接受服务仍然可能对人身、财产安全造成危害的，应当立即向有关行政部门报告和告知消费者，并采取防止危害发生的措施。

4. 提供真实信息

经营者应当向消费者提供有关商品或服务的真实信息，不得作引人误解的虚假宣传。经营者对消费者就其提供的商品或服务的质量和使用方法等问题提出的询问，应当做出真实、明确的答复。商店提供的商品应当明码标价。

5. 出具购物凭证或服务单据

经营者提供商品或服务，应按照国家有关规定或商业惯例向消费者出具购货凭证或服务单据；消费者索要购货凭证或服务单据的，经营者必须出具。

6. 标明真实名称和标记

前面已经提及消费者有知情权，本规定与消费者的知情权相对应。其内容主要包括：经营者不得使用未经核准登记的企业名称；不得擅自改动经核准的企业名称；不得假冒他人企业名称和他人持有的营业标记；不得使用与他人企业名称或营业标记相近似、足以造成消费者误认的企业名称和营业标记等。租赁柜台或场地的经营中因不明真实名称而侵害消费者权益的行为屡见不鲜。根据《消费者权益保护法》的相关规定，租赁他人柜台或场地的经营者，应当标明其真实名称和标记。

7. 保证商品或服务的质量

经营者应当保证在正常使用商品或接受服务的情况下，提供商品或服务应当具有的质量、性能、用途和有效期限，但消费者在购买该商品或接受该服务前已经知道其存在瑕疵的除外。经营者以广告、产品说明、实物样品或其他方式表明商品或服务的质量状况的，应当保证其提供的商品或服务的实际质量与表明的质量状况相符。

8. 按规定或约定承担“三包”责任或其他责任

经营者提供商品或服务，按照国家规定或与消费者的约定，承担包修、包换、包退或其他责任的，应当按照国家规定或约定履行，不得故意拖延或无理拒绝。

9. 不得以格式合同等方式做出对消费者不公平、不合理的规定

在日常生活中，格式合同在方便交易等方面有积极作用，但使用不当会产生弊病。为了保障消费者的公平交易权，《消费者权益保护法》规定：经营者不得以格式合同、通知、声明、店堂告示等方式做出对消费者不公平、不合理的规定，或者减轻、免除其损害消费者合法权益应当承担的民事责任。如果有该条内容的，该条内容无效。

10. 不得侵犯消费者的人身权

消费者的人身权是其基本人权，消费者的人身自由、人格尊严受到法律保护。经营者不得对消费者进行侮辱、诽谤，不得搜查消费者的身体及其携带的物品，不得侵犯消费者的人身自由。

三、消费者合法权益的保护

对消费者的合法权益进行保护主要通过国家、社会团体和消费者个人三方面进行：

1. 消费者权益的国家保护

国家保护主要包括：通过立法及行政手段和司法手段来保护消费者的合法权益。

2. 消费者权益的社会保护

社会保护主要包括：社会舆论监督以及消费者协会的监督。

3. 消费者权益的自我保护

自我保护是指消费者依法维护自身合法权益的活动。一个人的衣食住行，无时无刻都离不开消费，其合法权益随时都会被侵害。作为消费者，要切实保护自己的合法权益，必须做到两点：一是要深入地学习和了解消费者有哪些权利；二是在合法权益受到侵害后要正确、及时地保全证据，并向消费者协会或相关国家机关进行申诉。

四、争议的解决和法律责任的确定

《消费者权益保护法》规定了三种类型的责任形式，分别是：民事责任、行政责任、刑事责任。

（一）民事责任

经营者提供商品或者服务有下列情形之一的，除《消费者权益保护法》另有规定外，应当依照《产品质量法》和其他有关法律、法规的规定，承担民事责任：

① 商品或者服务存在缺陷的；

② 不具备商品应当具备的使用性能而在出售时未作说明的；

③ 不符合在商品或者其包装上注明采用的商品标准的；

④ 不符合商品说明、实物样品等方式表示的质量状况的；

⑤ 生产国家明令淘汰的商品或者销售失效、变质的商品的；

⑥ 销售的商品数量不足的；

⑦ 服务的内容和费用违反约定的；

⑧ 对消费者提出的修理、重做、更换、退货、补足商品数量、退还货款和服务费用或者赔偿损失的要求，故意拖延或者无理拒绝的；

⑨ 法律、法规规定的其他损害消费者权益的情形。经营者对消费者未尽到安全保障义务，造成消费者损害的，应当承担侵权责任。

除上述规定外，《消费者权益保护法》还对侵犯人身权和财产权的民事责任作了以下专门规定：

侵犯人身权的民事责任主要包括以下规定：

① 经营者提供商品或者服务，造成消费者或者其他受害人人身伤害的，应当赔偿医疗费、护理费、交通费等为治疗和康复支出的合理费用，以及因误工减少的收入。造成残

疾的，还应当赔偿残疾生活辅助用具费和残疾赔偿金。造成死亡的，还应当赔偿丧葬费和死亡赔偿金。

② 经营者侵害消费者的人格尊严、侵犯消费者人身自由或者侵害消费者个人信息依法得到保护权利的，应当停止侵害、恢复名誉、消除影响、赔礼道歉，并赔偿损失。

③ 经营者有侮辱诽谤、搜查身体、侵犯人身自由等侵害消费者或者其他受害人人身权益的行为，造成严重精神损害的，受害人可以要求精神损害赔偿。

侵犯财产权的民事责任主要包括以下规定：

① 经营者提供商品或者服务，造成消费者财产损害的，应当依照法律规定或者当事人约定承担修理、重做、更换、退货、补足商品数量、退还货款和服务费用或者赔偿损失等民事责任。

② 经营者以预收款方式提供商品或者服务的，应当按照约定提供；未按照约定提供的，应当按照消费者的要求履行约定或者退回预付款，并应当承担预付款的利息和消费者必须支付的合理费用。

③ 依法经有关行政部门认定为不合格的商品，消费者要求退货的，经营者应当负责退货。

④ 经营者提供商品或者服务有欺诈行为的，应当按照消费者的要求增加赔偿其受到的损失，增加赔偿的金额为消费者购买商品的价款或者接受服务的费用的3倍；增加赔偿的金额不足500元的，为500元。法律另有规定的，依照其规定。经营者明知商品或者服务存在缺陷，仍然向消费者提供，造成消费者或者其他受害人死亡或者健康严重损害的，受害人有权要求经营者依照《消费者权益保护法》相关规定赔偿损失，并有权要求所受损失两倍以下的惩罚性赔偿。

（二）行政责任

经营者有下列情形之一的，除承担相应的民事责任外，其他有关法律、法规对处罚机关和处罚方式有规定的，依照法律、法规的规定执行；法律、法规未作规定的，由工商行政管理部门或者其他有关行政部门责令改正，可以根据情节单处或者并处警告、没收违法所得、处以违法所得1倍以上10倍以下的罚款，没有违法所得的，处以50万元以下的罚款；情节严重的，责令停业整顿、吊销营业执照。

① 提供的商品或服务不符合保障人身、财产安全要求的；

② 在商品中掺杂、掺假，以假充真、以次充好，或者以不合格商品冒充合格商品的；

③ 生产国家明令淘汰的商品或者销售失效、变质的商品的；

④ 伪造商品的产地，伪造或者冒用他人的厂名、厂址，篡改生产日期，伪造或者冒用认证标志、名优标志等质量标志的；

⑤ 销售的商品应当检验、检疫而未检验、检疫或者伪造检验、检疫结果的；

⑥ 对商品或者服务作虚假或引人误解宣传的；

⑦ 拒绝或者拖延有关行政部门责令对缺陷商品或者服务采取停止销售、警示、召回、无害化处理、销毁、停止生产或者服务等措施的；

⑧ 对消费者提出的修理、重做、更换、退货、补足商品数量、退还货款和服务费用或者赔偿损失的要求，故意拖延或者无理拒绝的；

⑨ 侵害消费者人格尊严、侵犯消费者人身自由或者侵害消费者个人信息依法得到保

护权利的；

⑩ 法律、法规规定的对损害消费者权益应当予以处罚的其他情形。经营者有上述规定情形的，除依照法律、法规规定予以处罚外，处罚机关应当记入信用档案，向社会公布。

经营者对行政处罚决定不服的，可以依法申请行政复议或者提起行政诉讼。

（三）刑事责任

根据《消费者权益保护法》的规定，追究刑事责任的情形主要有以下几种：

① 经营者违反本法规定提供商品或者服务，侵害消费者合法权益，构成犯罪的，依法追究刑事责任。

② 以暴力、威胁等方法阻碍有关行政部门工作人员依法执行职务的，依法追究刑事责任；未使用暴力、威胁方法的，由公安机关依照《中华人民共和国治安管理处罚条例》的规定处罚。

③ 国家机关工作人员有玩忽职守或者包庇经营者侵犯消费者合法权益的行为的，由其所在单位或者上级机关给予行政处分；情节严重、构成犯罪的，依法追究刑事责任。

第八章 劳动法

第一节 劳动法概述

一、劳动法的概念和调整对象

劳动法是调整劳动关系以及与劳动关系密切相关的一些其他关系的法律规范的总称。劳动法有狭义和广义之分。广义的劳动法是指国家制定的所有劳动法律、法规、条例、规定、实施细则等调整劳动关系的法律规范；在我国，狭义的劳动法仅指《中华人民共和国劳动法》（以下简称《劳动法》）这部具有劳动法典意义的基本法。

劳动法调整的对象，具体包括两个方面的关系：

一是劳动关系。即在实现集体劳动过程中劳动者与用人单位之间所发生的关系，这是劳动法调整的最基本、最重要的关系。

二是与劳动关系密切相关的其他关系。即那些对劳动关系的产生、发展有着重要影响的关系或由劳动关系直接或间接产生的关系。主要包括：因处理劳动争议而发生的关系；因执行社会保险而发生的关系；因有关部门监督检查劳动法律、法规的执行而发生的关系；因工会组织的活动而发生的关系；因劳动行政部门管理劳动工作而发生的关系等。

二、劳动法律关系

（一）劳动法律关系的含义

劳动法律关系是指由劳动法调整的具有劳动权利和劳动义务内容的劳动关系。但有些劳动关系是基于当事人之间的自律要求引起的，不具有权利和义务内容，则没有必要转化为劳动法律关系。劳动法律关系以劳动关系为前提，劳动关系是劳动法调整的对象，而劳动法律关系则是劳动法调整的结果。

（二）劳动法律关系的构成要素

劳动法律关系由三个要素构成，即主体、客体和内容。

1. 劳动法律关系的主体

又称劳动法律关系当事人，是指劳动权利的享有者和劳动义务的承担者。其中，劳动者和用人单位是最主要的主体。劳动法所指劳动者，包括在我国各类企业和经济组织劳动和工作并建立劳动关系的职工，以及与国家机关、事业组织和社会团体建立劳动合同关系的劳动者这两部分。用人单位则包括国有企业、集体企业、中外合作经营企业、中外合资经营企业、外资企业、私营企业以及个体经营单位。

2. 劳动法律关系的客体

劳动法律关系的客体是指劳动法律关系当事人权利和义务所指向的对象，包括物、精神财富和行为。物是指具有使用价值和价值的物质资料，可以是物质形式的商品，也可以是货币形态的工资；精神财富是指一定形式的智力成果，如技术革新、发明创造等；行为是指劳动法律关系主体有目的、有意识的活动，如签订劳动合同、培训劳动技能等。

3. 劳动法律关系的内容

劳动法律关系的内容是指劳动法律关系主体权利和义务的总和。根据《劳动法》规定，劳动者享有的基本劳动权利有：平等就业和选择职业的权利，取得劳动报酬的权利，休息和休假的权利，获得劳动安全卫生保护的权利、接受职业技能培训的权利、享受社会保险和福利的权利、提请劳动争议处理的权利等。劳动者的基本义务有：遵守劳动纪律和职业道德的义务，执行劳动安全卫生规程的义务，提高劳动技能、完成劳动任务的义务等。

三、劳动法的基本原则

（一）劳动权利和义务相一致原则

根据我国《宪法》的规定，有劳动能力的公民从事劳动，既是行使法律赋予的权利，又是履行对国家和社会所承担的义务。每一个有劳动能力的人都享有平等的就业机会和职业选择权，同时都应在劳动岗位上认真履行劳动义务，按时、保质、保量完成劳动任务。

（二）保护劳动者合法权益的原则

首先体现为对劳动者的平等保护，即对于不同性别、民族、职业、职务的劳动者，他们在劳动法上的法律地位一律平等，禁止对劳动者有任何歧视；其次，对特殊劳动群体，如妇女、未成年人、残疾人、少数民族劳动者等，应给予特殊保护。

（三）劳动法主体利益平等原则

劳动法主体利益包括国家、用人单位与劳动者利益。只有通过保障和促进劳动关系的健康、稳定发展，实现国家政治稳定、社会和谐和经济增长，才能使劳动者更好地实现自己的劳动权，而用人单位获得更多的发展机会，从而促进三者利益协调平衡发展，实现三者利益的最大化。

四、工作时间与休息休假

（一）工时制度

工时制度是劳动者根据法律规定，在一昼夜（工作日）或一周（工作周）之内用于完成本职工作的时间。我国的工作日种类主要有：

1. 标准工作日

根据《国务院关于修改〈国务院关于职工工作时间的规定〉的决定》的规定，职工每日工作 8 小时，每周工作 40 小时；国家机关和事业单位实行统一的工作时间，星期六和星期日为休息日。企业和不能实行上述规定的事业单位可根据实际情况灵活安排休息日。

2. 缩短工作日

我国实际缩短工作日的有：① 夜班工作时间缩短 1 小时；② 从事矿山、井下、高山、低温高温、严重有毒有害、特别繁重或过度紧张的劳动的，缩短为每天工作 6 或 7 小时；

③ 哺乳未满 12 个月婴儿的女职工，每日可哺乳 1 小时；④ 未满 18 岁的未成年工实行低于 8 小时工作日。

3. 延长工作日

用人单位由于生产经营需要，经与工会和劳动者协商后可以延长工作时间，一般每日不得超过 1 小时；因特殊原因需要延长工作时间的，在保障劳动者身体健康的条件下延长工作时间每日不得超过 3 小时，但是每月不得超过 36 小时。

有下列情形之一的，延长工作时间不受上述规定限制：① 发生自然灾害、事故或者因其他原因，威胁劳动者生命健康和财产安全，需要紧急处理的；② 生产设备、交通运输线路、公共设施发生故障，影响生产和公众利益，必须及时抢修的；③ 法律、行政法规规定的其他情形。

4. 无定时工作日

即每天没有固定工作时数的工作日，如：汽车司机、铁路道口看守人员、记者、森林巡查人员等工作的工作日即是这种。

5. 非全时工作日

即每日或每周工作时间少于标准工作日，由劳动者自由决定的工作时间，多适用于旅馆、饭店、商店或个体经营等服务性工作，劳动者多为学生、残疾人、老年人等，如：肯德基快餐店实行的小时工作制即是这种方式。

（二）休息休假

1. 工作日内的休息时间

即工作日内的间歇时间，一般在工作 4 小时后，应给予半小时的休息时间。

2. 两个工作日间的休息时间

一般 8 小时工作时间以外的时间均为休息时间，不得低于 16 小时。无特殊情况时应保证劳动者能连续使用。

3. 每周公休日

即劳动者工作满一个工作周一般可休息 1 至 2 天。从事特殊工种（如冶金，化工有毒有害工种等）的劳动者，可享有比普通职工更多的每周公休日。

4. 每年法定节假日

根据国务院 2007 年 12 月 14 日修订的《全国年节及纪念日放假办法》的规定，我国全体公民的法定节假日为：① 新年（1 月 1 日）；② 春节（农历除夕、正月初一、正月初二）；③ 清明节（农历清明当日）；④ 劳动节（5 月 1 日）；⑤ 端午节（农历端午当日）；⑥ 中秋节（农历中秋当日）；⑦ 国庆节（10 月 1 日、2 日、3 日）。

5. 探亲假

其具体规定有：① 劳动者探望配偶，每年给假一次，假期为 30 天；② 未婚职工探望父母的，原则上每年给假一次，假期 20 天，如因工作需要，当年不便休假或职工自愿，可两年给假一次，假期为 45 天；③ 已婚职工探望父母，每四年给假一次，假期 20 天；④ 实行休假制度的职工（如学校教师），原则上不另行安排探亲假，但如果假期较短，则可由本单位适当安排，补足其探亲假的天数。

6. 带薪年休假

劳动者连续工作一年以上的，享受带薪年休假。根据国务院制定的《职工带薪年休假条例》第三条的规定，国家法定休假日、休息日不计入年休假的假期。

五、工资

（一）工资概念、形式

工资是用人单位根据国家有关规定或劳动合同的约定，以货币形式直接支付给本单位劳动者的劳动报酬。

我国的工资形式主要有：

1. 计时工资

即按单位时间工资率（计时工资标准）和工作时间支付给劳动者个人工资的一种形式，主要有月工资制、日工资制和小时工资制三种。

2. 计件工资

即按劳动者完成的合格产品数量和预先规定的计件单位计算工资的形式。

3. 奖金

即支付给劳动者的超额劳动报酬和增收节支的劳动报酬，有月奖、季度奖和年度奖，经济性奖金和一次性奖金，综合奖和单项奖等。

4. 津贴

即对劳动者在特殊条件下的额外劳动消耗或额外费用支出给予物质补偿的一种工资形式。主要有岗位津贴、保健性津贴、技术性津贴等。

（二）企业工资制度

1. 等级工资制

即根据劳动者的技术等级或职务等级划分工资级别，按等级发放工资的制度。

2. 效益工资制

即企业的工资总额同企业经济效益挂钩的制度。

3. 岗位技能工资制

岗位技能工资制包括岗位工资制和技能工资制。岗位工资制实行一岗一薪，易岗易薪。岗位工资由某一岗位的劳动繁重程度、劳动环境、工作责任大小等因素决定。技能工资是根据劳动者的劳动技能和工作业绩来考核决定。

（三）特殊情况下的工资

1. 依法参加社会活动期间的工资

劳动者在法定工作时间内参加社会活动，如：参加人大代表选举、担任陪审员等应视为提供了正常劳动，用人单位应向劳动者支付工资。

2. 加班加点的工资

劳动者加班加点的，用人单位应按下列标准支付工资：① 安排劳动者延长工作时间的，支付不低于工资的150%的工资报酬；② 休息日（周六、周日）安排劳动者工作的，支付不低于工资的200%的工资报酬；③ 法定休假日安排劳动者工作的，支付不低于工资的300%的工资报酬。

3. 婚丧假期间的工资

劳动者本人结婚或其直系亲属死亡的婚丧假期间（包括路程假）用人单位应向劳动者支付工资。

4. 年休假、探亲假的工资

劳动者依法享受年休假、探亲假的，用人单位应按劳动合同规定的标准支付工资。

5. 停工期间的工资

非因劳动者原因造成停工、停产在一个工资支付周期内的，用人单位应当按劳动合同规定的标准支付工资；超过一个工资支付周期的，若劳动者提供了正常劳动，则支付劳动者的报酬不得低于当地的最低工资标准；若劳动者没有提供正常劳动，则应按国家有关规定办理。

六、劳动保护

（一）劳动保护一般制度

劳动保护是改善劳动条件，保护劳动者在劳动过程中的安全与健康的劳动法律制度。我国《劳动法》规定：

用人单位必须建立、健全劳动安全卫生制度，严格执行国家劳动安全卫生规程和标准，对劳动者进行劳动安全卫生教育，防止劳动过程中的事故，减少职业危害。

劳动安全卫生设施符合国家规定的标准。新建、改建扩建工程的劳动安全卫生设施必须与主体工程同时设计、同时施工、同时投入生产和使用。

用人单位必须为劳动者提供符合国家规定的劳动安全卫生条件和必要的劳动防护用品，对从事有职业危害作业的劳动者应当定期进行健康检查。

（二）女职工与未成年工的特殊保护

1. 对于女职工的特殊保护

其土要内容有：

在从事工种方面，《劳动法》规定了女职工禁忌劳动范围：① 矿山井下工作；② 森林业伐木、归楞及流放作业；③ 国家规定的第四级体力劳动强度的作业；④ 建筑业脚手架的组装和拆除作业以及电力、电信行业的高处架线作业；⑤ 连续负重每次超过每小时 20 公斤负重 6 次以上、间断负重每次超过 25 公斤的作业。

对女工生理机能变化特殊过程中的保护，主要包括：① 经期、孕期、产期、哺乳期的保护，如：女工经期不从事高空、低温、冷水作业和国家规定的第三级体力劳动强度的劳动；怀孕 7 个月以上的女工，一般不得延长工作时间和安排从事夜班工作；产假不得少于 90 天；有不满 1 周岁婴儿的女职工，单位应在劳动时间内给予两次哺乳时间，每次 30 分钟，并不得安排其从事国家规定的第三级体力劳动强度的劳动和哺乳期禁忌从事的劳动，不得延长其工作时间，一般不得安排夜班工作等。② 在女工较多的单位，建立和完善女职工保护设施，如：建立女职工卫生室、孕妇休息室、哺乳室、托儿所、幼儿园等。

2. 对未成年工的特殊保护

未成年工在我国是指年满 16 周岁，未满 18 周岁的少年工人。对其的特殊保护主要包括：

一是在从事的工种方面，不得安排其从事以下劳动：① 矿山井下劳动；② 有毒有害作业；③ 国家规定的第四级体力劳动强度的劳动；④ 其他禁忌从事的劳动。

二是用人单位应对未成年工定期体检，预防和避免未成年人患职业病或职业中毒。

三是法律禁止招用未满 16 周岁的儿童和少年做工、经商、当学徒。但文艺、体育和特种工艺单位确需招用的，须报经县级以上劳动行政部门批准。

第二节　劳动合同法

一、劳动合同的概念和调整种类

（一）劳动合同的概念

劳动合同是指劳动者与用人单位（包括国家机关、企事业单位、社会团体和私人雇主等）之间为确立劳动关系，明确双方权利和义务而达成的书面协议。这是劳动关系产生的根据。

我国目前调整劳动合同的法律除了《劳动法》外，另外的主要有《劳动合同法》《劳动合同法实施条例》，其调整的对象包括企业、个体经济组织、民办非企业单位与劳动者订立、履行、变更、解除或终止劳动合同过程中所产生的各种劳动合同关系。也包括国家机关、事业单位、社会团体和与其建立劳动关系的劳动者之间订立、履行、变更、解除或终止劳动合同过程中所产生的劳动关系。

（二）劳动合同的种类

1. 固定期限劳动合同

这是指用人单位与劳动者约定合同终止时间的劳动合同。

2. 无固定期限劳动合同

这是指用人单位与劳动者约定无确定终止时间的劳动合同。

3. 以完成一定工作任务为期限的劳动合同

这是指用人单位与劳动者约定以某项工作的完成为合同期限的劳动合同。

二、劳动合同的订立形式与时效

根据《劳动合同法》的规定，劳动合同应当以书面形式订立。其具体规定如下：

① 自建立劳动关系时起就应当订立书面劳动合同；

② 已建立劳动关系，未同时订立书面劳动合同的，应当自用工之日起一个月内订立书面劳动合同；

③ 如果用人单位自用工之日起超过一个月不满一年未与劳动者订立书面劳动合同的，应当向劳动者每月支付二倍的工资；用人单位自用工之日起满一年不与劳动者订立书面劳动合同的，视为用人单位与劳动者已订立无固定期限劳动合同。

三、劳动合同的内容

劳动合同应当具备以下条款：

（一）劳动合同主体

用人单位的名称、住所和法定代表人或者主要负责人；劳动者的姓名，住址和居民身份证或者其他有效身份证件号码。

（二）劳动合同期限

有下列情形之一的劳动者提出或者同意续订、订立劳动合同的，除劳动者提出订立固定期限劳动合同外，应当订立无固定期限劳动合同：

① 劳动者在该用人单位连续工作满10年的；

② 用人单位初次实行劳动合同制度或者国有企业改制重新订立劳动合同时，劳动者在该用人单位连续工作满10年且距法定退休年龄不足10年的；

③ 连续订立2次固定期限劳动合同，且劳动者没有《劳动合同法》所规定的用人单位可以解除劳动合同的情形和用人单位在提前30日通知劳动者或额外支付1个月工资后可以解除劳动合同的情形，续订劳动合同的。

另外，在试用期还规定：

① 劳动合同期限在3个月以上不满1年的，试用期不得超过1个月；劳动合同期限在1年以上不满3年的，试用期不得超过2个月；3年以上固定期限和无固定期限的劳动合同，试用期不得超过6个月。

② 同一用人单位与同一劳动者只能约定一次试用期。

③ 以完成一定工作任务为期限的劳动合同或者劳动合同期限不满3个月的，不得约定试用期。

④ 试用期包含在劳动合同期限内。劳动合同仅约定试用期的，试用期不成立，该期限为劳动合同期限。

⑤ 劳动者在试用期的工资不得低于本单位相同岗位最低档工资或者劳动合同约定工资的80%，并不得低于用人单位所在地的最低工资标准。

⑥ 在试用期中，除劳动者有《劳动合同法》所规定的用人单位可以解除劳动合同和用人单位在提前30日通知劳动者或额外支付1个月工资后可以解除劳动合同的情形外，用人单位不得解除劳动合同。用人单位在试用期解除劳动合同的，应当向劳动者说明理由。

（三）工作内容和工作地点

用人单位对劳动者提供劳动的具体要求，如工作岗位、劳动的数量、质量、工作任务以及工作完成的具体地点等。

（四）工作时间和休息休假

用人单位按照工作内容和需要规定符合法律要求的工作时间，并保证劳动者的法定休息权利。

（五）劳动报酬

包括劳动者应享有的工资、奖金、津贴等待遇，不得低于国家规定标准。

劳动合同对劳动报酬和劳动条件等标准约定不明确的，引发争议的，用人单位与劳动者可以重新协商；协商不成的，适用集体合同规定；没有集体合同或者集体合同未规定劳动报酬的，实行同工同酬；没有集体合同或者集体合同未规定劳动条件等标准的，适用国家有关规定。

（六）社会保险

用人单位按照法律规定，为劳动者提供医疗保险、失业保险和养老保险等社会保险。

（七）劳动保护、劳动条件和职业危害防护

用人单位应当为劳动者提供劳动保护措施和符合国家规定标准的工作环境。

（八）法律、法规规定应当纳入劳动合同的其他事项

劳动合同除前款规定的必备条款外，用人单位与劳动者可以约定试用期、培训、保守秘密、补充保险和福利待遇等其他事项。

四、竞业限制规定

竞业限制，亦称竞业禁止，是指在劳动关系中或曾经存在的劳动关系中，高级管理人员、高级技术人员和其他负有保密义务的人员负有保护用人单位的商业秘密的义务，不得兼职从事与用人单位相同或者类似业务的竞争性行为的义务。凡有这种约定的，单位应向受竞业限制的离职人员支付一定数额的补偿费。

其具体规定有：

① 用人单位与劳动者可以在劳动合同中约定保守用人单位的商业秘密和与知识产权相关的保密事项。对负有保密义务的劳动者，用人单位可以在劳动合同或者保密协议中与劳动者约定竞业限制条款，并约定在解除或者终止劳动合同后，在竞业限制期限内按月给予劳动者经济补偿。劳动者违反竞业限制约定的，应当按照约定向用人单位支付违约金。

② 竞业限制的人员限于用人单位的高级管理人员、高级技术人员和其他负有保密义务的人员。竞业限制的范围地域、期限由用人单位与劳动者约定，竞业限制的约定不得违反法律、法规的规定。

③ 在解除或者终止劳动合同后，竞业限制人员到与本单位生产或者经营同类产品、从事同类业务的有竞争关系的其他用人单位，或者自己开业生产或者经营同类产品、从事同类业务的竞业限制期限，不得超过两年。

五、服务期的规定

① 用人单位为劳动者提供专项培训费用，对其进行专业技术培训的，可以与该劳动者订立协议，约定服务期。

② 劳动者违反服务期约定的，应当按照约定向用人单位支付违约金。违约金的数额不得超过用人单位提供的培训费用。用人单位要求劳动者支付的违约金不得超过服务期尚未履行部分所应分摊的培训费用。

③ 用人单位与劳动者约定服务期的，不影响按照正常的工资调整机制提高劳动者在服务期间的劳动报酬。

六、违约金的规定

根据《劳动合同法》的规定，劳动者只承担两类违约金：一类是用人单位对劳动者进行专业技术培训，可以与劳动者订立协议并约定服务期，若劳动者违反了约定的服务期应当向用人单位支付违约金；另一类是用人单位与劳动者在劳动合同中约定保守用人单位的商业秘密和与知识产权相关的保密事项，若劳动者违反了约定，应当向用人单位支付违约金。其他情形一律不得约定劳动者的违约金责任。

七、劳动合同的效力

（一）劳动合同的生效

1. 劳动合同的生效时间

劳动合同由用人单位与劳动者协商一致，并经用人单位与劳动者在劳动合同文本上签字或者盖章生效。

劳动合同的生效与劳动关系的建立是不同的。劳动关系的建立是以实际用工为标志，如果劳动合同生效后未发生实际用工，则劳动关系没有建立。

2. 劳动合同的生效要件

劳动合同的生效要件与普通民事合同的生效要件相同，但其缔约主体要求稍有不同，即作为用人单位一方的必须是企业、个体经济组织、民办非企业单位、国家机关、事业单位、社会团体组织；作为劳动者一方的必须是年满 16 周岁、具有劳动能力的公民。

（二）无效劳动合同

存在下列情形时，劳动合同无效或部分无效：

① 以欺诈胁迫的手段或者乘人之危使对方在违背真实意思的情况下订立或者变更劳动合同的；

② 用人单位免除自己的法定责任、排除劳动者权利的；

③ 违反法律、行政法规强制性规定的。

对劳动合同的无效或者部分无效有争议的，由劳动争议仲裁机构或者人民法院确认。劳动合同部分无效，不影响其他部分效力的，其他部分仍然有效。

劳动合同被确认无效，劳动者已付出劳动的，用人单位应当向劳动者支付劳动报酬。劳动报酬的数额，参照本单位相同或者相近岗位劳动者的劳动报酬确定。

八、劳动合同的解除和终止

（一）劳动合同的解除

劳动合同的解除是劳动合同在订立以后，尚未履行或未全部履行之前，由于合同双方或单方的法律行为导致提前消灭劳动关系的法律行为。

劳动合同的解除分为协商解除和法定解除。协商解除是双方当事人协商一致、合意解除劳动合同，提前终止劳动合同的效力。法定解除是出现国家法律规定可以解除劳动合同的情形，不需双方当事人一致同意，合同效力即可以自然或单方提前终止。

1. 劳动者单方面解除劳动合同情形

（1）劳动者解除劳动合同的程序

劳动者提前 30 日以书面形式通知用人单位，可以解除劳动合同。劳动者在试用期内提前 3 日通知用人单位，可以解除劳动合同。

（2）劳动者可以解除劳动合同的情形

用人单位有下列情形之一的，劳动者可以解除劳动合同：① 未按照劳动合同约定提供劳动保护或者劳动条件的；② 未及时足额支付劳动报酬的；③ 未依法为劳动者缴纳社会保险费的；④ 用人单位的规章制度违反法律、法规的规定，损害劳动者权益的；⑤ 因《劳动合同法》规定的情形致使劳动合同无效的；⑥ 法律、行政法规规定劳动者可以解除劳动合同的其他情形。

（3）劳动者可以立即解除劳动合同且不需事先告知用人单位的情形

其主要有：① 用人单位以暴力、威胁或者非法限制人身自由的手段强迫劳动者劳动的；② 用人单位违章指挥、强令冒险作业危及劳动者人身安全的。

2. 用人单位单方面解除劳动合同的具体规定

（1）用人单位可以单方面解除劳动合同的情形

劳动者有下列情形之一的，用人单位可以解除劳动合同：① 在试用期间被证明不符合录用条件的；② 严重违反用人单位的规章制度的；③ 严重失职，营私舞弊，给用人单位造成重大损害的；④ 劳动者同时与其他用人单位建立劳动关系，对完成本单位的工作任务造成严重影响，或者经用人单位提出，拒不改正的；⑤ 符合劳动合同无效的情形；⑥ 被依法追究刑事责任的。

（2）用人单位须履行法定手续后可以单方面解除合同的情形

有下列情形之一的，用人单位提前 30 日以书面形式通知劳动者本人或者额外支付劳动者一个月工资后，可以解除劳动合同：① 劳动者患病或者非因工负伤，在规定的医疗期满后不能从事原工作，也不能从事由用人单位另行安排的工作的；② 劳动者不能胜任工作，经过培训或者调整工作岗位，仍不能胜任工作的；③ 劳动合同订立时所依据的客观情况发生重大变化，致使劳动合同无法履行，经用人单位与劳动者协商，未能就变更劳动合同内容达成协议的。

（3）用人单位的经济性裁员

经济性裁员作为用人单位单方面解除劳动合同的一种形式，必须满足法定条件。

实体性条件主要有：① 依照企业破产法规定进行重整的；② 生产经营发生严重困难的；③ 企业转产、重大技术革新或者经营方式调整，经变更劳动合同后，仍需裁减人员的；④ 其他因劳动合同订立时所依据的客观经济情况发生重大变化，致使劳动合同无法履行的。

程序性条件主要有：① 裁减人员为 20 人以下且占企业职工总数 10%以下的，除事先应当将理由通知工会外，企业可以自主进行，不需要履行特定程序；② 需要裁减人员 20 人以上或者裁减不足 20 人但占企业职工总数 10%以上的，用人单位应提前 30 日向工会或者全体职工说明情况，听取工会或者职工的意见，再将裁减人员方案经向劳动行政部门报告后，方可裁员。

用人单位进行经济性裁员应当优先留用下列人员：① 与本单位订立较长期限的固定期限劳动合同的；② 与本单位订立无固定期限劳动合同的；③ 家庭无其他就业人员，有需要扶养的老人或者未成年人的。用人单位在经济性裁员后 6 个月内重新录用人员，应当通知被裁减的人员，并在同等条件下优先招用被裁减的人员。

3. 用人单位不得单方解除劳动合同的情形

劳动者有下列情形之一的，用人单位不得单方解除劳动合同：

① 从事接触职业病危害作业的劳动者未进行离岗前职业健康检查，或者疑似职业病病人在诊断或者医学观察期间的；

② 在本单位患职业病或者因工负伤并被确认丧失或者部分丧失劳动能力的；

③ 患病或者非因工负伤，在规定的医疗期内的；

④ 女职工在孕期、产期、哺乳期的；

⑤ 在本单位连续工作满 15 年，且距法定退休年龄不足 5 年的；
⑥ 法律、行政法规规定的其他情形。

（二）劳动合同的终止

有下列情形之一的，劳动合同终止：
① 劳动合同期满的；
② 劳动者开始依法享受基本养老保险待遇的；
③ 劳动者死亡，或者被人民法院宣告死亡或者宣告失踪的；
④ 用人单位被依法宣告破产的；
⑤ 用人单位被吊销营业执照、责令关闭、撤销或者用人单位提前解散的；
⑥ 法律、行政法规规定的其他情形。

（三）劳动合同解除或终止后的限制性规定

1. 用人单位应当向劳动者支付经济补偿金的情形

经济补偿金是指在劳动合同解除或终止后，用人单位依法一次性支付给劳动者的经济上的补偿。其一般由法律规定按照劳动者的工作年限加以发放。

有下列情形之一的，用人单位应当向劳动者支付经济补偿：① 出现《劳动合同法》规定的劳动者可以单方解除劳动合同的情形的；② 用人单位依法向劳动者提出解除劳动合同并与劳动者协商一致解除劳动合同的；③ 出现《劳动合同法》规定的用人单位可以提前 30 日以书面形式通知劳动者本人或者额外支付劳动者一个月工资后解除劳动合同的情形的；④ 用人单位因经济性裁员而解除与劳动者的劳动合同的；⑤ 除用人单位维持或者提高劳动合同约定条件续订劳动合同，劳动者不同意续订的情形外，用人单位在劳动合同期满后终止固定期限劳动合同的；⑥ 用人单位被依法宣告破产、吊销营业执照、责令关闭、撤销或其决定提前解散而终止劳动合同的；⑦ 法律、行政法规规定的其他情形。

2. 经济补偿金的计算

计算经济补偿金的工作年限：劳动者在本单位的工作年限，应从劳动者向该用人单位提供劳动之日起计算，因用人单位合并、分立、改变性质、改变名称的，劳动者在改变前的工作时间，应计算为在本单位的工作时间。

（1）计算标准

经济补偿按劳动者在本单位工作的年限，每满 1 年支付 1 个月工资的标准向劳动者支付。6 个月以上不满 1 年的，按 1 年计算；不满 6 个月的，向劳动者支付半个月工资的经济补偿。

（2）计算基数

用人单位支付给劳动者的经济补偿金，以劳动者的月工资为基础，该月工资指的是劳动者在劳动合同解除或者终止前 12 个月的平均工资。

（3）计算封顶

劳动者月工资高于用人单位所在直辖市、设区的市级人民政府公布的本地区上年度职工月平均工资 3 倍的，向其支付经济补偿的标准按职工月平均工资 3 倍的数额支付，向其支付经济补偿的年限最高不超过 12 年。

（四）劳动合同解除或终止后双方的义务

1. 用人单位的义务

其主要有：① 用人单位应当在解除或者终止劳动合同时出具解除或者终止劳动合同

证明的义务；② 用人单位应在15日内为劳动者办理档案和社会保险关系转移手续的义务；③ 用人单位应当在办理结工作交接时向劳动者支付经济补偿的义务；④ 用人单位对已经解除或者终止的劳动合同的文本，至少保存2年备查的义务。

2. 劳动者的义务

劳动者应当按照双方约定，办理工作交接，主要包括公司财产物品的返还、资料的交接等。

九、劳动合同的特殊规定

（一）集体合同

集体合同是用人单位与本单位职工根据法律规定，就劳动报酬、工作时间、休息休假、劳动安全卫生、职业培训、保险福利等事项，通过集体协商签订的书面协议。其具体可分为：① 专项集体合同，一般由企业职工一方与用人单位就劳动安全卫生、女职工权益保护、工资调整机制等方面订立；② 行业性或区域性集体合同，在县级以下区域内，建筑业、采矿业、餐饮服务业等行业可以由工会与企业方面代表订立这类合同。

我国《劳动合同法》对集体合同的具体规定主要有：

① 集体合同由工会代表企业职工一方与用人单位订立；尚未建立工会的用人单位，由上级工会指导劳动者推举的代表与用人单位订立。

② 集体合同草案应当提交职工代表大会或者全体职工讨论通过。

③ 集体合同订立后，应当报送劳动行政部门；劳动行政部门自收到集体合同文本之日起15日内未提出异议的，集体合同即行生效。

④ 依法订立的集体合同对用人单位和劳动者具有约束力。行业性、区域性集体合同对当地本行业、本区域的用人单位和劳动者具有约束力。

⑤ 集体合同中劳动报酬和劳动条件等标准不得低于当地人民政府规定的最低标准；用人单位与劳动者订立的劳动合同中劳动报酬和劳动条件等标准不得低于集体合同规定的标准。

（二）劳务派遣

劳务派遣，又称为劳动派遣，在人力资源界称之为人力派遣或人才租赁，是指劳务派遣机构与用工单位签订派遣协议，将劳动者派遣至用工单位，在用工单位指挥监督下提供劳动。劳务派遣的典型特征是劳动力雇佣与劳动力使用相分离，被派遣劳动者不与用工单位签订劳动合同，不建立劳动关系，而是与派遣单位存在劳动关系，但却被派遣至用工单位劳动，形成“有关系没劳动，有劳动没关系”的特殊形态。

劳务派遣一般在临时性辅助性或者替代性的工作岗位上实施。

劳务派遣单位应当依照《公司法》的有关规定设立，注册资本不得少于50万元，其义务主要有：

1. 与派遣员工签订劳动合同、派遣和支付报酬的义务

其具体规定为：① 劳务派遣单位应当与被派遣劳动者订立两年以上的固定期限劳动合同，合同除了具备一般劳动合同应具备的内容以外，还应当载明被派遣劳动者的用工单位以及派遣期限、工作岗位等情况，并按月支付劳动报酬；② 被派遣劳动者在无工作期间，劳务派遣单位应当按所在地人民政府规定的最低工资标准，向其按月支付报酬；③ 劳务派遣单位不得克扣用工单位按照劳务派遣协议支付给被派遣劳动者的劳动报酬；

④ 劳务派遣单位不得向被派遣劳动者收取费用；⑤ 劳务派遣单位跨地区派遣劳动者的，被派遣劳动者享有的劳动报酬和劳动条件，按照用工单位所在地的标准执行。

2. 告知的义务

劳务派遣单位应当将劳务派遣协议的内容告知被派遣劳动者。其中包括用工单位的基本情况、岗位安排、劳动规章制度、劳动安全卫生、工作时间、休息休假、工资福利及劳动权益维护和相关事务办理等内容。

3. 提供建立和管理人事档案服务的义务

派遣单位对派遣员工的档案实行统一管理，应当及时、真实地掌握派遣员工情况。其中包括及时为派遣员工办理人事档案接转手续；及时为新招聘派遣员工办理招工备案手续；按规定代办有关档案中记载的材料证明手续；派遣协议到期，根据用工单位和派遣员工要求，代办档案续存或转移等手续，以确保维护劳动者的利益。

4. 代缴社会保险费的义务

我国《劳动法》第七十二条规定，用人单位与劳动者必须依法参加社会保险，缴纳社会保险费。根据这条规定，既然劳动者与劳务派遣公司订立了劳动合同，那么劳务派遣公司就是用人单位，所以从法律义务上来说，应当承担用人单位的义务，为员工缴纳社会保险。同时我国《劳动合同法》第五十九条规定，劳务派遣单位和用工单位应当签订劳务派遣协议，协议中应当对劳务派遣岗位、社会保险费的数额和支付方式及违反协议等责任做出约定。由此可见，对于社会保险费的缴纳，双方有约定的，从约定；没有约定的，应当由劳务派遣单位负责缴纳。

（三）非全日制用工

非全日制用工是指以小时计酬为主。非全日制用工的特点主要有：

① 劳动者在同一用人单位一般平均每日工作时间不超过 4 小时，每周工作时间累计不超过 24 小时。

② 非全日制用工双方当事人可以订立口头协议。从事非全日制用工的劳动者可以与一个或者一个以上用人单位订立劳动合同；但是，后订立的劳动合同不得影响先订立的劳动合同的履行。

③ 非全日制用工双方当事人不得约定试用期。

④ 非全日制用工双方当事人任何一方都可以随时通知对方终止用工。终止用工，用人单位不向劳动者支付经济补偿。

⑤ 非全日制用工小时计酬标准不得低于用人单位所在地人民政府规定的最低小时工资标准；且其劳动报酬结算支付周期最长不得超过 15 日。

第三节　劳动争议制度

一、劳动争议的概念和方式

（一）劳动争议的概念和范围

劳动争议是指劳动关系双方当事人或其团体之间关于劳动权利和劳动义务的争议。目前我国规范劳动争议处理的法律主要是2007年12月29日第十届全国人民代表大会常务委员会第三十一次会议通过、2008年5月1日施行的《劳动争议调解仲裁法》。

根据这部法律，在我国境内的用人单位与劳动者发生的下列劳动争议适用该法：

① 因确认劳动关系发生的争议；

② 因订立、履行、变更、解除和终止劳动合同发生的争议；

③ 因除名、辞退和辞职、离职发生的争议；

④ 因工作时间、休息休假、社会保险、福利、培训以及劳动保护发生的争议；

⑤ 因劳动报酬、工伤医疗费、经济补偿或者赔偿金等发生的争议；

⑥ 法律、法规规定的其他劳动争议。

（二）劳动争议的解决方式

劳动争议可以通过协商、协调、仲裁、诉讼等四种方式解决。

1. 协商

发生劳动争议，劳动者可以与用人单位协商，也可以请工会或者第三方共同与用人单位协商，达成和解协议。

2. 调解

发生劳动争议，当事人不愿协商、协商不成或者达成和解协议后不履行的，可以向调解组织申请调解。

3. 仲裁

发生劳动争议，当事人不愿协商、协商不成或者达成和解协议后不履行的，且又不愿调解、调解不成或者达成调解协议后不履行的，可向劳动争议仲裁委员会申请仲裁。

4. 诉讼

当事人对仲裁决定不服的，可自收到仲裁裁决书之日起15日内向人民法院提起诉讼。

二、劳动争议与调解

（一）劳动争议调解组织

发生劳动争议，当事人可以到下列调解组织申请调解：① 企业劳动争议调解委员会；② 依法设立的基层人民调解组织；③ 在乡镇、街道设立的具有劳动争议调解职能的组织。

企业劳动争议调解委员会由职工代表和企业代表组成。职工代表由工会成员担任或者由全体职工推举产生，企业代表由企业负责人指定。企业劳动争议调解委员会主任由工会成员或者双方推举的人员担任。

（二）劳动争议调解程序

申请。当事人申请劳动争议调解可以书面申请，也可以口头申请。口头申请的，调解组织应当场记录申请人基本情况、申请调解的争议事项、理由和时间。

调解。调解劳动争议，应当充分听取双方当事人对事实和理由的陈述，耐心疏导，帮助其达成协议。

达成协议与履行。经调解达成协议的，应当制作调解协议书。调解协议书由双方当事人签名或者盖章，经调解员签名并加盖调解组织印章后生效，对双方当事人具有约束力，当事人应当履行。

因支付拖欠劳动报酬、工伤医疗费、经济补偿或者赔偿金事项达成调解协议，用人单位在协议约定期限内不履行的，劳动者可以持调解协议书依法向人民法院申请支付令。人民法院应当依法发出支付令。

未达成协议或未履行的救济措施。自劳动争议调解组织收到调解申请之日起15日内未达成调解协议的，当事人可以依法申请仲裁。

达成调解协议后，一方当事人在协议约定期限内不履行调解协议的，另一方当事人可以依法申请仲裁。

三、劳动争议的仲裁

（一）劳动争议仲裁机构

对于劳动争议仲裁委员会，省、自治区人民政府可以决定在市、县设立；直辖市人民政府可以决定在区、县设立。直辖市、设区的市也可以设立一个或者若干个劳动争议仲裁委员会。劳动争议仲裁委员会不按行政区划层层设立。

劳动争议仲裁委员会的组成：其由劳动行政部门代表、工会代表和企业方面代表组成。劳动争议仲裁委员会组成人员应当是单数。

劳动争议仲裁委员会的职责主要有：聘任、解聘专职或者兼职仲裁员；受理劳动争议案件；讨论重大或者疑难的劳动争议案件；对仲裁活动进行监督。

（二）劳动争议仲裁案件的管辖

劳动争议仲裁委员会负责管辖本区域内发生的劳动争议。

劳动争议由劳动合同履行地或者用人单位所在地的劳动争议仲裁委员会管辖。双方当事人分别向劳动合同履行地和用人单位所在地的劳动争议仲裁委员会申请仲裁的，由劳动合同履行地的劳动争议仲裁委员会管辖。

（三）仲裁庭

合议制仲裁庭，即劳动争议案件由3名仲裁员组成，设首席仲裁员。

独任制仲裁庭，即简单劳动争议案件由一名仲裁员独任仲裁。

（四）劳动争议仲裁当事人

1. 当事人

发生劳动争议的劳动者和用人单位为劳动争议仲裁案件的双方当事人。劳务派遣单位或者用工单位与劳动者发生劳动争议的，劳务派遣单位和用工单位为共同当事人。

2. 第三人

与劳动争议案件的处理结果有利害关系的第三人，可以申请参加仲裁活动或者由劳动争议仲裁委员会通知其参加仲裁活动。

3. 代表人

发生劳动争议的劳动者一方在10人以上，并有共同请求的，可以推举代表参加仲裁活动。

4. 代理人

当事人可以委托代理人参加仲裁活动。丧失或者部分丧失民事行为能力的劳动者，由其法定代理人代为参加仲裁活动；无法定代理人的，由劳动争议仲裁委员会为其指定代理人。劳动者死亡的，由其近亲属或者代理人参加仲裁活动。

（五）劳动争议仲裁程序

1. 申请和受理

申请时，劳动争议仲裁委员会对劳动争议仲裁案件不收费，其经费由财政予以保障。《劳动争议调解仲裁法》对申请与受理的申请期限规定为：劳动争议申请仲裁的时效期间为1年，仲裁时效期间从当事人知道或者应当知道其权利被侵害之日起计算，这一期限适用时效中断和中止的规定。

2. 申请

申请人申请仲裁应当提交书面仲裁申请，并按照被申请人数提交副本。书写仲裁申请确有困难的，可以口头申请，由劳动争议仲裁委员会工作人员记入笔录，并告知对方当事人。

仲裁申请书应当载明下列事项：① 劳动者的姓名、性别、年龄、职业、工作单位和住所，用人单位的名称、住所和法定代表人或者主要负责人的姓名和职务；② 仲裁请求和所根据的事实、理由；③ 证据和证据来源、证人姓名和住所。

3. 受理

劳动争议仲裁委员会收到仲裁申请之日起5日内，认为符合受理条件的，应当受理，并通知申请人；认为不符合受理条件的，应当书面通知申请人不予受理，并说明理由。对劳动争议仲裁委员会不予受理或者逾期未做出决定的，申请人可以就该劳动争议事项向人民法院提起诉讼。

4. 仲裁裁决

具体规定如下：

（1）仲裁期限

仲裁庭裁决劳动争议案件，应当自劳动争议仲裁委员会受理仲裁申请之日起45日内结束。案情复杂需要延期的，经劳动争议仲裁委员会主任批准，可以适当延期并书面通知当事人，但是延长期限不得超过15日。逾期未做出仲裁裁决的，当事人可以就该劳动争议事项向人民法院提起诉讼。

（2）仲裁决定的做出

裁决应当按照多数仲裁员的意见做出，少数仲裁员的不同意见应当记入笔录。仲裁庭不能形成多数意见时，裁决应当按照首席仲裁员的意见做出。裁决书由仲裁员签名加盖劳动争议仲裁委员会印章。对裁决持不同意见的仲裁员，可以签名，也可以不签名。

（3）特殊事项的仲裁裁决

下列劳动争议，仲裁裁决为终局裁决，裁决书自做出之日起发生法律效力：① 追索劳动报酬、工伤医疗费经济补偿或者赔偿金，不超过当地月最低工资标准12个月金额的争议；② 因执行国家的劳动标准在工作时间、休息休假、社会保险等方面发生的争议。但劳动者对上述事项的仲裁裁决不服的，可以自收到仲裁裁决书之日起15日内向人民法院提起诉讼。

用人单位有证据证明劳动争议仲裁庭对上述事项的仲裁裁决有下列情形之一的，可以自收到仲裁裁决书之日起30日内向劳动争议仲裁委员会所在地的中级人民法院申请撤销裁决：① 适用法律法规确有错误的；② 劳动争议仲裁委员会无管辖权的；③ 违反法定程序的；④ 裁决所根据的证据是伪造的；⑤ 对方当事人隐瞒了足以影响公正裁决的证据的；

⑥ 仲裁员在仲裁该案时有索贿受贿、徇私舞弊、枉法裁决行为的。仲裁裁决被人民法院裁定撤销的，当事人可以自收到裁定书之日起 15 日内就该劳动争议事项向人民法院提起诉讼。

四、劳动争议的诉讼

劳动争议双方当事人对劳动争议仲裁裁决不服的，双方当事人可以向人民法院提起诉讼。我国法律对劳动争议采取了仲裁前置的原则，非经劳动争议仲裁，不得向人民法院提起诉讼。

第四节 社会保险法

一、社会保险的概念和特征

（一）社会保险的概念

社会保险是指国家通过立法设立社会保险基金，使劳动者在暂时或永久丧失劳动能力以及失业时获得物质帮助和补偿的一种社会保障制度。根据《劳动法》第七十条的规定，国家发展社会保险事业，建立社会保险制度，设立社会保险基金，使劳动者在年老、患病、工伤、失业、生育等情况下获得帮助和补偿。现行的社会保险法是 2010 年 10 月 28 日由中华人民共和国第十一届全国人民代表大会常务委员会第十七次会议通过并于 2011 年 7 月 1 日起施行的《中华人民共和国社会保险法》。

（二）社会保险的特征

1. 强制性

它是国家通过立法强制实施的社会保险。根据《劳动法》第七十二条的规定，用人单位和劳动者必须依法参加社会保险，缴纳社会保险费。

2. 补偿性

它是对劳动者所遇劳动风险的补偿。劳动者在年老、患病、工伤、失业、生育等情况下，从社会获得物质帮助和补偿。

3. 互济性

它是通过统筹社会保险基金来帮助和补偿具有劳动风险的劳动者。这实际上是将用人单位和劳动者缴纳的社会保险费，按照规定的标准转移给退休者、患病者、工伤者、失业者、生育者使用，体现用人单位、劳动者相互间的互济性。

二、我国社会各项保险制度

根据《劳动法》第七十三条的规定，劳动者在下列条件下，依法享受社会保险待遇：① 退休；② 患病、负伤；③ 因工伤残或者患职业病；④ 失业、生育。劳动者死亡后，其遗属依法享受遗属津贴。劳动者享受社会保险待遇的条件和标准由法律、法规规定。劳动者享受的社会保险金必须按时足额支付。

（一）养老保险制度

养老保险是指国家和社会根据一定的法律和法规，在劳动者因年老或病残退出劳动岗位后，给予其一定的物质保障，以维持其基本生活。养老保险是世界各国较普遍实行的一种社会保障制度，我国养老保险的费用一般由国家、单位和个人三方共同承担。单位和个人都必须参加，同时实行广泛的社会互济。

1. 享受养老保险待遇的条件

在我国劳动者享受养老保险的条件因劳动者退出劳动领域的原因分为退休、离休和退职而有所不同。

(1) 退休

国家法定的企业职工退休年龄是男工年满60周岁，女工年满50周岁，女干部年满55周岁；从事井下、高温、高空、特别繁重体力劳动或其他有害身体健康工作的，退休年龄男工年满55周岁，女工年满45周岁；因病或非因工致残，由医院证明并经劳动鉴定委员会确认完全丧失劳动能力的，退休年龄为男工年满50周岁，女工年满45周岁。参加基本养老保险的个人，达到法定退休年龄时累计缴费满15年的，按月领取基本养老金，如果达到法定退休年龄时累计缴费不足15年的，可以缴费至满15年，按月领取基本养老金；参加基本养老保险的个人，因病或者非因工死亡的，其遗属可以领取丧葬补助金和抚恤金，在未达到法定退休年龄时因病或者非因工致残完全丧失劳动能力的，可以领取病残津贴。所需资金从基本养老保险基金中支付。个人跨统筹地区就业的，其基本养老保险关系随本人转移，缴费年限累计计算。个人达到法定退休年龄时，基本养老金分段计算、统一支付。具体办法由国务院规定。

(2) 离休

离休是指新中国成立前参加革命工作的老干部符合国家规定的离休条件而退出工作岗位后，享受国家规定的政治待遇和生活待遇的一种社会保险制度。

(3) 退职

因工伤而完全丧失劳动能力且不符合退休年龄条件或工龄条件或其他退休条件的，应当退职，享受养老保险待遇。

2. 养老保险的待遇

根据《国务院关于完善企业职工基本养老保险制度的决定》的规定，从2006年1月1日起，个人账户的规模统一由本人缴费工资的1%调整为8%，全部由个人缴费形成，单位缴费不再划入个人账户。其计发办法是以参保缴费年限为基础，以计发基数、计发比例和计发月数调整为重点，以建立参保缴费的激励约束机制为出发点，以保障参保人员的养老保险权益为目标，采取“新人新制度、老人老办法、中人逐步过渡”的方式。具体为：

参加工作的参保人员属于“新人”，缴费年限（含视同缴费年限，下同）累计满15年，退休后将按月发给基本养老金，基本养老金待遇水平与缴费年限的长短、缴费基数的高低、退休时间的早晚直接挂钩。他们的基本养老金由基础养老金和个人账户养老金组成。退休时的基础养老金月标准以当地上年度在岗职工月平均工资和本人指数化月平均缴费工资的平均值为基数，缴费每满1年发给1%。个人账户养老金月标准为个人账户储存额除以计发月数，计发月数根据职工退休时城镇人口平均预期寿命、本人退休年龄、利息等因素确定。

实施前已经离退休的参保人员属于“老人”，他们仍然按照国家原来的规定发给基本养老金，同时随基本养老金调整而增加养老保险待遇。

实施前参加工作、本决定实施后退休的参保人员属于“中人”。由于他们以前个人账户的积累很少，缴费年限累计满 15 年的，退休后在发给基础养老金和个人账户养老金的基础上，再发给过渡性养老金。

按照新制度的设计，职工退休后的养老金分为两部分：① 基础养老金，月标准为上年度职工月平均工资的 20%；② 个人账户养老金，标准为每月发放个人账户累计储存额的 1/120。养老金的计算公式为：

基本养老金＝基础养老金＋个人账户养老金＋过渡性养老金

具体算法为：

退休前一年全市职工月平均工资×20%（缴费期限不满 15 年的按 15%）＋个人账户本息和÷120

（二）失业保险

失业保险是指国家通过立法强制实行的，由社会集中建立基金，对因失业而暂时中断生活来源的劳动者提供物质帮助的制度。职工应当参加失业保险，由用人单位和职工按照国家规定共同缴纳失业保险费。失业保险费的缴纳，根据《失业保险条例》的规定，城镇企事业单位按照本单位工资总额的 2%缴纳失业保险费；城镇企事业单位的职工按照本人工资的 1%缴纳失业保险费。

1. 享受失业保险的条件

失业人员符合下列条件的，从失业保险基金中领取失业保险金：

① 失业前用人单位和本人已经缴纳失业保险费满 1 年的；

② 非因本人意愿中断就业的；

③ 已经进行失业登记，并有求职要求的。

2. 失业保险的待遇

失业保险待遇主要包括：失业保险金、医疗补助金、丧葬补助金、抚恤金等。

(1) 失业保险金

失业保险金由失业保险经办机构按月发放。失业保险金的标准，按照低于当地最低工资标准、高于城市居民最低生活保障标准的水平，由省、自治区、直辖市人民政府确定。失业职工领取失业救济金的期限，根据失业职工失业前在企业连续工作的时间确定失业人员失业前所在单位和本人按照规定累计缴费时间满 1 年不足 5 年的，领取期限最长为 12 个月；累计缴费时间满 5 年不足 10 年的，领取期限最长为 18 个月；累计缴费时间是 10 年以上的，领取期限最长为 24 个月。重新就业后，再次失业的缴费时间重新计算，但最长不得超过 24 个月。

(2) 医疗补助金

失业人员医疗补助金的发放标准，由省级人民政府规定。失业人员在领取失业保险金期间死亡的，参照当地对在职职工死亡的规定，对其遗属一次性发给丧葬补助金和抚恤金。所需资金从失业保险基金中支付。个人死亡同时符合领取基本养老保险丧葬补助金、工伤保险丧葬补助金和失业保险丧葬补助金条件的，其遗属只能选择领取其中的一项。

3. 不得享有失业保险待遇的情况

失业人员在领取失业保险金期间有下列情形之一的，停止领取失业保险金，并同时停止享受其他失业保险待遇：重新就业的；应征服兵役的；移居境外的；享受基本养老保险待遇的；无正当理由，拒不接受当地人民政府指定部门或者机构介绍的适当工作或者提供培训的。

职工跨统筹地区就业的，其失业保险关系随本人转移，缴费年限累计计算。

（三）工伤保险

工伤保险是指劳动者因公受伤、患病致残或死亡，依法从国家和社会获得经济补偿和物质帮助的社会保险制度。现行的《工伤保险条例》于2010年12月8日国务院第136次常务会议通过，于2011年1月1日起施行。本条例规定职工应当参加工伤保险，由用人单位缴纳工伤保险费，职工不缴纳工伤保险费。用人单位依照本条例规定应当参加工伤保险而未参加的，由社会保险行政部门责令限期参加，补缴应当缴纳的工伤保险费，并自欠缴之日起，按日加收万分之五的滞纳金；逾期仍不缴纳的，处欠缴数额1倍以上3倍以下的罚款。依照本条例规定应当参加工伤保险而未参加工伤保险的用人单位职工发生工伤的，由该用人单位按照本条例规定的工伤保险待遇项目和标准支付费用。

1. 工伤保险基金的构成及缴纳

工伤保险基金由用人单位缴纳的工伤保险费、工伤保险基金的利息和依法纳入工伤保险基金的其他资金构成。工伤保险费根据以支定收、收支平衡的原则，确定费率。国家根据不同行业的工伤风险程度确定行业的差别费率，并根据工伤保险费使用、工伤发生率等情况在每个行业内确定若干费率档次。行业差别费率及行业内费率档次由国务院社会保险行政部门制定，报国务院批准后公布施行。

中华人民共和国境内的企业、事业单位、社会团体、民办非企业单位、基金会、律师事务所、会计师事务所等组织和有雇工的个体工商户（以下称用人单位）应当依照本条例规定参加工伤保险，为本单位全部职工或者雇工（以下称职工）缴纳工伤保险费。用人单位分立、合并、转让的，承继单位应当承担原用人单位的工伤保险责任；原用人单位已经参加工伤保险的，承继单位应当到当地经办机构办理工伤保险变更登记。用人单位实行承包经营的，工伤保险责任由职工劳动关系所在单位承担。职工被借调期间受到工伤事故伤害的，由原用人单位承担工伤保险责任，但原用人单位与借调单位可以约定补偿办法。企业破产的，在破产清算时优先拨付依法应由单位支付的工伤保险待遇费用。

职工被派遣出境工作，依据前往国家或者地区的法律应当参加当地工伤保险的，参加当地工伤保险，其国内工伤保险关系中止；不能参加当地工伤保险的，其国内工伤保险关系不中止。

2. 工伤保险范围

职工有下列情形之一的，应当认定为工伤：

① 在工作时间和工作场所内，因工作原因受到伤害事故的；

② 工作时间前后在工作场所内，从事与工作有关的预备性或者收尾性工作受到事故伤害的；

③ 在工作时间和工作场所内，因履行工作职责受到暴力等意外伤害的；

④ 患职业病的；

⑤ 因工外出期间，由于工作原因受到伤害或者发生事故下落不明的；

⑥ 在上下班途中，受到非本人主要责任的交通事故或者城市轨道交通、客运轮渡、火车事故伤害的；

⑦ 法律、行政法规规定应当认定为工伤的其他情形。

职工有下列情形之一的，视同工伤：

① 在工作时间和工作岗位上，突发疾病死亡或者在48小时之内经抢救无效死亡的；

② 在抢险救灾等维护国家利益、公共利益活动中受到伤害的；

③ 职工原在军队服役，因战、因公负伤致残，已取得革命伤残军人证，到用人单位后旧伤复发的。

职工有前款①项、②项情形的，按照本条例的有关规定享受工伤保险待遇；职工有前款③项情形的，按照本条例的有关规定享受除一次性伤残补助金以外的工伤保险待遇。

但是职工有下列情形之一的，不得认定为工伤或者视同工伤：

① 故意犯罪；

② 醉酒或者吸毒；

③ 自残或者自杀；

④ 法律、行政法规规定的其他情形。

3. 因工伤发生的费用支付规定

因工伤发生的下列费用，按照国家规定从工伤保险基金中支付：

① 治疗工伤的医疗费用和康复费用；

② 住院伙食补助费；

③ 到统筹地区以外就医的交通食宿费；

④ 安装配置伤残辅助器具所需费用；

⑤ 生活不能自理的，经劳动能力鉴定委员会确认的生活护理费；

⑥ 一次性伤残补助金和一至四级伤残职工按月领取的伤残津贴；

⑦ 终止或者解除劳动合同时，应当享受的一次性医疗补助金；

⑧ 因工死亡的，其遗属领取的丧葬补助金、亲属抚恤金和因工死亡补助金；

⑨ 劳动能力鉴定费。

因工伤发生的下列费用，按照国家规定由用人单位支付：

① 治疗工伤期间的工资福利；

② 五级、六级伤残职工按月领取的伤残津贴；

③ 终止或者解除劳动合同时，应当享受的一次性伤残就业补助金。

职工发生事故伤害或者按照《职业病防治法》规定被诊断、鉴定为职业病，所在单位应当自事故伤害发生之日起或者被诊断、鉴定为职业病之日起30日内，向统筹地区劳动保障行政部门提出工伤认定申请。遇有特殊情况，经报劳动保障行政部门同意，申请时限可以适当延长。

用人单位未按规定提出工伤认定申请的，工伤职工或者其直系亲属、工会组织在事故伤害发生之日或者被诊断、鉴定为职业病之日起1年内，可以直接向用人单位所在地统筹地区劳动保障行政部门提出工伤认定申请。

劳动能力鉴定是指劳动功能障碍程度和生活自理障碍程度的等级鉴定。劳动功能障碍分为10个伤残等级，最重的为1级，最轻的为10级。生活自理障碍分为3个等级：生活完全不能自理、生活大部分不能自理和生活部分不能自理。

劳动能力鉴定由用人单位、工伤职工或者其近亲属向社区的市级劳动能力鉴定委员会提出申请，并提供工伤认定和职工工伤医疗的有关资料。社会保险行政部门应当自受理工伤认定申请之日起60日内做出工伤认定的决定，并书面通知申请工伤认定的职工或者其近亲属和该职工所在单位。社会保险行政部门对受理的事实清楚、权利义务明确的工伤认定申请，应当在15日内做出工伤认定的决定。

做出工伤认定决定需要以司法机关或者有关行政主管部门的结论为依据的，在司法机关或者有关行政主管部门尚未做出结论期间，做出工伤认定决定的时限中止。设区的市级劳动能力鉴定委员会应当自收到劳动能力鉴定申请之日起60日内做出劳动能力鉴定结论，必要时，做出劳动能力鉴定结论的期限可以延长30日。劳动能力鉴定结论应当及时送达申请鉴定的单位和个人。申请鉴定的单位或者个人对设区的市级劳动能力鉴定委员会做出的鉴定结论不服的，可以在收到该鉴定结论之日起15日内向省、自治区、直辖市劳动能力鉴定委员会提出再次鉴定申请。省、自治区、直辖市劳动能力鉴定委员会做出的劳动能力鉴定结论为最终结论。

4. 工伤保险待遇

① 职工因工作遭受事故伤害或者患职业病进行治疗，享受工伤医疗待遇。

职工治疗工伤应当在签订服务协议的医疗机构就医，情况紧急时可以先到就近的医疗机构急救。

治疗工伤所需费用符合工伤保险诊疗项目目录、工伤保险药品目录、工伤保险住院服务标准的，从工伤保险基金支付。工伤保险诊疗项目目录、工伤保险药品目录、工伤保险住院服务标准，由国务院劳动保障部门会同国务院卫生、药品监督管理等部门规定。

职工住院治疗工伤的伙食补助费，以及经医疗机构出具证明、报经办机构同意，工伤职工到统筹地区以外就医所需的交通、食宿费用从工伤保险基金支付，基金支付的具体标准由统筹地区人民政府规定。

工伤职工治疗非工伤引发的疾病，不享受工伤医疗待遇，按照基本医疗保险办法处理。工伤职工到签订服务协议的医疗机构进行工伤康复的费用，符合规定的，从工伤保险基金支付。

② 工伤职工因日常生活或者就业需要，经劳动能力鉴定委员会确认，可以安装假肢、矫形器、假眼、假牙和配置轮椅等辅助器具，所需费用按照国家规定的标准从工伤保险基金支付。

③ 职工因工作遭受事故伤害或者患职业病需要暂停工作接受工伤医疗的，在停工留薪期内，原工资福利待遇不变，由所在单位按月支付。

停工留薪期一般不超过12个月。伤情严重或者情况特殊，经设区的市级劳动能力鉴定委员会确认，可以适当延长，但延长不得超过12个月。工伤职工评定伤残等级后，停发原待遇，按照规定享受伤残待遇。工伤职工在停工留薪期满后仍需治疗的，继续享受工伤医疗待遇。

生活不能自理的工伤职工在停工留薪期需要护理的，由所在单位负责。

④ 工伤职工已经评定伤残等级并经劳动能力鉴定委员会确认需要生活护理的，从工伤保险基金按月支付生活护理费。

生活护理费按照生活完全不能自理、生活大部分不能自理和生活部分不能自理3个不同等级支付，其标准分别为统筹地区上年度职工月平均工资的50%、40%和30%。

⑤ 职工因工致残被鉴定为一级至四级伤残的，保留劳动关系，退出工作岗位，享受以下待遇：

从工伤保险基金按伤残等级支付一次性伤残补助金，标准为：一级伤残为 27 个月的本人工资；二级伤残为 25 个月的本人工资；三级伤残为 23 个月的本人工资；四级伤残为 21 个月的本人工资。

从工伤保险基金按月支付伤残津贴，标准为：一级伤残为本人工资的 90%；二级伤残为本人工资的 85%；三级伤残为本人工资的 80%；四级伤残为本人工资的 75%。伤残津贴实际金额低于当地最低工资标准的，由工伤保险基金补足差额。

工伤职工达到退休年龄并办理退休手续后，停发伤残津贴，按照国家有关规定享受基本养老保险待遇。

⑥ 职工因工致残被鉴定为五级、六级伤残的，享受以下待遇：

从工伤保险基金按伤残等级支付一次性伤残补助金，标准为：五级伤残为 18 个月的本人工资；六级伤残为 16 个月的本人工资。

保留与用人单位的劳动关系，由用人单位安排适当工作。难以安排工作的，由用人单位按月发给伤残津贴，标准为：五级伤残为本人工资的 70%；六级伤残为本人工资的 60%，并由用人单位按照规定为其缴纳应缴纳的各项社会保险费。伤残津贴实际金额低于当地最低工资标准的，由用人单位补足差额。

经工伤职工本人提出，该职工可以与用人单位解除或者终止劳动关系，由工伤保险基金支付一次性工伤医疗补助金，由用人单位支付一次性伤残就业补助金。一次性工伤医疗补助金和一次性伤残就业补助金的具体标准由省、自治区、直辖市人民政府规定。

⑦ 职工因工致残被鉴定为七级至十级伤残的，享受以下待遇：

从工伤保险基金按伤残等级支付一次性伤残补助金，标准为：七级伤残为 13 个月的本人工资；八级伤残为 11 个月的本人工资；九级伤残为 9 个月的本人工资；十级伤残为 7 个月的本人工资。

劳动聘用合同期满终止，或者职工本人提出解除劳动、聘用合同的，由工伤保险基金支付一次性工伤医疗补助金，由用人单位支付一次性伤残就业补助金。一次性工伤医疗补助金和一次性伤残就业补助金的具体标准由省、自治区、直辖市人民政府规定。

⑧ 职工因工死亡，其近亲属按照下列规定从工伤保险基金领取丧葬补助金、供养亲属抚恤金和一次性工亡补助金：

丧葬补助金为 6 个月的统筹地区上年度职工月平均工资。伤残职工在停工留薪期内因工伤导致死亡的，其近亲属享受此待遇。

供养亲属抚恤金按照职工本人工资的一定比例发给由因工死亡职工生前提供主要生活来源、无劳动能力的亲属。标准为：配偶每月 40%；其他亲属每人每月 30%；孤寡老人或者孤儿每人每月在上述标准的基础上增加 10%。核定的各供养亲属的抚恤金之和不应高于因工死亡职工生前的工资。供养亲属的具体范围由国务院社会保险行政部门规定。

一次性工亡补助金标准为上一年度全国城镇居民人均可支配收入的 20 倍。

⑨ 伤残津贴供养亲属抚恤金、生活护理费由统筹地区劳动保障行政部门根据职工平均工资和生活费用变化等情况适时调整。调整办法由省、自治区、直辖市人民政府规定。

⑩ 职工因工外出期间发生事故或者在抢险救灾中下落不明的，从事故发生当月起 3

个月内照发工资，从第4个月起停发工资，由工伤保险基金向其供养亲属按月支付供养亲属抚恤金。生活有困难的，可以预支一次性工亡补助金的50%。职工被人民法院宣告死亡的，按照职工因工死亡的规定处理。

⑪ 工伤职工有下列情形之一的，停止享受工伤保险待遇：丧失享受待遇条件的；拒不接受劳动能力鉴定的；拒绝治疗的。

(四) 医疗保险

1. 医疗保险的含义及保险费缴纳

医疗保险就是当人们生病或受到伤害后，由国家或社会给予的一种物质帮助，即提供医疗服务或经济补偿的一种社会保障制度。

职工应当参加职工基本医疗保险，由用人单位和职工按照国家规定共同缴纳基本医疗保险费，用人单位缴费率控制在职工工资总额的6%左右，职工缴费率一般为本人工资收入的2%。无雇工的个体工商户、未在用人单位参加职工基本医疗保险的非全日制从业人员以及其他灵活就业人员可以参加职工基本医疗保险，由个人按照国家规定缴纳基本医疗保险费。城镇居民基本医疗保险实行个人缴费和政府补贴相结合的原则。享受最低生活保障的人、丧失劳动能力的残疾人、低收入家庭60周岁以上的老年人和未成年人等所需个人缴费部分，由政府给予补贴。

参加职工基本医疗保险的个人，达到法定退休年龄时累计缴费达到国家规定年限的，退休后不再缴纳基本医疗保险费，按照国家规定享受基本医疗保险待遇；未达到国家规定年限的，可以缴费至国家规定年限。

2. 医疗保险期间待遇

(1) 医疗待遇

职工患病或非因公负伤确需停止工作治病休息的，根据本人连续工龄和本单位工龄的长短，给予3～24个月的医疗；难以治愈的疾病，由医疗机构提出，本人申请，劳动行政部门批准后，可适当延长医疗期。在医疗期内，职工一般在指定的医院就医，所需检查费用、治疗费用、药品费用、住院费用，在规定的标准内的，按规定比例分别从医疗保险社会统筹基金和个人账户中支付；规定范围和标准之外的费用，由职工个人负担。医疗期内的职工工资停发，由用人单位按其工龄长短给付相当于本人工资一定比例的疾病医疗津贴(病假工资)。

(2) 致残待遇

职工患病或非因公致残的在医疗期内医疗终结或医疗期满后，经用人单位申请，劳动鉴定委员会确定致残等级。致残一级至四级的应退出劳动岗位终止劳动关系，享受退休或退职待遇。致残五级至十级的，在规定医疗期内不得辞退。用人单位应为其另行安排工作；不能从事所安排工作的，可以按规定发给疾病津贴；规定医疗期满后，可解除劳动合同并按规定给予经济补偿。

国有企业下岗职工的基本医疗保险费，包括单位缴费和个人缴费，均由再就业服务中心按照当地上年度职工平均工资的60%为基数缴纳。

3. 不纳入基本医疗保险基金支付范围的医疗费用

① 应当从工伤保险基金中支付的；

② 应当由第三人担负的；

③ 应当由公共卫生担负的；

④ 在境外就医的。

医疗费用依法应当由第三人负担，第三人不支付或者无法确定第三人的，由基本医疗保险基金先行支付。基本医疗保险基金先行支付后，有权向第三人追偿。

（五）生育保险制度

1994 年 12 月 14 日由原国家劳动部发布的《企业职工生育保险试行办法》，适用于城镇企业及职工。用人单位已经缴纳生育保险费的，其职工享受生育保险待遇；职工未就业的，其配偶按照国家规定享受生育医疗费用待遇。所需资金从生育保险基金中支付。

1. 生育保险基金筹集

企业按照一定比例向社会保险经办机构缴纳生育保险费，建立生育保险基金。生育保险费的提取比例由当地人民政府确定，但最高不得超过工资总额的 1%。职工个人不交纳保险费。

2. 生育保险待遇

生命保险待遇包括生育医疗费用和生育津贴。

生育医疗费用包括下列各项：生育的医疗费用；计划生育的医疗费用；法律、法规规定的其他项目费用。

职工有下列情形之一的，可以按照国家规定享受生育津贴：女职工生育享受产假；享受计划生育手术休假；法律、法规规定的其他情形。生育津贴按照职工所在用人单位上年度职工月平均工资计发。

第九章　税法

第一节　税法概述

一、税收和税法的概念

1. 税收的概念

税收是国家为满足社会公共需要、行使职能，凭借公共权力，按照法律规定程序与标准，参与国民收入分配，向纳税人强制地、无偿地征收其财产或收入的一定比例部分，形成财政收入的行政行为。税收与税法密不可分，税法是税收的法律表现形式，而税收则是税法确定的具体内容。在这一分配关系中，权利主体是国家，客体是人民创造的国民收入和积累的社会财富，其目的是实现国家的职能。税收具有三方面的特征：

一是强制性。国家以社会管理者的身份，用法律的形式，对征纳双方权利和义务进行制约，国家征税是凭借政治力量，而不是凭借财产所有权，从而是一种强制的行为。

二是无偿性。国家征税对纳税人既不直接偿还，也不付出任何直接报酬，无偿性是税收的基本特性，是税收这种特殊分配手段本质所在。

三是固定性。征税通过法律形式，规定课税要素和方法，如征收对象、课税额度和课税方法。

2. 税法的概念

税法作为国家制定的特殊行为规范，是税收的法律形式，是国家制定的用以调整国家与纳税人之间在征税和纳税方面的权利与义务关系的法律规范的总称。按照税法内容的不同，可以将税法分为税收实体法和税收程序法。税收实体法是规定税收法律关系主体的实体权利、义务的法律规范的总称。我国税收实体法的内容主要包括：流转税法、所得税法、财产税法和行为税法。税收程序法是以国家税收活动中所发生的程序关系为调整对象的税法，是规定国家征税权行使程序和纳税人纳税义务履行程序的法律规范的总称，税收征收管理法即属于税收程序法。

二、税法的构成要素

税法的构成要素也称税法的基本结构。一般来说，税法构成要素包括税收主体、征税客体、税率、纳税环节、纳税期限、纳税地点、税收优惠以及法律责任等共八项内容。

（一）税收主体

税收主体是指税法规定享有权利和承担义务的当事人，包括征税主体和纳税主体。

征税主体是税务机关。对于特定的税种，征税主体还可以包括其他行政机关，如海关

(代征进出口货物的产品税、增值税)、交通运输管理部门(代征营业税、车船使用税)、乡政府(代征屠宰税)、商业银行(代征利息税)。纳税主体即纳税义务人。《税收征收管理法》规定,法律、行政法规规定负有纳税义务的单位和个人为纳税人。

(二)征税客体

征税客体,又称征税对象,是指对什么东西征税。征税对象是税法结构中最基本的因素。征税对象是区别是否征税的主要标准,是区分不同税种的主要标志。我国目前列为征税对象的有5类:流转税以流转额为对象;所得税以所得额为对象;财产税以财产为对象;行为税以行为为对象;资源税以资源为对象。

(三)税率

税率是指应征税额与征税对象数额之间的比率。税率形式主要有以下几种:

1. 比例税率

比例税率即不分征税对象数额的大小,只规定一个比例的税率。一般适用于对流转额的征税。如服务业的营业税率为5%,不因营业额的大小而变化。消费税中的卷烟就是按照不同等级分设四等三档税率征税。

2. 累进税率

累进税率又称等级税率,即按征税对象数额的大小规定不同等级的税率。征税对象数额越大,税率越高。累进税率又分为全额累进税率和超额累进税率。此外,还有超率累进税率和超倍累进税率。

全额累进税率,即把征税对象按数额的大小分成不同等级,税率依次提高,纳税人按其所属等级,适用一个税率。现实中已不采取这种方式。

超额累进税率,即把征税对象按数额的大小分成若干等级,每一等级规定一个税率,税率依次提高,纳税人纳税依所属等级同时适用几个税率来分别计算,相加后得出应纳的税款。

3. 固定税率

固定税率是按征税对象的单位直接规定固定的税额,而不采用百分比的形式,一般适用于从量计征的税种。如消费税的征收中燃料油、航空煤油每升纳税0.1元;资源税中,盐以吨数作为计量单位,天然气以立方米为计量单位。

(四)纳税环节

纳税环节是指依据税法在商品的流转过程中什么环节纳税。在商品流转税中一般为销售环节或收购环节。有的税种纳税环节较多,如增值税。按纳税环节的多少可分为一次征收和多次征收。

(五)纳税期限

纳税期限即缴纳税金的期限,如按月缴纳、按季缴纳、按年缴纳等。在实践中,税法对各税种都明文规定了纳税期限。纳税人必依法如期纳税,逾期纳税者将受到加收滞纳金等处罚。

(六)纳税地点

纳税地点是纳税人申报缴纳税款的地点。主要包括纳税人所在地、营业行为发生地、财产所在地、报关地纳税等。中国税收制度对纳税地点规定的总原则是纳税人在其所在地就地申报纳税。同时考虑到某些纳税人生产经营和财务核算的不同情况,对纳税地点也作了不同规定。

（七）税收优惠

税收优惠是国家为了体现鼓励和扶持政策，在税收方面采取的鼓励和照顾措施。目前我国税法规定的税收优惠形式主要有减税、免税、退税、加速折旧、延缓纳税和亏损结转抵补等。减税是指对应纳税额减征一部分。免税是对应纳税额全部免征。税的减免主要涉及以下方面：

1. 起征点

它是指对征税对象开始征税所规定的数额，未达到这个数额的不征税，达到或超过这一数额的全额征税。

2. 免征额

它是指在征税对象数额中免于征税的数额。如个人所得税的纳税对象是个人全部收入。税法同时规定：工资、薪金所得，以每月收入额减除费用 3500 元后的余额，为应纳税所得额；3500 元以下部分即为免征额。

3. 附加和加成

附加是正税的对称，是按基本税率征收正税之外，按一定比例随征税附加的税额。如教育附加税。加成是指按规定税率计算出税款后，再加征一定成数。如对个人劳务报酬所得，适用比例税率，税率为 20%；对劳务报酬所得一次收入畸高的，可以实行加成征收。

（八）法律责任

不论是纳税人还是税务机关及其工作人员，违反税法都必须承担相应的法律责任，主要包括行政责任与刑事责任。对于纳税人而言，行政责任包括限期缴纳税款、加收滞纳金、处以罚款以及税收保全、强制执行、送交人民法院依法惩处等。情节严重构成犯罪的，依法追究刑事责任。

第二节　流转税法

流转税是以商品及劳务的流转额为征税对象的税类。流转税属于间接税。流转税类别由增值税、印花税、关税、证券交易税等税种构成。

一、增值税法

2016 年 3 月 23 日，财政部、国家税务总局联合发布了《关于全面推开营业税改征增值税试点的通知》。通知规定，自 2016 年 5 月 1 日起，在全国范围内全面推开营业税改征增值税（以下称营改增）试点，建筑业、房地产业、金融业、生活服务业等全部营业税纳税人，纳入试点范围，由缴纳营业税改为缴纳增值税。《营业税改征增值税试点实施办法》《营业税改征增值税试点有关事项的规定》《营业税改征增值税试点过渡政策的规定》和《跨境应税行为适用增值税零税率和免税政策的规定》同日颁布。

全面实施营改增所释放的减税红利，有效降低了实体经济成本，激发了市场活力，引导企业脱虚向实，契合了供给侧结构性改革去产能、去库存、去杠杆、降成本、补短板的迫切要求。当前，我国全面实施营改增试点综合配套推进、平稳有序运行，完成了建筑业、房地产业、金融业和生活服务业四大行业的税制转换，涉及1011余万户纳税人、2万亿税款，实现了增值税在工商业和服务业的全覆盖，构建起了有利于形成统一税法、公平税负、平等竞争的现代增值税基本制度，充分显示出中国政府快速高效的战略决策力、政策执行力和挑战应对力。全面实施营改增在宏观经济上促进了经济的可持续增长、有利于增加投资就业；中观产业上促进经济结构优化，有利于新旧动能转换；微观企业上促进"双创"活力释放，多元发展。

上海财经大学公共政策与治理研究院评估团队在2017年7月下旬发布的《中国全面实施营改增试点一周年评估报告》显示，中国全面实施营改增意义深远，全面实施营改增减负成效显著且影响广泛。2016年5月至2017年4月，全面推开营改增试点一周年取得了显著成效，实现减税近7000亿元，减税额随改革推进逐步扩大。四大行业中，税负下降或税收持平企业占98.7%，减税面最大的是生活服务业，达到了99.25%。全面推开营改增试点不但直接减轻试点企业税收负担，还通过抵扣机制的传导效应减轻了产业链的税收负担。试点行业直接减税4581亿元，为下游行业带来的间接减税2412亿元，试点行业减税效应外溢明显。

目前，我国全面深化增值税改革任重道远，未来改革的重点在于推进税制、体制和法制三大制度建设，建立一个更加公正、简明、高效的增值税制度，全面提升税收治理能力和税收国际竞争力。在税制方面，进一步增强增值税的中性作用，同时全面清理税收优惠和过渡安排；在体制方面，建议进一步优化中央与地方增值税收入分成方案；在法制方面，建议加快增值税立法，适时将其上升为法律，并为进一步改革留有空间。

根据《增值税暂行条例》的规定，凡在我国境内销售货物或者提供加工、修理修配劳务以及从事进口货物的单位和个人，均应当依照《增值税暂行条例》有关规定缴纳增值税。

（一）增值税的纳税人

增值税的纳税人分为一般纳税人和小规模纳税人。小规模纳税人是指年销售额在规定标准以下，并且会计核算不健全，不能按照规定报送有关税务资料的增值税纳税人。小规模纳税人销售额标准为：从事货物生产或提供应税劳务的纳税人，以及以从事货物生产或提供应税劳务为主，并兼营货物批发或零售的纳税人，年应税销售额在50万元以下的；除上述规定以外的纳税人，年应税销售额在80万元以下的。

年应税销售额超过小规模纳税人标准的其他个人按小规模纳税人纳税；非企业性单位、不经常发生应税行为的企业可选择按小规模纳税人纳税。

（二）税率和征收率

我国的增值税对一般纳税人和小规模纳税人适用不同的计税方法和税率。对一般纳税人设置了一档低税率，为13%；一档基本税率，为17%；对其出口货物设置了零税率。对小规模纳税人则设置了3%的征税率。

1. 低税率

纳税人销售或者进口下列货物的，税率为13%：① 粮食、食用植物油；② 自来水、暖气、冷气、热水、煤气、石油液化气、天然气、沼气、煤炭制品；③ 图书、报纸、杂志；④ 饲料、化肥、农药、农机、农膜；⑤ 国务院规定的其他货物。

2. 零税率

纳税人出口货物，税率为零；但是，国务院另有规定的除外。

3. 基本税率

纳税人提供加工、修理修配劳务，纳税人在国内销售货物或者进口除上述两类之外的货物，税率均为17%；提供加工、修理修配劳务的，税率也为17%。

4. 小规模纳税人的征税率

小规模纳税人销售货物或者应征劳务的，按3%的征收率征税。

此外，纳税人兼营不同税率的货物或者应税劳务，应当分别核算不同税率货物或者应税劳务的销售额；未分别核算销售额的，从高使用税率。

（三）增值税的计算

1. 一般纳税人增值税的计算

纳税人销售货物或者提供应税劳务，应纳税额为当期销项税额抵扣当期进项税额后的余额。应纳税额计算公式：

总纳税额＝当期销项税额－当期进项税额

（1）销项税额

一般纳税人销售货物或者应税劳务，按照销售额和适用税率计算并向购买方收取的增值税额，为销项税额。销项税额的计算公式：

销项税额＝销售额×税率

销售额为纳税人销售货物或者应税劳务向购买方收取的全部价款和价外费用，但是不包括收取的销项税额。价外费用，包括价外向购买方收取的手续费、补贴、基金、集资费、返还利润、奖励费、违约金、滞纳金、延期付款利息、赔偿金、代收款项、代垫款项、包装费、包装物租金、储备费、优质费、运输卸装费以及其他各种性质的价外收费。

一般纳税人销售货物或者应税劳务，采用销售额和销售税额合并定价的方式，按下列公式计算销售额：

销售额＝含税销售额÷（1＋税率）

（2）进项税额

纳税人购进货物或者接受应税劳务支付或者负担的增值税额，为进项税额。

下列进项税额准予从销项税额中抵扣：① 从销售方取得的增值税专用发票上注明的增值税额；② 从海关取得的海关进口增值税专用缴款书上注明的增值税额；③ 购进农产品，除取得增值税专用发票或者海关进口增值税专用缴款书外，按照农产品收购发票或者销售发票上注明的农产品卖价和13%的扣除率计算的进项税额；④ 购进或者销售货物以及在生产经营过程中支付运输费用的，按照运输费用结算单据上注明的运输费用金额和7%的扣除率计算的进项税额。

下列项目的进项税额不得从销项税额中抵扣：① 用于非增值税应税项目，免征增值税项目、集体福利或者个人消费的购进货物或者应税劳务；② 非正常损失的购进货物及相关的应税劳务；③ 非正常损失的在产品、产成品所耗用的购进货物或者应税劳务；④

国务院财政、税务主管部门规定的纳税人自用消费品；⑤ 上述第① 项至第④ 项规定的货物运输费用和销售免税货物的运输费用。

2. 小规模纳税人增值税的计算

小规模纳税人销售货物或者应税劳务，实行按照销售额和征收率计算应纳税额的简易办法，并不得抵扣进项税额。应纳税额的计算公式：

应纳税额＝销售额×征收率

3. 纳税人进口货物应纳增值税的计算

纳税人进口货物，按照组成计税价格和适用的税率计算应纳税额。组成计税价格和应纳税额的计算公式：

组成计税价格＝关税完税价格×征收率

值得注意的是，当进口货物属于消费税应税消费品时，其组成计税价格还应包括消费税税额。

(四) 税收优惠

根据《增值税暂行条例》的相关规定，下列项目免征增值税：

① 农业生产者销售的自产农业产品，即从事农业生产的单位和个人出售的初级农业产品，包括种植业、养殖业、林业、牧业、水产品的初级产品；

② 避孕药品和用具；

③ 向社会收购的古旧图书；

④ 直接用于科学研究、科学实验和教学的进口仪器、设备；

⑤ 外国政府、国际组织无偿援助的进口物资和设备；

⑥ 由残疾人组织直接进口供残疾人专用的物品；

⑦ 销售的自己使用过的物品。

(五) 增值税专用发票

增值税专用发票不仅是商业凭证，而且是销货方纳税义务和购货方进项税额的合法证明，对增值税的计算和管理起着决定性的作用。纳税人销售货物或者应税劳务，应当向购买方开具增值税发票，并在增值税专用发票上分别注明销售额和销项税额。

对会计核算暂时不健全，但能够认真履行纳税义务的小规模企业，经县（市）主管税务机关批准，在规定期限内其销售货物或提供应税劳务，可由所在地税务所代开增值税专用发票。如小规模企业有会计、有账册，能够正确计算进项税额、销项税额和应纳税额，并能按规定报送有关税务资料，就可以认定为增值税的一般纳税人。

属于下列情形之一，需要开具发票的，应当开具普通发票，不得开具增值税专用发票：向消费者个人销售应税项目；销售免税项目；向小规模纳税人销售应税项目，这些可以不开具专用发票。

(六) 增值税起征点

增值税起征点的适用范围只限于个人。增值税起征点规定如下：①销售货物为月销售额 5000 元至 20000 元的；②销售应税劳务的，为月销售额 5000 元至 20000 元的；③按次销售的，为每次（日）销售额 300 元至 500 元的。

二、消费税法

（一）消费税的纳税主体

消费税是指对特定消费品和消费行为就其销售额或销售数量依规定的税率征收的一种税，是以需要进行特殊调节的部分最终消费品为课税对象的一种税。

消费税的纳税主体是在我国境内从事生产、委托加工和进口应税消费品的单位和个人。

（二）消费税的征税范围

消费税的征收范围包括了五种类型的产品：

第一类：一些过度消费会对人类健康、社会秩序、生态环境等方面造成危害的特殊消费品，如烟、酒、鞭炮、烟火等；

第二类：奢侈品、非生活必需品，如贵重首饰、化妆品、高尔夫球及球具、高档手表等；

第三类：高能耗及高档消费品，如小轿车、摩托车、游艇等；

第四类：不可再生和替代的石油类消费品，如汽油、柴油、木制一次性筷子、实木地板等；

第五类：具有一定财政意义的产品，如汽车轮胎等。

（三）消费税的税率

消费税的税率有两种形式，一种是比例税率，一种是定额税率。至 2008 年底，比例税率为 12 档，最高税率为 45%、最低税率为 3%；定额税率为 8 档，适用定额税率的应税消费品包括黄酒、啤酒和成品油类。

（四）消费税的计算

消费税实行从价定率、从量定额，或者从价定率和从量定额复合计税（以下简称复合计税）的办法计算应纳税额。应纳税额的计算公式：

实行从价定率办法计算的应纳税额＝销售额×比例税率

实行从量定额办法计算的应纳税额＝销售数量×定额税率

实行复合计税办法计算的应纳税额＝销售额×比例税额×销售数量×定额税率

纳税人销售的应税消费品，以人民币计算销售额。纳税人以人民币以外的货币结算销售额的，应当折合成人民币计算。销售额为纳税人销售应税消费品向购买方收取的全部价款和价外费用。

在应税消费品中除黄酒、啤酒和成品油类实行从量定额办法计税、烟和白酒实行从价和从量相结合的办法计税以外，其他消费品都实行从价定率的计税办法。

委托加工的应税消费品，按照受托方的同类消费品的销售价格计算纳税；没有同类消费品销售价格的，按照组成计税价格计算纳税。

进口的应税消费品，按照组成计税价格计算纳税。

（五）纳税期限与地点

消费税的纳税期限分别为 1 日、3 日、5 日、10 日、15 日、1 个月或者 1 个季度。纳税人的具体纳税期限，由主管税务机关根据纳税人应纳税额的大小分别核定；不能按照固定期限纳税的，可以按次纳税。

纳税人以 1 个月或者 1 个季度为 1 个纳税期的，自期满之日起 15 日内申报纳税；以 1 日、3 日、5 日、10 日或者 15 日为 1 个纳税期的，自期满之日起 5 日内预缴税款，于次月 1 日起 15 日内申报纳税并结清上月应纳税款。

纳税人销售的应税消费品，以及自产自用的应税消费品，除国务院财政、税务主管部门另有规定外，应当向纳税人机构所在地或者居住地的主管税务机关申报纳税。

委托加工的应税消费品，除受托方为个人外，由受托方向机构所在地或者居住地的主管税务机关解缴消费税税款。

进口的应税消费品，应当向报关地海关申报纳税。

三、印花税

印花税是以商事活动、产权转移、权利许可证照授予等行为而书立、领受的应税凭证为征收对象的一种行为税。因为纳税的方法是在应税凭证上粘贴印花税票，因此得名。印花税 1624 年最早出现于荷兰，后在世界上流行。一般由纳税人主动自行完税。

（一）纳税主体

《中华人民共和国印花税暂行条例》第一条规定，在中华人民共和国境内书立、领受本条例所列举凭证的单位和个人，都是印花税的纳税义务人，应当按照本条例规定缴纳印花税。

（二）印花税征税范围

1. 应按规定贴花的应纳税凭证

① 购销、加工承揽、建设工程承包、财产租赁、货物运输、仓储保管、借款、财产保险、技术合同或者具有合同性质的凭证。

② 产权转移书据。

③ 营业账簿。

④ 权利、许可证照。

⑤ 经财政部确定征税的其他凭证。

2. 免纳印花税的凭证

① 已缴纳印花税的凭证的副本或者抄本。

② 财产所有人将财产赠给政府、社会福利单位、学校所立的书据。

③ 经财政部批准免税的其他凭证。

3. 税目与税率

印花税包括 13 个税目：

① 购销合同、建筑安装承包合同、技术合同等，按 3‰缴纳印花税；

② 加工承揽合同、建筑工程勘察设计合同、货物运输合同、产权转移书据、记载资金的营业账簿，按固定资产原值与自有流动资金总值 5‰缴纳印花税；

③ 财产租赁合同、财产保险合同、仓储保管合同等，按 1‰缴纳印花税；

④ 其他账簿与权利许可证，按权利、许可证照每件 5 元缴纳印花税。

4. 印花税的减免

下列凭证免纳印花税：

① 已缴纳印花税的凭证的副本或者抄本；

② 财产所有人将财产赠给政府、社会福利单位、学校所立的书据；

③ 经财政部批准免税的其他凭证；

④ 国家指定的收购部门与村民委员会、农民个人书立的农副产品收购合同；

⑤ 无息、贴息贷款合同；

⑥ 外国政府或者国际金融组织向我国政府及国家金融机构提供优惠贷款所书立的合同。

第三节 所得税法

一、企业所得税法

（一）纳税主体

企业所得税是指对在我国境内的企业和其他取得收入的组织，就其生产、经营所得和其他所得依法征收的一种税。《中华人民共和国企业所得税法》规定，在中华人民共和国境内，企业和其他取得收入的组织（以下统称企业）为企业所得税的纳税人，依照规定缴纳企业所得税。个人独资企业、合伙企业不适用企业所得税法，而征收个人所得税。

企业分为居民企业和非居民企业。居民企业是指依法在中国境内成立，或者依照外国（地区）法律成立但实际管理机构在中国境内的企业。非居民企业是指依照外国（地区）法律成立且实际管理机构不在中国境内，但在中国境内设立机构、场所的，或者在中国境内未设立机构、场所的，但来源于中国境内的企业。

（二）征收客体

企业所得税的征税客体有两类：一是纳税人每一纳税年度的生产、经营所得；二是其他所得。生产、经营所得是指纳税人从事物质生产、交通运输、商品流通、劳务服务和经国务院财政部门确认的其他营利事业取得的所得。其他所得是指股息、利息、租金、转让各类资产、特许权使用费以及营业外收益等所得。

企业所得税的征税对象是纳税人的法定所得额或收益额。这里的所得包括销售货物所得、提供劳务所得、转让财产所得、股息红利等权益性投资所得、利息所得、租金所得、特许权使用费所得、接受捐赠所得和其他所得。征税范围包括企业来源于中国境内和境外的所得。其具体包括：

① 居民企业应当就其来源于中国境内、境外的所得缴纳企业所得税；

② 非居民企业在中国境内未设立机构、场所的，应当就其所设机构、场所取得的来源于中国境内的所得，以及发生在中国境外但与其所设机构、场所有实际联系的所得，缴纳企业所得税；

③ 非居民企业在中国境内未设立机构、场所的，或者虽设立机构、场所但取得的所得与其所设机构、场所没有实际联系的，应当就其来源中国境内的所得缴纳企业所得税。

（三）税率

企业所得税采取的是比例税率。企业所得税的税率为25%，适用于居民企业和非居民企业。但是非居民企业在中国境内未设立机构、场所的，或者虽设立机构、场所但取得的所得与其所设机构、场所没有实际联系的，就其来源于中国境内的所得缴纳企业所得税时，适用税率为20%。此外，符合条件的小型微利企业，减按20%的税率征收企业所得税；国家需要重点扶持的高新技术企业，减按15%的税率征收企业所得税。

（四）应纳税所得额的计算

企业每一纳税年度的收入总额，减除不征税收入、免税收入、各项扣除以及允许弥补的以前年度亏损后的余额，为应纳税所得额。

1. 收入总额

企业以货币形式和非货币形式从各种来源取得的收入，为收入总额。包括：

① 销售货物收入；

② 经提供劳务收入；

③ 转让财产收入；

④ 股息、红利等权益性投资收益；

⑤ 利息收入；

⑥ 租金收入；

⑦ 特许权使用费收入；

⑧ 接受捐赠收入；

⑨ 其他收入。

收入总额中的下列收入为不征税收入：

① 财政拨款；

② 依法收取并纳入财政管理的行政事业性收费、政府性基金；

③ 国务院规定的其他不征税收入。

2. 允许扣除的项目

企业实际发生的与取得收入有关的、合理的支出，包括成本、费用、税金，损失和其他支出，准予在计算应纳税所得额时扣除。具体包括：

① 工资薪金。企业发生的合理的工资薪金支出。企业为职工缴纳的基本养老保险费、基本医疗保险费、失业保险费、工伤保险费、生育保险费等基本社会保险费和住房公积金。

② 借款费用。企业在生产经营活动中发生的合理的不需要资本化的借款费用。

③ 职工福利、工会经费、职工教育经费。企业发生的职工福利费支出，不超过工资薪金总额14%的部分；企业拨缴的工会经费，不超过工资薪金总额2%的部分；除国务院财政、税务主管部门另有规定外，企业发生的职工教育经费支出，不超过工资薪金总额2.5%的部分，准予扣除，超过部分，准予在以后纳税年度结转扣除。

④ 利息支出。企业在生产经营活动中发生的符合规定的利息支出，准予扣除。

⑤ 企业在货币交易中，以及纳税年度终了时将人民币以外的货币性资产、负债按照期末即期人民币汇率中间价折算为人民币时产生的汇兑损失，除已经计入有关资产成本以及与向所有者进行利润分配相关的部分外，准予扣除。

⑥ 业务招待费。企业发生的与生产经营活动有关的业务招待费支出，按照发生额的60%扣除，但最高不得超过当年销售（营业）收入的5‰。

⑦ 广告费和业务宣传费。企业发生的符合条件的广告费和业务宣传费支出，除国务

院财政、税务主管部门另有规定外，不超过当年销售收入的15%的部分，准予扣除；超过部分，准予在以后纳税年度结转扣除。

⑧ 保险费。企业参加财产保险，按照规定缴纳的保险费，准予扣除。

⑨ 租赁费。企业根据生产经营活动的需要租入固定资产支付的租赁费，按以下方法扣除：以经营租赁方式租入固定资产发生的租赁费支出，按照租赁期限均匀扣除；以融资租赁方式租入固定资产发生的租赁费支出，按照规定构成融资租入固定资产价值的部分应当提取折旧费用，分期扣除。

⑩ 劳动保护。企业发生的合理的劳动保护支出，准予扣除。

⑪ 总机构分摊的费用。非居民企业在中国境内设立的机构、场所，就其中国境外总机构发生的与该机构、场所生产经营有关的费用，能够提供总机构出具的费用汇集范围、定额、分配依据和方法等证明文件，并合理分摊的，准予扣除。

⑫ 公益性捐赠。企业发生的公益性捐赠支出，在年度利润总额12%以内的部分，准予在计算应纳税所得额时扣除。

⑬ 企业依照法律、行政法规有关规定提取的用于环境保护、生态恢复等方面的专项资金，准予扣除。

3. 不得扣除的项目

在计算应纳税所得额时，下列支出不得扣除：

① 向投资者支付的股息红利等权益性投资收益捡款项；

② 企业所得税税款；

③ 税收滞纳金；

④ 罚金、罚款和被没收财物的损失；

⑤ 非公益性捐赠和超过扣除标准的公益性捐赠支出；

⑥ 赞助支出；

⑦ 未经核定的准备金支出；

⑧ 与取得收入无关的其他支出。

4. 亏损弥补

企业纳税年度发生的亏损，准予向以后年度结转，用以后年度的所得弥补，但结转年限最长不得超过5年。

（五）应纳税额的计算

1. 应纳税额的计算公式

企业的应纳税所得额乘以适用税率，减除依照企业所得税法关于税收优惠的规定减免和抵免的税额后的余额，为应纳税额。

其计算公式：

$$应纳税额=应纳税所得额\times适用税率-减免税额-抵免税额$$

2. 税收抵免

企业取得的下列所得已在境外缴纳的所得税税额，可以从其当期应纳税额中抵免，抵免限额为该项所得依照企业所得税法规定计算的应纳税额；超过抵免限额的部分，可以在以后5个年度内，用每年度抵免限额抵免当年应抵税额后的余额进行抵补：

① 居民企业来源于中国境外的应税所得；

② 非居民企业在中国境内设立机构、场所，取得发生在中国境外但与该机构、场所有实际联系的应税所得。

（六）税收优惠

国家对重点扶持和鼓励发展的产业和项目，给予企业所得税优惠。

1. 免税收入

企业的下列收入为免税收入：

① 国债利息收入；

② 符合条件的居民企业之间的股息、红利等权益性投资收益；

③ 在中国境内设立机构、场所的非居民企业从居民企业取得与该机构、场所有实际联系的股息、红利等权益性投资收益；

④ 符合条件的非营利组织的收入。

2. 税款的减免

企业的下列所得，可以免征、减征企业所得税：

① 从事农、林、牧、渔业项目的所得；

② 从事国家重点扶持的公共基础设施项目投资经营的所得；

③ 从事符合条件的环境保护、节能节水项目的所得；

④ 符合条件的技术转让所得；

⑤ 非居民企业在中国境内未设立机构、场所的，或者虽设立机构、场所但取得的所得与其所设机构、场所没有实际联系的所得。

3. 降低税率

根据《企业所得税法》第二十八条的规定，在下列两种情况下，可以降低税率：

① 符合条件的小型微利企业减按20%的税率征收企业所得税；

② 国家需重点扶持的高新技术企业，减按15%的税率征收企业所得税。

4. 加计扣除额、减计收入额

企业的下列支出，可以在计算应纳税所得额时加计扣除：

① 开发新技术、新产品、新工艺发生的研究开发费用；

② 安置残疾人员及国家鼓励安置的其他就业人员所支付的工资。

企业综合利用资源，生产符合国家产业政策规定的产品所取得的收入，可以在计算应纳税所得额时减计收入。

5. 抵扣应纳所得税

创业投资企业从事国家需要重点扶持和鼓励的创业投资，可以按投资额的一定比例抵扣应纳税所得额。

6. 抵免税额

创业购置用于环境保护、节能节水、安全生产等专用设备的投资额，可以按一定比例实行税额抵免。

7. 加速折旧

企业的固定资产由于技术进步等原因，确需加速折旧的，可以缩短折旧年限或者采取加速折旧的方法。

8. 过渡期优惠

《企业所得税法》公布前已经批准设立的企业，依照当时的税收法律、行政法规规定，享受低税率优惠的。可以在该法施行后5年内，逐步过渡到该法规定的税率；享受定期减免税优惠的，可以在该法施行后继续享受到期满为止，但因未获利而尚未享受优惠的，优惠期限从该法施行年度起计算。

二、个人所得税法

个人所得税是对个人（自然人）取得的各项应税所得征收的一种税，现行的《中华人民共和国个人所得税法》（以下简称《个人所得税法》）于2011年9月1日起施行。此次个人所得税法修改主要是本着降低中低收入者的税收负担，加大对高收入者的调节，加强税收对居民收入分配调节的精神进行。主要做了四个方面的修改，具体包括工资薪金所得费用扣除标准调高为3500元；工资薪金所得税率结构由9级缩减为7级，并将其中第1级税率5%降到了3%，同时对级距进行了大幅度的调整；调整了个体工商户生产经营所得和承包承租经营所得税率级距；申报期限由每月7日内延长为每月15日内。减除费用标准提高到3500元让更多的纳税者减轻了税收负担，做到了还富于民。

（一）纳税主体

在中国境内有住所，或者无住所而在境内居住满一年的个人，从中国境内和境外取得的所得，依法缴纳个人所得税。在中国境内无住所又不居住或者无住所而在境内居住不满一年的个人，从中国境内取得的所得，依法缴纳个人所得税。

（二）征税对象

个人所得税的征税对象是个人取得的应税所得。我国《个人所得税法》采用分类所得税制，明确列举了11项应纳税个人所得，这11项分别是：

① 工资、薪金所得；

② 个体工商户的生产、经营所得；

③ 对企事业单位的承包经营、承租经营所得：

④ 劳务报酬所得；

⑤ 稿酬所得；

⑥ 特许权使用费所得；

⑦ 利息、股息、红利所得；

⑧ 财产租赁所得；

⑨ 财产转让所得；

⑩ 偶然所得；

⑪ 经国务院财政部门确定征税的其他所得。

（三）税率

① 工资、薪金所得，适用超额累进税率。税率为3%～45%。

表9-1 工资、薪金所得适用的税率及速算扣除数表

级数	全月应纳税所得额	税率（%）	速算扣除数
1	不超过1500元的部分	3	0
2	超过1500元至4500元的部分	10	105

（续表）

级数	全月应纳税所得额	税率（%）	速算扣除数
3	超过 4500 元至 9000 元的部分	20	555
4	超过 9000 元至 35000 元的部分	25	1005
5	超过 35000 元至 55000 元的部分	30	2755
6	超过 55000 元至 80000 元的部分	35	5505
7	超过 80000 元的部分	45	13505

注：本表所称全月应纳税所得额是指依照税法的规定，以每月收入额减除费用 3500 元以及其他费用后的余额。

② 个体工商户的生产、经营所得和对企事业单位的承包经营、承租经营所得，适用5%～35%的超额累进税率。

表 9-2 个体工商户的生产、经营所得和对企事业单位的承包、承租经营所得适用税率和速算扣除数表

级数	全年应纳税所得额	税率（%）	速算扣除数
1	不超过 15000 元的部分	5	0
2	超过 15000 元至 30000 元的部分	10	750
3	超过 30000 元至 60000 元的部分	20	3750
4	超过 60000 元至 100000 元的部分	30	9750
5	超过 100000 元的部分	350	14750

注：本表所称全年应纳税所得额是指依照本法第六条的规定，以每一纳税年度的收入总额减除成本、费用以及损失后的余额。

③ 稿酬所得，适用比例税率，税率为 20%，并按应纳税额减征 30%。

④ 劳务报酬所得适用比例税率，税率为 20%。对劳务报酬所得一次收入畸高的，可以实行加成征收，具体办法由国务院规定。

⑤ 特许权使用费所得，利息、股息、红利所得、财产租赁所得、财产转让所得、偶然所得和其他所得，适用比例税率，税率为 20%。

（四）应纳税额的计算

我国《个人所得税法》采用的是分类制的税制模式，本着有利于防止税款流失和便于征管的原则，实行分项扣除、分项定率、分项征收的计征办法。

① 工资、薪金所得应纳税额，以每月收入额减除费用 3500 元后的余额，为应纳税所得额。其应纳税额的计算公式为：

应纳税额＝（全月工资、薪金收入－3500 元）×适用税率－速算扣除数

速算扣除数的计算公式是：

本级速算扣除额＝上一级最高所得额×

（本级税率－上一级税率）＋上一级速算扣除数

② 个体工商户的生产、经营所得，以每一纳税年度的收入总额减除成本、费用以及损失后的余额，为应纳税所得额。

③ 劳务报酬所得、稿酬所得、特许权使用费所得、财产租赁所得，每次收入不超过4000元的，减除费用800元；4000元以上的，减除20%的费用，其余额为应纳税所得额。

④ 财产转让所得，以转让财产的收入额减除财产原值和合理费用后的余额，为应纳税所得额。

⑤ 利息、股息、红利所得、偶然所得和其他所得，每次收入额为应纳税所得额。

（五）个人所得税的税收优惠

个人所得税法中的税收优惠措施主要有免税、减税和税收抵免。

1. 个人所得税的免征

《个人所得税法》第四条规定了10项免征项目。分别是：省级人民政府、国务院部委和中国人民解放军军以上单位，以及外国组织、国际组织颁发的科学、教育、技术、文化、卫生、体育，环境保护等方面的奖金；国债和国家发行的金融债券利息；按照国家统一规定发给的补贴、津贴；福利费、抚恤金、救济金；保险赔款；军人的转业费、复员费；按照国家统一规定发给干部、职工的安家费、退职费、退休工资、离休工资、离休生活补助费；依照我国有关法律规定应予免税的各国驻华使馆、领事馆的外交代表，领事官员和其他人员的所得；中国政府参加的国际公约、签订的协议中规定免税的所得；经国务院财政部门批准免税的所得。

2. 个人所得税的减征

我国《个人所得税法》第五条明确规定以下情况应予减税：残疾、孤老人员和烈属的所得；因严重自然灾害造成重大损失的；其他经国务院财政部门批准减税的。

3. 个人所得税的抵免

个人所得税的抵免是避免对同一所得双重征税的措施。我国《个人所得税法》规定，纳税义务人从中国境外取得的所得，准予其在应纳税额中，扣除依照该所得来源国家或者地区的法律应当缴纳并且已实际缴纳的税额。在计算时，应区别不同国家或者地区和不同应税项目，依照税法规定的费用减除标准和适用税率计算；同一国家或者地区内不同应税项目的应纳税额之和，为该国家或者地区的扣除限额。纳税人在中国境外一个国家或者地区实际已经缴纳的个人所得税税额低于依照我国所得税法规定计算出的该国家或者地区扣除限额的，应当在中国缴纳差额部分的税款；超过该国家或者地区扣除限额的，超过部分不得在本纳税年度的应纳税额中扣除，但是可以在以后纳税年度的该国家或者地区扣除限额的余额中补扣，扣除期限最长不得超过5年。纳税义务人申请扣除已在境外缴纳的个人所得税税额时，应当提供境外税务机关填发的完税凭证原件。

第四节 税收征管法

税收征收管理是税务机关对纳税人依法征税和进行税务监督管理的总称。《税收征收管理法》及其实施细则和各种实体税法中的征收管理条款构成了我国税收征管的法律制度。

一、税收征收管理机关

目前我国的税收征收管理机关有四类：国家税务局、地方税务局、地方财政局和海关。

国家税务局系统主要负责征收的税种有：① 增值税；② 消费税；③ 中央企业所得税；④ 铁路、保险总公司、各银行及其金融企业的营业税、所得税；⑤ 资源税；⑥ 外商投资企业和外国企业的各项税收及外籍人员缴纳的个人所得税；⑦ 证券交易的印花税。

地方税务局系统主要负责征收的税种是：① 营业税；② 个人所得税；③ 城市维护建设税；④ 资源税；⑤ 地方企业所得税；⑥ 城镇土地使用税；⑦ 按地方营业税附征的教育费附加税；⑧ 各种行为税类。

地方财政部门目前主要负责征收的税种是契税和耕地占用税。

海关主要负责关税的征收和管理。

二、税务管理

税务管理包括税务登记管理、账簿凭证管理和纳税申报管理三个部分。

1. 税务登记管理

税务登记是税务机关对纳税人的经济活动进行登记并据此对纳税人实施税务管理的一种法律制度。从事生产、经营的纳税人自领取营业执照之日起 30 日内，持有关证件，向税务机关申报办理税务登记。税务机关应当自收到申报之日起 30 日内审核并发给税务登记证件。

从事生产、经营的纳税人，税务登记内容发生变化的，自工商行政管理机关办理变更登记之日起 30 日内或者在向工商行政管理机关申请办理注销登记之前，持有关证件向税务机关申报办理变更或者注销税务登记。

从事生产经营的纳税人应当按照国家有关规定，持税务登记证件，在银行或者其他金融机构开立基本存款账户和其他存教账户，并将其全部账号向税务机关报告。银行和其他金融机构应当在从事生产经营的纳税人的账户中登记税务证件号码，并在税务登记证件中登录从事生产、经营的纳税人的账户和账号。

2. 账簿凭证管理

纳税人、扣缴义务人按照有关法律、行政法规和国务院财政、税务主管部门的规定设置账簿，根据合法和有效凭证记账，并以此来进行核算。从事生产、经营的纳税人的财务、会计制度或者财务、会计处理办法和会计核算软件，应当报送税务机关备案。

纳税人、扣缴义务人的财务、会计制度或者财务、会计处理办法与国务院或者国务院财政、税务主管部门有关税收的规定抵触的，依照国务院或者国务院财政、税务主管部门有关税收的规定计算应纳税款代扣代缴和代收代缴税款。

税务机关是发票的主管机关，负责发票印制、领购、开具和取得、保管、缴销的管理和监督。单位和个人在购销商品、提供或者接受经营服务以及从事其他经营活动中，应当按照规定开具、取得、使用发票。增值税专用发票由国务院税务主管部门指定的企业印制。其他发票，按照国务院税务主管部门的规定，分别由省、自治区、直辖市国家税务局、地方税务局指定企业印制。未经上述机关指定，不得印制发票。

从事生产、经营的纳税人、扣缴义务人必须按照国务院财政、税务主管部门规定的保管期限保管账簿、记账凭证、完税凭证及其他有关资料。账簿、记账凭证、完税凭证及其他有关资料不得伪造、管理变造或者擅自损毁。

3. 纳税申报管理

纳税申报是指纳税人或者扣缴义务人必须在法定期限向税务机关报送纳税申报表、财务会计报表或者代扣代缴、代收代缴税款报告表以及税务机关根据实际需要报送的其他有关资料的法律行为。

纳税人必须依照法律、行政法规规定或者税务机关依照法律、行政法规的规定确定的申报期限、申报内容如实办理纳税申报，报送纳税申报表、财务会计报表以及税务机关根据实际需要要求纳税人报送的其他纳税资料。扣缴义务人必须依照法律、行政法规规定或者税务机关依照法律、行政法规的规定确定的申报期限、申报内容如实报送代扣代缴、代收代缴税款报告表以及税务机关根据实际需要要求扣缴义务人报送的其他有关资料。纳税人、扣缴义务人可以直接到税务机关办理纳税申报或者报送代扣代缴、代收代缴税款报告表，也可以按照规定采取邮寄、数据电文或者其他方式办理上述申报的报送事项。纳税人、扣缴义务人不能按期办理纳税申报或者报送代扣代缴、代收代缴税款报告表的，经税务机关核准，可以延期申报。

三、税款征收

（一）应纳税款核定

应纳税款核定是税务机关依照自己的职权，对纳税人的应纳税额在调查测定的基础上依法进行确定的行为。根据《税收征收管理法》的相关规定，纳税人有下列行为之一的，税务机关有权核定其应纳税额：

① 依照法律、行政法规的规定可以不设置账簿的；

②依照法律和行政法规的规定应当设置账簿但未设置的；

③擅自销毁账簿或者拒不提供纳税资料的；

④虽设置账簿，但账目混乱或者成本资料、收入凭证、费用凭证残缺不全，难以查账的；

⑤发生纳税义务，未按照规定的期限办理纳税申报，经税务机关责令限期申报，逾期仍不申报的；

⑥ 纳税人申报的计税依据明显偏低，又无正当理由的。

（二）税款征收方式

根据《税收征管法》及其实施细则的规定，税款的征收方式主要包括以下几种：

1. 查账征收

查账征收是指由纳税人按照规定的期限向税务机关进行纳税申报，经税务机关查账核实后，填写缴款书。纳税人据以将应纳税款缴入国库的一种征收方式。采用这种征收方式，应具备会计制度健全、账簿和资料比较完整等条件。

2. 查定征收

查定征收是税务机关通过按期查定纳税人的生产设备和销售情况，而确定其产量和销售量，进行分期征收税款的一种征收方式，这种方式主要为生产不固定、账册不健全的单位采用。

3. 查验征收

查验征收是税务机关对纳税申报人的应税产品进行查验，并贴上完税证、查验证或盖章验戳，并据以征税的方式。这种征收方式适用于某些零星、分散的高税率工业品的纳税人。

4. 定期定额征收

定期定额征收是指先由纳税人自行申报生产经营情况和应纳税额，再由税务机关对纳税人核定一定时期的税款征收率或征收额，实行增值税和所得税一并征收的一种征收方式。这种方式一般适用于无完整考核依据的小型纳税单位。

5. 其他征收方式

此外有代扣代缴、代收代缴、委托代征、邮寄申报等其他征收方式。

（三）税收保全措施

税收保全措施是指由于纳税人的行为或者其他客观原因，致使税款难以征收的情况下，税务机关对纳税人的商品、货物或其他财产采取限制其处理的强制措施。

税收保全措施主要有两种：一是书面通知纳税人开户银行或者其他金融机构冻结纳税人的金额相当于应纳税款存款；二是扣押、查封纳税人的价值相当于应纳税款的商品、货物或者其他财产。

采取税收保全措施的条件是：

① 税务机关有根据认为从事生产、经营的纳税人有逃避纳税义务的行为；

② 税务机关责令其限期缴纳而未缴纳，在限期内又发现纳税人有明显的转移、隐匿其应纳税的商品，货物以及其他财产或者应纳税收入的迹象，税务机关可以责成纳税人提供纳税担保；

③ 纳税人不能提供纳税担保；

④经县以上税务局（分局）局长批准。

（四）强制执行措施

强制执行措施是指纳税人、扣缴义务人未按规定的期限缴纳或解缴税款，纳税担保人未按照规定的期限缴纳所担保的税款。由税务机关责令限期缴纳，逾期仍未缴纳的情况下采取的措施。

强制执行措施可分为两种：一是书面通知其开户银行或者其他金融机构从其存款中扣缴税款；二是扣押查封、依法拍卖或者变卖其价值相当于应纳税款的商品、货物或者其他财产，以拍卖或者变卖所得抵缴税款。

税务机关采取强制执行措施时，对纳税人、扣缴义务人、纳税担保人未缴纳的滞纳金同时强制执行。个人及其所扶养家属维持生活必需的住房和用品，不在强制执行的范围之内。

（五）税收优先权

当税务机关征收税款的行为和债权人请求清偿债权的行为同时存在时，征收税款优先于无财产担保的债权。除法律另有规定的以外，税务机关征收税款，税收优先于无担保债权。纳税人欠缴的税款发生在纳税人以其财产设定抵押、质押或纳税人的财产被留置之前的，税收应当先于抵押权、质权、留置权执行。纳税人欠缴税款的同时又被行政机关决定处以罚款、没收违法所得的，税收优先于罚款、没收违法所得。

（六）税款的退还、补缴和追征

1. 税款的退还

税款的退还是指对于纳税人多缴的税款，税务机关应依法返还给纳税人。纳税人超过应纳税额缴纳的税款，税务机关发现后应当立即退还；纳税人自结算缴纳税款之日起3年内发现的，可以向税务机关要求退还多缴的税款并加算银行同期存款利息，税务机关及时查实后应立即退还；涉及从国库中退库的，依照法律、行政法规有关国库管理的规定退还。

2. 税款的补缴

税款的补缴是指由于税务机关的责任导致纳税人、扣缴义务人未缴或少缴税款的，税务机关可以要求其补缴。依照《税收征管法》第五十二条的规定，因税务机关的责任，致使纳税人、扣缴义务人未缴或者少缴税款的，税务机关在3年内可以要求纳税人、扣缴义务人补缴税款，但是不得加收滞纳金。

3. 税款的追征

税款的追征是指因纳税人、扣缴义务人失误而未缴、少缴税款的，税务机关可以追征税款。因纳税人、扣缴义务人计算错误等失误而未缴或者少缴税款的，税务机关在3年内可以追征税款、滞纳金；有特殊情况的，追征期可以延长到5年。对偷税、抗税、骗税的，税务机关追征其未缴或者少缴的税款、滞纳金或者所骗取的税款，不受以上规定期限的限制，即可以无限期追征。

四、税务检查

税务检查是指税务机关依法对纳税人履行纳税义务和扣缴义务人履行代扣代缴、代收代缴义务的情况进行的监督检查。纳税人、扣缴义务人必须接受税务机关依法进行的税务检查，如实反映情况，提供有关资料，不得拒绝、隐瞒。

（一）税务机关有权进行的税务检查

检查纳税人的账簿、记账凭证、报表和有关资料，检查扣缴义务人代扣代缴、代收代缴税款账簿、记账凭证和有关资料。

到纳税人的生产、经营场所和货物存放地检查纳税人应纳税的商品、货物或者其他财产，检查扣缴义务人与代扣代缴、代收代缴税款有关的经营情况。

责成纳税人、扣缴义务人提供与纳税或者代扣代缴、代收代缴税款有关的文件、证明材料和有关资料。

询问纳税人、扣缴义务人与纳税或者代扣代缴、代收代缴税款有关的问题和情况。

到车站、码头、机场、邮政企业及其分支机构检查纳税人托运和邮寄应纳税商品、货物或者其他财产的有关单据、凭证和有关资料。

经县以上税务局局长批准，凭全国统一格式的检查存款账户许可证明，查询从事生产和经营的纳税人、扣缴义务人在银行或者其他金融机构的存款账户。税务机关在调查税收违法案件时，经设区的市、自治州以上税务局（分局）局长批准，可以查询案件涉案人员的储蓄存款。

（二）税务机关进行税务检查时应履行的义务

税务机关派出的人员进行税务检查时，应当出示税务检查证和税务检查通知书，并有责任为被检查人保守秘密；未出示税务检查证和税务检查通知书的，被检查人有权拒绝检查。

税务机关检查纳税人、扣缴义务人的存款账户时，应当指定专人负责。凭全国统一格式的检查存款账户许可证明进行，并有责任为被检查人保守秘密。

第十章 金融法

我国金融法包括银行法、货币法、金银管理法、外汇管理法、信贷法、证券法、票据法和保险法等法律、法规。本书主要介绍银行法、证券法和保险法。

第一节 银行法

一、中央银行法

我国《中国人民银行法》明确规定，中国人民银行是中华人民共和国的中央银行。中国人民银行在国务院的领导下，制定和执行货币政策，防范和化解金融风险，维护金融稳定。

（一）中国人民银行的职责

中国人民银行履行下列职责：①发布、履行与其职责有关的命令和规章；②依法制定和执行货币政策；③发行人民币，管理人民币流通；④监督管理银行间同业拆借市场和银行间债券市场；⑤实施外汇管理，监督管理银行间外汇市场；⑥监督管理黄金市场；⑦持有、管理、经营国家外汇储备、黄金储备；⑧经理国库；⑨维护支付、清算系统的正常运行；⑩指导、部署金融业反洗钱工作，负责反洗钱的资金监测；⑪负责金融业的统计、调查、分析和预测；⑫作为国家的中央银行，从事有关的国际金融活动；⑬国务院规定的其他职责。

（二）中国人民银行的组织机构

1. 行长负责制

中国人民银行实行行长负责制。设行长一人，副行长若干人。中国人民银行行长的人选，根据国务院总理的提名，由全国人民代表大会决定。全国人民代表大会闭会期间，由全国人民代表大会常务委员会决定，由中华人民共和国主席任免。中国人民银行副行长由国务院总理任免。

中国人民银行的行长、副行长及其他工作人员应当恪尽职守，不得滥用职权、徇私舞弊，不得在任何金融机构、企业、基金会兼职。中国人民银行的行长、副行长及其他工作人员，应当依法保守国家秘密，并有责任为与履行其职责有关的金融机构及当事人保守秘密。

2. 中国人民银行设立货币政策委员会

货币政策委员会的职责、组成和工作程序，由国务院规定，报全国人民代表大会常务委员会备案。中国人民银行货币政策委员会应当在国家宏观调控、货币政策制定和调整中，发挥重要作用。

3. 中国人民银行的派出机构

中国人民银行根据履行职责的需要设立分支机构，作为中国人民银行的派出机构。分支机构根据中国人民银行的授权，维护本辖区的金融稳定，承办有关业务。

（三）中国人民银行的职能

中央银行有发行的银行、政府的银行、银行的银行、调控和监管的银行这四大职能。

1. 发行的银行

中央银行是国家唯一的货币发行机关，垄断着国家的货币发行权，在调节货币供应量和稳定币值方面发挥着重要的作用。

2. 政府的银行

中央银行是由政府设立的主管金融业的职能机关，代表政府从事国内及国际有关金融活动。

3. 银行的银行

从中央银行与商业银行之间的特殊业务关系而言其为商业银行的银行，集中保管商业银行的准备金，并对它们发放贷款，充当最后贷款人。

4. 调控和监管的银行

中央银行的金融调控职能，就是通过制定和执行货币政策，影响商业银行创造货币的基础和能力，实现货币供应总量的调节和控制，并引导资金流向，促进产业和产品结构的合理化，为国民经济的持续、健康、稳定、协调发展创造条件。

（四）中国人民银行的业务规定

1. 执行货币政策

中国人民银行为执行货币政策，可以运用下列货币政策工具：

① 要求银行业金融机构按照规定的比例交存存款准备金；

② 确定中央银行基准利率；

③ 为在中国人民银行开立账户的银行业金融机构办理再贴现；

④ 向商业银行提供贷款；

⑤ 在公开市场上买卖国债、其他政府债券和金融债券及外汇；

⑥ 国务院确定的其他货币政策工具。

2. 其他业务

其一是中国人民银行依照法律、行政法规的规定经理国库。

其二是代发债券。中国人民银行可以代理国务院财政部门向各金融机构组织发行、兑付国债和其他政府债券。

其三是为金融机构提供服务。① 中国人民银行可以根据需要，为银行业金融机构开立账户，但不得对银行业金融机构的账户透支；② 组织或者协助组织银行业金融机构相互之间的清算系统，协调银行业金融机构相互之间的清算事项，提供清算服务；③ 中国人民银行会同国务院银行业监督管理机构制定支付结算规则；④ 中国人民银行根据执行货币政策的需要，可以决定对商业银行贷款的数额、期限、利率和方式，但贷款的期限不得超过 1 年。

3. 禁止的业务

① 不得对政府财政透支，不得直接认购、包销国债和其他政府债券；② 不得向地方

政府、各级政府部门提供贷款，不得向非银行金融机构以及其他单位和个人提供贷款，但国务院决定中国人民银行可以向特定的非银行金融机构提供贷款的除外；③ 中国人民银行不得向任何单位和个人提供担保。

（五）金融监督管理

中国人民银行依法监测金融市场的运行情况，对金融市场实施宏观调控，促进其协调发展。

中国人民银行主要对金融机构以及其他单位和个人的下列行为进行检查监督：

① 执行有关存款准备金管理规定的行为；

② 与中国人民银行特种贷款有关的行为；

③ 执行有关人民币管理规定的行为；

④ 执行有关银行间同业拆借市场、银行间债券市场管理规定的行为；

⑤ 执行有关外汇管理规定的行为；

⑥ 执行有关黄金管理规定的行为；

⑦ 代理中国人民银行经理国库的行为；

⑧ 执行有关清算管理规定的行为；

⑨ 执行有关反洗钱规定的行为。

中国人民银行根据执行货币政策和维护金融稳定的需要，可以建议国务院银行业监督管理机构对银行业金融机构进行检查监督。国务院银行业监督管理机构应当自收到建议之日起 30 日内予以回复。

当银行业金融机构出现支付困难，可能引发金融风险时，为了维护金融稳定，中国人民银行经国务院批准，有权对银行业金融机构进行检查监督。

中国人民银行根据履行职责的需要，有权要求银行业金融机构报送必要的资产负债表、利润表以及其他财务会计、统计报表和资料。

中国人民银行应当和国务院银行业监督管理机构、国务院其他金融监督管理机构建立监督管理信息共享机制。

中国人民银行负责统一编制全国金融统计数据、报表，并按照国家有关规定予以公布。

中国人民银行应当建立、健全本系统的稽核、检查制度，加强内部的监督管理。

二、商业银行法

商业银行是指依照《中华人民共和国商业银行法》和《中华人民共和国公司法》设立的吸收公众存款、发放贷款、办理结算等业务的企业法人。商业银行是经营货币资本的企业，所以商业银行的成立不仅需要符合《公司法》的一般规定，还要符合《商业银行法》的特殊规定。

（一）商业银行的法律地位及业务

1. 商业银行的法律地位

商业银行遵循平等、自愿、公平和诚实信用的原则依法开展业务，不受任何单位和个人的干涉，以其全部法人财产独立承担民事责任。商业银行的经营以安全性、流动性、效益性为原则，实行自主经营、自担风险、自负盈亏、自我约束。其经营范围由商业银行章程规定，报国务院银行业监督管理机构批准。

2. 商业银行的业务

商业银行依法开展业务，保障存款人的合法权益不受任何单位和个人的侵犯，遵守法律、行政法规的有关规定，遵守公平竞争原则，不损害国家利益、社会公共利益，不得从事不正当竞争。商业银行依法接受国务院银行业监督管理机构的监督管理，法律另有规定的除外。

我国《商业银行法》第三条规定，商业银行可以经营下列部分业务或者全部业务：

① 吸收公众存款；

② 发放短期、中期和长期贷款；

③ 办理国内外结算；

④ 办理票据承兑与贴现；

⑤ 发行金融债券；

⑥ 代理发行、代理兑付、承销政府债券；

⑦ 买卖政府债券、金融债券；

⑧ 从事同业拆借；

⑨ 买卖、代理买卖外汇；

⑩ 从事银行卡业务；

⑪ 提供信用证服务及担保；

⑫ 代理收付款项及代理保险业务；

⑬ 提供保管箱服务；

⑭ 经国务院银行业监督管理机构批准的其他业务。

（二）商业银行的设立和组织机构

1. 商业银行的设立

在我国境内设立商业银行，应当经国务院银行业监督管理机构审查批准。未经国务院银行业监督管理机构批准，任何单位和个人不得从事吸收公众存款等商业银行业务，任何单位不得在名称中使用“银行”字样。未经批准擅自设立商业银行，或者非法吸收公众存款、变相吸收公众存款，构成犯罪的，依法追究刑事责任，并由国务院银行业监督管理机构予以取缔。

我国《商业银行法》第十二条规定，设立商业银行应当具备下列基本条件：

① 有符合《商业银行法》和《公司法》规定的章程；

② 有符合《商业银行法》规定的注册资本最低限额；

③ 有具备任职专业知识和业务工作经验的董事长（行长）、总经理和其他高级管理人员；

④ 有健全的组织机构和管理制度；

⑤ 有符合要求的营业场所、安全防范措施和与业务有关的其他设施。

其中，法定注册资本应当为实缴资本，其最低限额的具体标准为：设立全国性商业银行的注册资本最低限额为 10 亿元人民币；设立城市商业银行的注册资本最低限额为 1 亿元人民币；设立农村商业银行的注册资本最低限额为 5000 万元人民币，注册资本应当是实缴资本。国务院银行业监督管理机构可以根据审慎监管的要求进一步提高最低限额的标准。

2. 商业银行的组织机构

我国商业银行的组织形式、组织机构适用《公司法》的规定。商业银行的组织形式包括有限责任商业银行（包括国有独资商业银行）和股份有限商业银行。商业银行的组织机构一般包括股东会、董事会及监事会。

担任商业银行的董事、高级管理人员必须符合一定的条件，我国《商业银行法》采用排除法对有关人员的任职资格做出了比《公司法》更加严格的规定。凡是有下列行为的，不得担任商业银行的董事和高级管理人员：

① 因犯有贪污、贿赂、侵占财产、挪用财产罪或者破坏社会经济秩序罪，被判处刑罚，或者因犯罪被剥夺政治权利的；

② 担任因经营不善破产清算的公司、企业的董事或者厂长、经理，并对该公司、企业的破产负有个人责任的；

③ 担任因违法被吊销营业执照的公司、企业的法定代表人，并负有个人责任的；

④ 个人所负数额较大的债务到期未清偿的。

第二节　证券法

一、证券法概述

（一）证券的概念与特征

证券一般又称为有价证券。证券的概念有广义和狭义之分。广义上的证券泛指证券持有人享有的代表一定金额的所有权或债权的凭证，如股票、国库券、公司债券、票据、本票、汇票、支票、提单、保险单等均属于此范畴。狭义上的证券即《中华人民共和国证券法》（以下简称《证券法》）上所规定的有价证券，包括股票、债券和国务院依法认定的其他证券。

证券作为一种有价证券，具有如下的特征：

① 证券是一种权利凭证，即证券票面上记载一定的权益事项，它表明投资者与发行者之间的权利义务关系。

② 证券是一种投资凭证，即投资者购买证券的行为是一种对发行人进行投资的行为，投资者购买证券后，可凭持有证券的面额及该证券所记载的内容，行使投资的权利，并承担相应的投资风险。

③ 证券具有可转让性，即证券依法可以在法定的范围内进行转让，这是证券进行交易的前提。

（二）证券法的概念

证券法有广义与狭义之分。广义的证券法是指与证券有关的一切法律规范的总称，既包括专门的证券法，也包括公司法、票据法、民法、刑法、税法等法律中涉及证券内容的部分。狭义的证券法是指专门对证券发行、证券交易、证券管理及相关行为进行法律调整，并由此形成的法律规范体系。我国通常所说的证券法是指 1998 年 12 月 29 日由第九届全国人民代表大会常务委员会第六次会议审议通过并于1999年7月1日实施的《中华人民共和国证券法》(以下简称《证券法》)。2004年8月28日，第十届全国人民代表大会常务委员会第十一次会议对该法做出了第一次修订，2005年10月27日，第十届全国人民代表大会常务委员会第十八次会议进行了第二次修订，2013年6月29日第十二届全国人民代表大会常务委员会第三次会议对该法进行了第三次修订。

（三）证券法的基本原则

证券法的基本原则是证券发行、交易和管理行为所必须遵循的基本准则，它是证券法基本精神的体现，贯穿于证券立法、执法和司法活动过程的始终。根据我国《证券法》的相关规定，在证券活动中应当坚持下述基本原则：

1. 公开、公平、公正原则

证券的发行、交易活动，必须实行公开、公平、公正的原则。

2. 自愿、有偿、诚实信用原则

证券发行、交易活动的当事人具有平等的法律地位，应当遵守自愿、有偿、诚实信用的原则。

3. 合法原则

证券的发行、交易活动，必须遵守法律、行政法规；禁止欺诈、内幕交易和操纵证券市场的行为。

4. 分业经营、分业管理为主的原则

证券业和银行业、信托业、保险业实行分业经营、分业管理，证券公司与银行、信托、保险业务机构分别设立。国家另有规定的除外。

5. 政府统一监管与行业自律原则

国务院证券监督管理机构依法对全国证券市场实行集中统一监督管理。国务院证券监督管理机构根据需要可以设立派出机构，按照授权履行监督管理职责。

6. 国家审计监督原则

国家审计机关依法对证券交易所、证券公司、证券登记结算机构、证券监督管理机构进行审计监督。

二、证券发行

公开发行证券，必须符合法律、行政法规规定的条件，并依法报经国务院证券监督管理机构或者国务院授权的部门核准；未经依法核准，任何单位和个人不得公开发行证券。

（一）公开发行

有下列情形之一的，为公开发行：

① 向不特定对象发行证券的；

② 向特定对象发行证券累计超过二百人的；

③ 法律、行政法规规定的其他发行行为。

非公开发行证券，不得采用广告、公开劝诱和变相公开方式。

（二）保荐制度

发行人申请公开发行股票、可转换为股票的公司债券，依法采取承销方式的，或者公开发行法律、行政法规规定实行保荐制度的其他证券的，应当聘请具有保荐资格的机构担任保荐人。保荐人应当遵守业务规则和行业规范，诚实守信，勤勉尽责，对发行人的申请文件和信息披露资料进行审慎核查，督导发行人规范运作。保荐人的资格及其管理办法由国务院证券监督管理机构规定。

（三）发行股票的条件

设立股份有限公司公开发行股票，应当符合《中华人民共和国公司法》规定的条件和经国务院批准的国务院证券监督管理机构规定的其他条件，向国务院证券监督管理机构报送募股申请和下列文件：

① 公司章程；

② 发起人协议；

③ 发起人姓名或者名称，发起人认购的股份数、出资种类及验资证明；

④ 招股说明书；

⑤ 代收股款银行的名称及地址；

⑥ 承销机构名称及有关的协议。

依照本法规定聘请保荐人的，还应当报送保荐人出具的发行保荐书。法律、行政法规规定设立公司必须报经批准的，还应当提交相应的批准文件。

（四）发行新股的条件

公司公开发行新股，应当符合下列条件：

① 具备健全且运行良好的组织机构；

② 具有持续盈利能力，财务状况良好；

③ 最近三年财务会计文件无虚假记载，无其他重大违法行为；

④ 经国务院批准的国务院证券监督管理机构规定的其他条件。

聘请保荐人的，还应当报送保荐人出具的发行保荐书。

（五）发行公司债券的条件

公开发行公司债券，应当符合下列条件：

① 股份有限公司的净资产不低于人民币三千万元，有限责任公司的净资产不低于人民币六千万元；

② 累计债券余额不超过公司净资产的百分之四十；

③ 最近三年平均可分配利润足以支付公司债券一年的利息；

④ 筹集的资金投向符合国家产业政策；

⑤ 债券的利率不超过国务院限定的利率水平；

⑥ 国务院规定的其他条件。

公开发行公司债券筹集的资金，必须用于核准的用途，不得用于弥补亏损和非生产性支出。

上市公司发行可转换为股票的公司债券，除应当符合第一款规定的条件外，还应当符合本法关于公开发行股票的条件，并报国务院证券监督管理机构核准。

申请公开发行公司债券，应当向国务院授权的部门或者国务院证券监督管理机构报送相关文件。

有下列情形之一的，不得再次公开发行公司债券：

① 前一次公开发行的公司债券尚未募足；

② 对已公开发行的公司债券或者其他债务有违约或者延迟支付本息的事实，仍处于继续状态。

③ 违反本法规定，改变公开发行公司债券所募资金的用途。

（六）证券发行的审核

国务院证券监督管理机构设发行审核委员会，依法审核股票发行申请。

国务院证券监督管理机构或者国务院授权的部门应当自受理证券发行申请文件之日起三个月内，依照法定条件和法定程序做出予以核准或者不予核准的决定，发行人根据要求补充、修改发行申请文件的时间不计算在内；不予核准的，应当说明理由。

（七）证券发行准备

发行人在证券公开发行前，公告公开发行募集文件，并将该文件置备于指定场所供公众查阅；而发行证券的信息依法公开前，任何知情人不得公开或者泄露该信息。股票依法发行后，发行人经营与收益的变化，由发行人自行负责；由此变化引致的投资风险，由投资者自行负责。

（八）证券的承销

发行人向不特定对象发行的证券，法律、行政法规规定应当由证券公司承销的，发行人应当同证券公司签订承销协议。证券承销业务采取代销或者包销方式。

证券代销是指证券公司代发行人发售证券，在承销期结束时，将未售出的证券全部退还给发行人的承销方式。证券包销是指证券公司将发行人的证券按照协议全部购入或者在承销期结束时将售后剩余证券全部自行购入的承销方式。证券公司承销证券，应当同发行人签订代销或者包销协议，证券的代销、包销期限最长不得超过 90 日。

证券公司承销证券，应当对公开发行募集文件的真实性、准确性、完整性进行核查；发现有虚假记载、误导性陈述或者重大遗漏的，不得进行销售活动；已经销售的，必须立即停止销售活动，并采取纠正措施。

向不特定对象发行的证券票面总值超过人民币 5000 万元的，应当由承销团承销。承销团应当由主承销和参与承销的证券公司组成。

证券公司在代销、包销期内，对所代销、包销的证券应当保证先行出售给认购人，证券公司不得为本公司预留所代销的证券和预先购入并留存所包销的证券。

股票发行采取溢价发行的，其发行价格由发行人与承销的证券公司协商确定。

股票发行采用代销方式，代销期限届满，向投资者出售的股票数量未达到拟公开发行股票数量 70%的，为发行失败。发行人应当按照发行价并加算银行同期存款利息返还股票认购人。

公开发行股票，代销、包销期限届满，发行人应当在规定的期限内将股票发行情况报国务院证券监督管理机构备案。

三、证券交易

（一）证券交易规则

证券交易是指对已经发行的证券进行买卖、流通和转让的行为。一般来说，证券交易须符合下述规定：

1. 合法交易

证券交易当事人依法买卖的证券，必须是依法发行并交付的证券。非依法发行的证券，不得买卖。法律对其转让期限有限制性规定的，按其规定。

2. 法定市场交易

依法公开发行的股票、公司债券及其他证券，应当在依法设立的证券交易所上市交易或者在国务院批准的其他证券交易场所转让。我国的证券交易所有上海证券交易所和深圳证券交易所。发行人发行证券可以上市交易。既可以在证券交易所交易，也可以不上市交易，即在国务院批准的其他证券交易场所转让。

3. 集中交易

证券在证券交易所上市交易，应当采用公开的集中交易方式或者国务院证券监督管理机构批准的其他方式。

4. 纸面形式交易

证券交易当事人买卖的证券可以采用纸面形式或者国务院证券监督管理机构规定的其他形式。

5. 现货交易

证券交易以现货和国务院规定的其他方式进行交易。

6. 证券公司及工作人员从业规则

① 证券交易所、证券公司和证券登记结算机构的从业人员、证券监督管理机构的工作人员以及法律、行政法规禁止参与股票交易的其他人员，在任期或者法定限期内，不得直接或者以化名、借他人名义持有、买卖股票，也不得收受他人赠送的股票。

② 证券交易所、证券公司、证券登记结算机构必须依法为客户开立的账户保密。

③ 为股票发行出具审计报告、资产评估报告或者法律意见书等文件的证券服务机构和人员，在该股票承销期内和期满后 6 个月内，不得买卖该种股票。

7. 合理收费

证券交易的收费必须合理，并公开收费项目、收费标准和收费办法。

8. 证券持有者上市交易的规则

上市公司董事、监事、高级管理人员、持有上市公司股份 5%以上的股东，将其持有的该公司的股票在买入后 6 个月内卖出，或者在卖出后 6 个月内又买入，由此所得收益归该公司所有，公司董事会应当收回其所得收益。但是，证券公司因包销购入售后剩余股票而持有 5%以上股份的，卖出该股票不受 6 个月时间限制。

（二）证券上市

申请证券上市交易，应当向证券交易所提出申请，由证券交易所依法审核同意，并由双方签订上市协议。证券交易所根据国务院授权的部门的决定安排政府债券上市交易。

1. 上市申请与审核

申请股票、可转换为股票的公司债券或者法律、行政法规规定实行保荐制度的其他证券上市交易，应当聘请具有保荐资格的机构担任保荐人。

股份公司上市申请的条件：

① 股票经国务院证券监督管理机构核准已公开发行；

② 公司股本总额不少于人民币3000万元；

③ 公开发行的股份达到公司股份总数的25％以上：公司股本总额超过人民币4亿元的，公开发行股份的比例为10％以上；

④ 公司最近3年无重大违法行为，财务会计报告无虚假记载。

公司申请公司债券上市交易的条件：

① 公司债券的期限为1年以上；

② 公司债券实际发行额不少于人民币5000万元；

③ 公司申请债券上市时仍符合法定的公司债券发行条件。

2. 公告

股票上市交易申请，或债券上市交易申请经证券交易所审核同意后，签订上市协议的公司应当在规定的期限内公告股票上市或公司债券上市文件，并将该文件置备于指定场所供公众查阅。

签订上市协议的公司应当公告下列事项：

① 股票获准在证券交易所交易的日期；

② 持有公司股份最多的前十名股东的名单和持股数额；

③ 公司的实际控制人；

④ 董事、监事、高级管理人员的姓名及其持有本公司股票和债券的情况。

3. 股票暂停上市与终止上市

上市公司有下列情形之一的，由证券交易所决定暂停其股票上市交易：

① 公司股本总额、股权分布等发生变化不再具备上市条件；

② 公司不按照规定公开其财务状况，或者对财务会计报告作虚假记载，可能误导投资者；

③ 公司有重大违法行为；

④ 公司最近3年连续亏损；

⑤ 证券交易所上市规则规定的其他情形。

上市公司有下列情形之一的，由证券交易所决定终止其股票上市交易：

① 公司股本总额、股权分布等发生变化不再具备上市条件，在证券交易所规定的期限内仍不能达到上市条件；

② 公司不按照规定公开其财务状况，或者对财务会计报告作虚假记载，且拒绝纠正；

③ 公司最近3年连续亏损，在其后一个年度内未能恢复盈利；

④ 公司解散或者被宣告破产；

⑤ 证券交易所上市规则规定的其他情形。

（三）持续信息公开

1. 上市发行信息公开

发行人、上市公司依法披露的信息，必须真实、准确、完整，不得有虚假记载、误导性陈述或者重大遗漏。经国务院证券监督管理机构核准依法公开发行股票，或者经国务院授权的部门核准依法公开发行公司债券，应当公告招股说明书、公司债券募集办法。依法公开发行新股或者公司债券的，还应当公告财务会计报告。

2. 定期信息公开

(1) 中期信息公开

上市公司和公司债券上市交易的公司，应当在每一会计年度的上半年结束之日起 2 个月内，向国务院证券监督管理机构和证券交易所报送记载以下内容的中期报告，并予公告。

① 公司财务会计报告和经营情况；

② 涉及公司的重大诉讼事项；

③ 已发行的股票、公司债券变动情况；

④ 提交股东大会审议的重要事项；

⑤ 国务院证券监督管理机构规定的其他事项。

(2) 年度信息公开

上市公司和公司债券上市交易的公司，应当在每一会计年度结束之日起 4 个月内向国务院证券监督管理机构和证券交易所报送记载以下内容的年度报告，同时予以公告。

① 公司概况；

② 公司财务会计报告和经营情况 ；

③ 董事、监事、高级管理人员简介及其持股情况；

④ 已发行的股票、公司债券情况，包括持有公司股份最多的前 10 名股东名单和持股数额；

⑤ 公司的实际控制人；

⑥ 国务院证券监督管理机构规定的其他事项。

3. 临时信息公开

发生可能对上市公司股票交易价格产生较大影响的重大事件，投资者尚未得知时，上市公司应当立即将有关该重大事件的情况向国务院证券监督管理机构和证券交易所报送临时报告，并予公告，说明事件的起因、目前的状态和可能产生的法律后果。

下列情况为前款所称重大事件：

① 公司的经营方针和经营范围的重大变化；

② 公司的重大投资行为和重大的购置财产的决定；

③ 公司订立重要合同，可能对公司的资产、负债、权益和经营成果产生重要影响；

④ 公司发生重大债务和未能清偿到期重大债务的违约情况；

⑤ 公司发生重大亏损或者重大损失；

⑥ 公司生产经营的外部条件发生的重大变化；

⑦ 公司的董事、1/3 以上监事或者经理发生变动；

⑧ 持有公司 5%以上股份的股东或者实际控制人，其持有股份或者控制公司的情况发生较大变化；

⑨ 公司减资、合并、分立、解散及申请破产的决定；

⑩ 涉及公司的重大诉讼，股东大会、董事会决议被依法撤销或者宣告无效；

⑪ 公司涉嫌犯罪被司法机关立案调查，公司董事、监事、高级管理人员涉嫌犯罪被司法机关采取强制措施；

⑫ 国务院证券监督管理机构规定的其他事项。

（四）禁止的交易行为

1. 内幕交易行为

内幕交易是指证券交易内幕信息的知情人员利用内幕信息进行证券交易的活动。内幕交易行为是一种违法行为。它不仅侵犯了广大投资者的利益，违反了证券发行与交易中的“公开、公平、公正”原则，而且还会扰乱证券市场，所以，各国的证券立法都将其列为禁止的证券交易行为之一。根据《证券法》的相关规定，禁止证券交易内幕信息的知情人和非法获取内幕信息的人利用内幕信息从事证券交易活动。证券交易内幕信息的知情人和非法获取内幕信息的人，在内幕信息公开前，不得买卖该公司的证券，或者泄露该信息，或者建议他人买卖该证券。内幕交易行为给投资者造成损失的，行为人应当依法承担赔偿责任。

在证券交易活动中，涉及公司的经营、财务或者对该公司证券的市场价格有重大影响的尚未公开的信息，为内幕信息。下列信息皆属内幕信息：

①《证券法》第67条第二款所列重大事件；

② 公司分配股利或者增资的计划；

③ 公司股权结构的重大变化；

④ 公司债务担保的重大变更；

⑤ 公司营业用的主要资产的抵押、出售或者报废一次超过该资产的30%；

⑥ 公司的董事、监事、高级管理人员的行为可能依法承担重大损害赔偿责任；

⑦ 上市公司收购的有关方案；

⑧ 国务院证券监督管理机构认定的对证券交易价格有显著影响的其他重要信息。

证券交易内幕信息的知情人包括：

① 发行人的董事、监事、高级管理人员；

② 持有公司5%以上股份的股东及其董事、监事、高级管理人员，公司的实际控制人及其董事、监事、高级管理人员；

③ 发行人控股的公司及其董事、监事、高级管理人员；

④ 由于所任公司职务可以获取公司有关内幕信息的人员；

⑤ 证券监督管理机构工作人员以及由于法定职责对证券的发行、交易进行管理的其他人员；

⑥ 保荐人、承销的证券公司、证券交易所、证券登记结算机构、证券服务机构的有关人员；

⑦ 国务院证券监督管理机构规定的其他人。

2. 操纵市场行为

操纵市场是指投资者利用信息优势或者持股优势，所进行的以获取收益或者减少损失为目的的，扰乱了正常的交易秩序的行为。操纵市场既可以自己实施，也可以与他人串通、合谋。行为人既可以是机构投资者，也可以是个人投资者。如果操纵证券市场行为给投资者造成损失的，则行为人应当依法承担赔偿责任。

一般来说，操纵证券市场的手段主要有：

① 单独或者通过合谋，集中资金优势、持股优势或者利用信息优势联合或者连续买卖，操纵证券交易价格或者证券交易量；

② 与他人串通，以事先约定的时间、价格和方式相互进行证券交易，影响证券交易价格或者证券交易量；

③ 在自己实际控制的账户之间进行证券交易，影响证券交易价格或者证券交易量；

④ 以其他手段操纵证券市场。

3. 制造虚假信息行为

该类禁止行为主要包括：禁止国家工作人员、传播媒介从业人员和有关人员编造、传播虚假信息，扰乱证券市场；禁止证券交易所、证券公司、证券登记结算机构、证券服务机构及其从业人员，证券业协会、证券监督管理机构及其工作人员，在证券交易活动中做出虚假陈述或者信息误导。各种传播媒介传播证券市场信息必须真实、客观，禁止误导。

4. 欺诈客户行为

欺诈客户是指证券公司及其从业人员在证券交易中违背客户的真实意愿，侵害客户利益的行为。在证券交易中，禁止证券公司及其从业人员从事下列损害投资者利益的欺诈行为：

① 违背客户的委托为其买卖证券；

② 不在规定时间内向客户提供交易的书面确认文件；

③ 挪用客户所委托买卖的证券或者客户账户上的资金；

④ 未经客户的委托，擅自为客户买卖证券，或者假借客户的名义买卖证券；

⑤ 为谋取佣金收入，诱使客户进行不必要的证券买卖；

⑥ 利用传播媒介或者通过其他方式提供、传播虚假或者误导投资者的信息；

⑦ 其他违背客户真实意愿表示、损害客户利益的行为。欺诈客户行为给客户造成损失的，行为人应当依法承担赔偿责任。

（五）上市公司收购

1. 上市公司收购的概念和方式

上市公司的收购是指投资者为取得某上市公司的控股权或实施对某上市公司的兼并，依法定程序公开购入该公司发行在外的部分或全部股份的行为。实施收购行为的投资者称为收购人，作为收购目标的上市公司称为被收购公司。

《证券法》规定投资者可以采取要约收购、协议收购及其他合法方式收购上市公司。要约收购是指收购人为取得上市公司的控股权，向所有的股票持有人发出购买该上市公司股份的收购要约，收购上市公司全部或部分股份。收购要约应写明收购价格、数量及要约期间等收购条件。协议收购指由收购人与上市公司的股票持有人就收购该公司股票的条件达成协议，由上市公司股票的持有人向收购者转让股票。

2. 收购的程序和规则

（1）报告和公告持股情况

通过证券交易所的证券交易，投资者持有或者通过协议、其他安排与他人共同持有一个上市公司已发行的股份达到5%时，应当在该事实发生之日起3日内，向国务院证券监督管理机构、证券交易所做出书面报告，通知该上市公司，并予公告。在上述期限内，不得再行买卖该上市公司的股票。

投资者持有或者通过协议、其他安排与他人共同持有一个上市公司已发行的股份达到5%后，其所持该上市公司已发行的股份比例每增加或者减少5%，应当进行报告和公告。

在报告期限内和做出报告、公告后 2 日内，不得再行买卖该上市公司的股票。

（2）收购要约

通过证券交易所的证券交易，投资者持有或者通过协议、其他安排与他人共同持有一个上市公司已发行的股份达到 30%时，继续进行收购的，应当依法向该上市公司所有股东发出收购上市公司全部或者部分股份的要约。收购上市公司部分股份的收购要约应当约定，被收购公司股东承诺出售的股份数额超过预定收购的股份数额的，收购人按比例进行收购。依照规定发出收购要约，收购人必须事先向国务院证券监督管理机构报送上市公司收购报告书，并应将公司收购报告书同时提交证券交易所。收购人在依照规定报送上市公司收购报告书之日起 15 日后，公告其收购要约提出的各项收购条件，适用于被收购公司的所有股东。采取要约收购方式的，收购人在收购期限内不得卖出被收购公司的股票，也不得采取要约规定以外的形式和超出要约的条件买入被收购公司的股票。

收购要约的期限不得少于 30 日、超过 60 日。在收购要约的有效期限内，收购人不得撤回其收购要约；收购人需要变更收购要约中的事项的，必须事先向国务院证券监督管理机构及证券交易所提出报告，获准后予以公告。

（3）收购协议

采取协议收购方式的，达成协议后，收购人必须在 3 日内将该收购协议向国务院证券监督管理机构及证券交易所做出书面报告，并予公告。在公告前不得履行收购协议。

采取协议收购方式的，收购人收购或者通过协议、其他安排与他人共同收购一个上市公司已发行的股份达到 30%时，继续进行收购的，应当向该上市公司所有股东发出收购上市公司全部或者部分股份的要约。但是，经国务院证券监督管理机构免除发出要约的除外。

（4）终止上市交易和应当收购

收购期限届满，被收购公司股权分布不符合上市条件的，该上市公司的股票应当由证券交易所依法终止上市交易；其余仍持有被收购公司股票的股东，有权向收购人以收购要约的同等条件出售其股票，收购人应当收购。

（5）报告和公告收购情况

收购行为完成后，收购人应当在 15 日内将收购情况报告国务院证券监督管理机构和证券交易所，并予公告。

收购上市公司中由国家授权投资的机构持有的股份，应当按照国务院的规定，经有关主管部门批准。

（六）证券机构

1. 证券交易所

证券交易所是为证券集中交易提供场所和设施，组织和监督证券交易，实行自律管理的法人。证券交易所的设立和解散由国务院决定。会员大会是证券交易所的权力机构，它不是一个常设机构。理事会是证券交易所的常设机构和日常管理机构，对会员大会负责。证券交易所设总经理 1 人，由国务院证券监督管理机构任免。总经理是证券交易所的法定代表人，主持证券交易所的日常管理工作。

证券交易所依法行使自己的职责。其职责主要有：为组织公平的集中交易提供保障，公布证券交易即时行情，并按交易日制作证券市场行情表，予以公布；办理股票、公司债券的暂停、恢复上市或者终止上市的事务；采取技术性停牌、临时停市措施；对证券交易实行实时监控等。

2. 证券中介机构

(1) 证券公司

证券公司是指依法设立的经营证券业务的有限责任公司和股份有限责任公司。

设立证券公司必须经国务院证券监督管理机构审查批准，同时还必须具有下列条件：

第一，有符合法律、行政法规规定的公司章程。

第二，主要股东具有持续盈利能力，信誉良好，最近3年无重大违法违规记录，净资产不低于人民币2亿元。

第三，有符合规定的注册资本。成立经营证券经纪、证券投资咨询、与证券交易和证券活动有关的财务顾问业务的证券公司，注册资本最低限额为人民币5000万元；成立经营证券承销与保荐、证券自营、证券资产管理、其他证券业务之一的证券公司，注册资本最低限额为人民币1亿元；成立经营证券承销与保荐、证券自营、证券资产管理、其他证券业务中两项以上的证券公司，注册资本最低限额为人民币5亿元。证券公司的注册资本为实缴资本。

第四，董事、监事、高级管理人员具备任职资格，从业人员具有证券从业资格。

第五，有完善的风险管理和内部控制制度。

第六，有合格的经营场所和业务设施。

第七，法律、行政法规规定的和经国务院批准的国务院证券监督管理机构规定的其他条件。证券公司必须依法办理业务，不得为其股东或者股东的关联人提供融资或者担保；不得假借他人名义或者个人名义自营业务，必须以自己的名义进行；不得接受客户的全权委托而决定证券买卖、选择证券种类、决定买卖数量或者买卖价格；不得违反规定为客户买卖证券提供融资融券业务；不得以任何方式对客户证券买卖收益或者赔偿证券买卖的损失做出承诺。

(2) 证券登记结算机构

证券登记结算机构是为证券交易提供集中登记、存管与结算服务，不以营利为目的的法人。设立证券登记结算机构必须报经国务院证券监督管理机构批准。证券登记结算机构不得挪用客户的证券。

(3) 证券服务机构

证券服务机构是指为证券交易提供证券投资咨询和资信评级的机构，包括投资咨询机构、财务顾问机构、资信评级机构、资产评估机构、会计师事务所。它们从事证券服务业务，必须经国务院证券监督管理机构和有关主管部门的批准。

第三节 保险法

一、保险及保险法的概念与特征

(一) 保险的概念、特征与分类

1. 保险的概念、特征

广义的保险是指通过合同运用多个组织或个人的集合力量，对因自然灾害和意外事故所造成的财产损失给予补偿或对人身损害、死亡等约定事件出现给予物质补偿的一种经济保障制度。狭义的保险即商业保险，是指通过订立保险合同，投保人向保险人支付保险费，保险人对于合同约定的保险事故造成的财产损失承担赔偿保险金责任，或者当被保险人死亡、伤残、疾病或者达到合同约定的年龄、期限时承担给付保险金的责任。本项目所论述的保险限于狭义的保险，即商业保险。

2. 保险的法律特征

保险具有以下法律特征：

① 保险是一种合同关系；

② 保险是一种特殊的经济补偿制度。

3. 商业保险的分类

商业保险按照不同的标准，可以作多种分类：

第一，按保险标的划分，保险可分为财产保险和人身保险。财产保险是以财产及其相关利益为保险标的的保险合同，可以细分为：财产损失保险、责任保险、信用保险、保证保险等。人身保险是以人的生命和身体作为标的的保险合同，可以细分为：人寿保险、健康保险、意外伤害保险等。

第二，按投保人设立保险的意志状态，保险可以分为自愿保险和强制保险。自愿保险是投保人和保险人在自愿协商的基础上，签订保险合同而发生的保险关系。投保人可以决定是否投保以及投保的种类、期限、金额等内容。强制保险，也称为法定保险，是指国家法律、法规直接规定必须进行的保险，即投保人必须投保，保险人必须要承保。一般来说，强制保险的标的多与人民生命、健康或国家重大经济利益有关，如机动车辆的第三人责任险。

第三，按保险人承担责任次序的不同，可以分为原保险与再保险。原保险是保险人与投保人原始订立的保险，即保险人与投保人之间直接签订保险合同而建立保险关系的一种保险。再保险也称分保，是保险人在原保险合同的基础上，通过签订分保合同，将其所承保的部分保险业务转移给其他保险人。

第四，按保险人人数的不同，可以分为单保险、共同保险和重复保险。单保险是指投保人对于同一保险标的、同一保险事故，基于同一保险利益，只与一个保险人订立保险合同关系。共同保险是指两个以上的保险人对同一标的、同一事故、同一利益各自承担一定数额的保险。重复保险是指投保人以同一标的、同一事故、同一利益分别与两个或两个以上的保险人订立保险合同的保险。

（二）保险法的概念、特征和基本原则

保险法是调整保险关系的法律规范的总称。保险法有广义和狭义之分。狭义的保险法仅指以“保险法”命名的法律，而广义的保险法还包括其他法律、法规中有关保险的规定。现行的《中华人民共和国保险法》（以下简称《保险法》）共有158条，包括总则、保险合同、保险公司、保险经营规则、保险业的监督管理、保险代理人和保险经纪人、法律责任、附则共八章内容。在中华人民共和国境内从事保险活动，适用该法。

我国保险法的立法目的是：规范保险活动，保护保险活动当事人的合法权益，加强对保险业的监督管理，促进保险事业的健康发展。

我国保险法的基本原则是：

① 最大诚信原则；

② 保险利益原则；

③ 损失补偿原则；

④ 近因原则。

二、保险合同

（一）保险合同的概念及特征

保险合同是投保人与保险人约定保险权利与义务关系的协议。

保险合同除具有合同的一般特征外，还具有以下特征：

① 保险合同是双方有偿合同，投保人和保险人双方都有义务，享有权利都需要支付一定的代价；

② 保险合同是最大诚信合同，投保人和保险人必须最大限度地遵循诚信原则，才能保证双方的合法权益；

③ 保险合同是格式合同，保险合同条款是保险人单方面订立的，投保人一般不能就已经定型的标准化条款加以修改；

④ 保险合同是射幸合同，双方在订立合同时不能确定各自的利益，是由保险风险的不确定性决定的；

⑤ 保险合同是要式合同，是指保险合同的订立要依法律规定的特定形式进行。保险合同一般以书面形式订立，保险合同以书面形式订立可以使各方当事人明确了解自己的权利、义务与责任，并作为解决纠纷的重要依据，易于保存。

（二）保险合同的主体

保险合同的主体，包括保险合同的投保人和保险人，以及与保险合同有间接关系的被保险人和受益人。

投保人是指与保险人订立保险合同，并按照保险合同负有支付保险费义务的人。投保人可以是公民、法人或其他组织。投保人必须具备两个条件：一是具备民事行为能力；二是对保险标的具有保险利益。保险利益是指投保人对保险标的具有的法律上承认的利益，而保险标的是指作为保险对象的财产及其有关利益或者人的寿命和身体。保险人是指与投保人订立保险合同，并承担赔偿或者给付保险金责任的保险公司，也称为承保人。在我国，保险人必须是依照我国《保险法》设立的保险公司，其他单位和个人不得为保险人。

被保险人是指其财产或人身受到保险合同保障，享有保险金请求权的人。被保险人可以是投保人，也可以是第三人。

受益人是指人身保险合同中由被保险人或者投保人指定的享有保险金请求权的人。受益人可以是投保人、被保险人以及其他被保险人或投保人指定的人。投保人行使指定权时，需要经过被保险人同意。

保险合同成立后，投保人可以解除保险合同，保险人不得解除保险合同。在以下情况下，保险人才有权解除保险合同，并不承担赔偿或者给付保险金的责任，也不退还保险费：

① 被保险人或者受益人在未发生保险事故的情况下，谎称发生了保险事故，向保险人提出赔偿或者给付保险金的请求的；

② 被保险人或者受益人故意制造保险事故的。

（三）保险合同的主要条款

保险合同应当包含以下条款：保险人名称和住所；投保人、被保险人名称和住所，以及人身保险的受益人的名称和住所；保险标的；保险责任和责任免除；保险期间和保险责任开始时间；保险价值；保险金额；保险费以及支付办法；保险金赔偿或者给付办法；违约责任和争议处理；订立合同的年、月、日。

三、经营规则

（一）禁止兼营

保险人不得兼营人身保险业务和财产保险业务。但是，经营财产保险业务的保险公司经国务院保险监督管理机构批准，可以经营短期健康保险业务和意外伤害保险业务。保险公司应当在国务院保险监督管理机构依法批准的业务范围内从事保险经营活动。

（二）偿付能力保障制度

保险公司偿付能力是指保险公司对其所承担的保险责任所具有的经济补偿或支付能力。保险公司是经营风险的特殊行业，它必须随时准备应付巨大灾害事故的发生，这就要求保险公司应当有足够的资金积累和最低偿付能力。主要有以下制度：① 保险公司应当按照其注册资本总额的20%提取保证金，存入国务院保险监督管理机构指定的银行，除公司清算时用于清偿债务外，不得动用。② 保险公司应当根据保障被保险人利益、保证偿付能力的原则，提取各项责任准备金。保险公司提取和结转责任准备金的具体办法，由国务院保险监督管理机构制定。③ 保险公司应当依法提取公积金。④ 保险公司应当缴纳保险保障基金。保险保障基金应当集中管理，并在下列情形下统筹使用：第一，在保险公司被撤销或者被宣告破产时，向投保人、被保险人或者受益人提供救济；第二，在保险公司被撤销或者被宣告破产时，向依法接受其人寿保险合同的保险公司提供救济；第三，国务院规定的其他情形。保险保障基金筹集、管理和使用的具体办法，由国务院制定。⑤ 保险公司应当具有与其业务规模和风险程度相适应的最低偿付能力。保险公司的认可资产减去认可负债的差额不得低于国务院保险监督管理机构规定的数额；低于规定数额的，应当按照国务院保险监督管理机构的要求采取相应措施达到规定的数额。

（三）限制经营风险的规则

① 自留保险费制度。经营财产保险业务的保险公司当年自留保险费，不得超过其实有资本金加公积金总和的 4 倍。② 单一承保责任的限制。保险公司对每一危险单位，即对一次保险事故可能造成的最大损失范围所承担的责任，不得超过其实有资本金加公积金总和的 10%，超过的部分应当办理再保险。保险公司对危险单位的划分应当符合国务院保险监督管理机构的规定。保险公司对危险单位的划分方法和巨灾风险安排方案，应当报国务院保险监督管理机构备案。③ 再保险接受人的选择。保险公司应按照国务院保险监督管理机构的规定办理再保险，并审慎选择再保险接受人。

（四）资金运用规则

保险公司资金运用，也称保险投资，是指保险公司在经营过程中，将积聚的部分保险资金用于投资或融资，使其收益增值的活动，保险公司的资金运用必须稳健，遵循安全性原则。保险公司的资金运用限于下列形式：银行存款；买卖债券、股票、证券投资基金份额等有价证券；投资不动产和国务院规定的其他资金运用形式。

（五）保险资产管理公司

经国务院保险监督管理机构会同国务院证券监督管理机构批准，保险公司可以设立保险资产管理公司。保险资产管理公司从事证券投资活动，应当遵守《证券法》等法律、行政法规的规定。保险资产管理公司的管理办法，由国务院保险监督管理机构会同国务院有关部门制定。

第十一章　会计法与审计法

第一节　会计法

一、会计与会计法

（一）会计与会计法的概念

会计法是以货币为主要计量单位，对经济活动真实、准确、全面地进行记录、计算、分析、检查和监督的一种管理活动。会计法是调整会计关系的法律规范的总称。这是对会计法的广义的理解。

狭义的会计法是指全国人民代表大会常务委员会通过的《会计法》。我国在 1985 年 1 月 21 日通过并颁布了《中华人民共和国会计法》（以下简称《会计法》）。第八届全国人民代表大会常务委员会第五次会议于 1993 年 12 月 29 日对《会计法》进行了第一次修正。1999 年 10 月 31 日，第九届全国人民代表大会常务委员会第十二次会议第二次修订了《会计法》，自 2000 年 7 月 1 日起施行。

《会计法》第一条指出，为了规范会计行为，保证会计资料真实、完整，加强经济管理和财务管理，提高经济效益，维护社会主义市场经济秩序，制定本法。这表明《会计法》规范的对象是会计行为。

（二）会计行为的基本原则

为了保障以上立法宗旨的实现，充分发挥会计法的作用，会计法规定了如下基本原则：

① 依法设置账簿。各单位必须依法设置会计账簿，并保证其真实、完整。

② 真实性原则。会计机构、会计人员依照本法规定进行会计核算，实行会计监督。任何单位或者个人不得以任何方式授意、指使、强令会计机构、会计人员伪造、变造会计凭证、会计账簿和其他会计资料，提供虚假财务会计报告。任何单位或者个人不得对依法履行职责、抵制违反本法规定行为的会计人员实行打击报复。

③ 单位负责人负责。单位负责人对本单位的会计工作和会计资料的真实性、完整性负责。

④ 奖励原则。对认真执行本法，忠于职守，坚持原则，做出显著成绩的会计人员，给予精神的或者物质的奖励。

（三）会计法的调整范围

根据《会计法》第二条的规定，国家机关、社会团体、企业、事业单位和其他组织办理会计事务，都要遵守《会计法》的规定。个体工商户设置会计账簿，进行会计核算，由国务院财政部门依据《会计法》的原则另行规定。

二、会计核算

各单位必须根据实际发生的经济业务事项进行会计核算，填制会计凭证，登记会计账簿，编制财务会计报告。任何单位不得以虚假的经济业务事项或者资料进行会计核算。

（一）会计核算的范围

下列经济业务事项，应当办理会计手续，进行会计核算：

① 款项和有价证券的收付；

② 财物的收发、增减和使用；

③ 债权、债务的发生和结算；

④ 资本、基金的增减；

⑤ 收入、支出、费用、成本的计算；

⑥ 财务成果的计算和处理；

⑦ 需要办理会计手续、进行会计核算的其他事项。

（二）会计期间与记账单位

我国会计年度自公历 1 月 1 日起至 12 月 31 日止。

会计核算以人民币为记账本位币。业务收支以人民币以外的货币为主的单位，可以选定其中一种货币作为记账本位币，但是编报的财务会计报告应当折算为人民币。

（三）会计凭证、会计账簿与财务会计报告

会计凭证、会计账簿、财务会计报告和其他会计资料，必须符合国家统一的会计制度的规定。使用电子计算机进行会计核算的，其软件及其生成的会计凭证、会计账簿、财务会计报告和其他会计资料，也必须符合国家统一的会计制度的规定。任何单位和个人不得伪造、变造会计凭证、会计账簿及其他会计资料，不得提供虚假的财务会计报告。

1. 会计凭证

会计凭证包括原始凭证和记账凭证。办理上述属于会计核算范围所列经济业务事项，必须填制或者取得原始凭证并及时送交会计机构。

会计机构、会计人员必须按照国家统一的会计制度的规定对原始凭证进行审核，对不真实、不合法的原始凭证有权不予接受，并向单位负责人报告；对记载不准确、不完整的原始凭证予以退回，并要求按照国家统一的会计制度的规定更正、补充。

原始凭证记载的各项内容均不得涂改；原始凭证有错误的，应当由出具单位重开或者更正，更正处应当加盖出具单位印章。原始凭证金额有错误的，应当由出具单位重开，不得在原始凭证上更正。

记账凭证应当根据经过审核的原始凭证及有关资料编制。

2. 会计账簿

会计账簿登记，必须以经过审核的会计凭证为依据，并符合有关法律、行政法规和国家统一的会计制度的规定。会计账簿包括总账、明细账、日记账和其他辅助性账簿。

会计账簿应当按照连续编号的页码顺序登记。会计账簿记录发生错误或者隔页、缺号、跳行的，应当按照国家统一的会计制度规定的方法更正，并由会计人员和会计机构负

责人（会计主管人员）在更正处盖章。使用电子计算机进行会计核算的，其会计账簿的登记、更正，应当符合国家统一的会计制度的规定。

各单位发生的各项经济业务事项应当在依法设置的会计账簿上统一登记、核算，不得违反《会计法》和国家统一的会计制度的规定私设会计账簿登记、核算。

各单位应当定期将会计账簿记录与实物、款项及有关资料相互核对，保证会计账簿记录与实物及款项的实有数额相符、会计账簿记录与会计凭证的有关内容相符、会计账簿之间相对应的记录相符、会计账簿记录与会计报表的有关内容相符。

各单位采用的会计处理方法，前后各期应当一致，不得随意变更；确有必要变更的，应当按照国家统一的会计制度的规定变更，并将变更的原因、情况及影响在财务会计报告中说明。

3. 财务会计报告

财务会计报告应当根据经过审核的会计账簿记录和有关资料编制，并符合《会计法》和国家统一的会计制度关于财务会计报告的编制要求、提供对象和提供期限的规定；其他法律、行政法规另有规定的，从其规定。

财务会计报告由会计报表、会计报表附注和财务情况说明书组成。向不同的会计资料使用者提供的财务会计报告，其编制依据应当一致。有关法律、行政法规规定会计报表、会计报表附注和财务情况说明书须经注册会计师审计的，注册会计师及其所在的会计师事务所出具的审计报告应当随同财务会计报告一并提供。

财务会计报告应当由单位负责人和主管会计工作的负责人、会计机构负责人（会计主管人员）签名并盖章；设置总会计师的单位，还须由总会计师签名并盖章。

单位负责人应当保证财务会计报告真实、完整。

会计记录的文字应当使用中文。在民族自治地方，会计记录可以同时使用当地通用的一种民族文字。在中华人民共和国境内的外商投资企业、外国企业和其他外国组织的会计记录可以同时使用一种外国文字。

各单位对会计凭证、会计账簿、财务会计报告和其他会计资料应当建立档案，妥善保管。

（四）企业会计核算的特别规定

公司、企业进行会计核算，除应当遵守《会计法》关于会计核算的规定外，还必须根据实际发生的经济业务事项，按照国家统一的会计制度的规定确认、计量和记录资产、负债、所有者权益、收入、成本费用和利润。

公司、企业进行会计核算不得有下列行为：

① 随意改变资产、负债、所有者权益的确认标准或者计量方法，虚列、多列、不列或者少列资产负债所有者权益；

② 虚列或者隐瞒收入，推迟或者提前确认收入；

③ 随意改变费用、成本的确认标准或者计量方法，虚列、多列、不列或者少列费用和成本；

④ 随意调整利润的计算、分配方法，编造虚假利润或者隐瞒利润；

⑤ 违反国家统一的会计制度规定的其他行为。

三、会计监督

会计监督也称会计检查，是指单位内部的会计机构和会计人员、依法享有经济监督检查职权的政府有关部门、依法批准成立的社会审计中介组织，对国家机关、社会团体、企事业单位经济活动的合法性、合理性和会计资料的真实性、完善性以及本单位内部预算执行情况所进行的监督。我国的会计监督体系是由单位内部监督、政府监督和社会监督组成的。

（一）会计工作的单位内部监督

单位内部会计监督是指为了保护单位资产的安全、完整，保证其经营活动符合国家法律、法规和内部有关管理制度，提高经营管理水平和效率，而在单位内部采取的一系列相互制约、相互监督的制度和方法，其本质是一种内部控制制度。

单位内部会计监督制度应当符合下列要求：

① 记账人员与经济业务事项和会计事项的审批人员、经办人员、财物保管人员的职责权限应当明确，并相互分离、相互制约；

② 重大对外投资、资产处置、资金调度和其他重要经济业务事项的决策和执行的相互监督、相互制约程序应当明确；

③ 财产清查的范围、期限和组织程序应当明确；

④ 对会计资料定期进行内部审计的办法和程序应当明确。

单位内部会计监督的主体是会计机构和会计人员，但单位内部会计监督不仅仅是会计机构和会计人员的事，单位负责人应当支持和保障会计机构、会计人员行使好会计监督职权，应当保证会计机构、会计人员依法履行职责，不得授意、指使、强令会计机构、会计人员违法办理会计事项。会计机构、会计人员对违反《会计法》和国家统一的会计制度规定的会计事项，有权拒绝办理或者按照职权予以纠正。

会计机构、会计人员发现会计账簿记录与实物、款项及有关资料不相符，按照国家统一的会计制度的规定有权自行处理的，应当及时处理；无权处理的，应当立即向单位负责人报告，请求查明原因，做出处理。

（二）会计工作的政府监督

会计工作的政府监督主要是指财政、审计、税务、人民银行、证券监管、保险监管等部门代表国家依照有关法律、行政法规规定的职责，对有关单位的会计资料和单位中相关人员的会计行为实施监督检查，以及对发现的违法会计行为实施行政处罚，是一种外部监督。

财政部门对各单位的下列情况实施监督：

① 是否依法设置会计账簿；

② 会计凭证、会计账簿、财务会计报告和其他会计资料是否真实、完整；

③ 会计核算是否符合《会计法》和国家统一的会计制度的规定；

④ 从事会计工作的人员是否具备从业资格。在对上述第二项所列事项实施监督，发现重大违法嫌疑时，国务院财政部门及其派出机构可以向与被监督单位有经济业务往来的单位和被监督单位开立账户的金融机构查询有关情况，有关单位和金融机构应当给予支持。

监督检查部门对有关单位的会计资料依法实施监督检查后，应当出具检查结论。有关监督检查部门已经做出的检查结论能够满足其他监督检查部门履行本部门职责需要的，其他监督检查部门应当加以利用，避免重复查账。

（三）会计工作的社会监督

会计工作的社会监督主要是指由注册会计师及其所在的会计师事务所依法对受托单位的经济活动进行审计、鉴证的一种监督制度。会计工作的社会监督以其特有的中介性和公正性而得到法律的认可，具有很强的权威性和公正性。

此外，单位和个人检举违反《会计法》和国家统一会计制度规定的行为，也属于会计工作社会监督的范畴。《会计法》规定任何单位和个人对违反《会计法》和国家统一的会计制度规定的行为，有权检举。收到检举的部门有权处理的，应当依法按照职责分工及时处理；无权处理的，应当及时移送有权处理的部门处理。收到检举的部门、负责处理的部门应当为检举人保密，不得将检举人姓名和检举材料转给被检举单位和被检举人个人。

根据有关法律、行政法规规定，须经注册会计师进行审计的单位，应当向受委托的会计师事务所如实提供会计凭证、会计账簿、财务会计报告和其他会计资料以及有关情况。任何单位或者个人不得以任何方式要求或者示意注册会计师及其所在的会计师事务所出具不实或者不当的审计报告。财政部门有权对会计师事务所出具审计报告的程序和内容进行监督。

依法对有关单位的会计资料实施监督检查的部门及其工作人员对在监督检查中知悉的国家秘密和商业秘密负有保密义务。

各单位必须依照有关法律、行政法规的规定，接受有关监督检查部门依法实施的监督检查，如实提供会计凭证、会计账簿、财务会计报告和其他会计资料以及有关情况，不得拒绝、隐匿、谎报。

单位内部的会计监督、有关部门对单位实施的政府监督以及由注册会计师承办的社会监督，构成了会计监督的体系，它们之间相辅相成，共同为社会经济服务。从发展社会主义市场经济的要求出发，必须充分发挥注册会计师在社会经济生活中的监督和服务作用。

四、会计机构的设置

《会计法》规定，各单位应当根据会计业务的需要，设置会计机构，或者在有关机构中设置会计人员并指定会计主管人员；不具备设置条件的，应当委托经批准设立从事会计代理记账业务的中介机构代理记账。

国有和国有资产占控股地位或者主导地位的大、中型企业必须设置总会计师。总会计师的任职资格、任免程序、职责权限由国务院规定。

会计机构内部应当建立稽核制度。出纳人员不得兼任稽核，会计应当对档案保管、收入、支出、费用、债权与债务账目的登记工作负责。从事会计工作的人员，必须取得会计从业资格证书。担任单位会计机构分责人（会计主管人员）的，除取得会计从业资格证书外，还应当具备会计师以上专业技术职务资格或者从事会计工作3年以上。会计人员从业资格的管理办法由国务院财政部门规定。

五、会计人员的权利和义务

《会计人员职权条例》对会计人员的职责作了具体规定：

① 按照国家财务制度的规定，认真编制并严格执行财务计划、预算，遵守各项收入制度、费用开支范围和开支标准，分清资金渠道，合理使用资金，保证完成财政上缴任务；

② 按照国家会计制度的规定，记账、算账、报账，做到手续完备、内容真实、数字准确、账目清楚、日清月结、按期报账；

③ 按照银行制度的规定，合理使用贷款，加强现金管理，做好结算工作；

④ 按照经济核算原则，定期检查、分析财务计划、预算的执行情况，挖掘增收节支的潜力，考核资金使用效果，揭露经营管理中的问题，及时向领导提出建议；

⑤ 按照国家会计制度的规定，妥善保管会计凭证、账簿、报表等档案资料；

⑥ 遵守、宣传、维护国家财政制度和财经纪律，同一切违法乱纪的行为做斗争；

⑦ 会计人员对上级机关和财政、税务、银行部门来本单位了解、检查财务会计工作，要负责提供有关资料，如实反映情况。

另外，《会计法》规定会计人员应当遵守职业道德，提高业务素质。对会计人员的教育和培训工作应当加强。

会计人员调动工作或者离职，必须与接管人员办清交接手续。一般会计人员办理交接手续，由会计机构负责人（会计主管人员）监交；会计机构负责人（会计主管人员）办理交接手续，由单位负责人监交，必要时主管单位可以派人会同监交。

六、注册会计师、会计师事务所和注册会计师协会的管理

根据《注册会计师法》的规定，国务院财政部门和省、自治区、直辖市人民政府财政部门，依法对注册会计师、会计师事务所和注册会计师协会进行监督、指导。

（一）注册会计师

注册会计师是依法取得注册会计师证书并接受委托从事审计和会计咨询、会计服务的执业人员。

取得注册会计师资格应经过全国统一考试和注册。

注册会计师依法独立、公正执行业务，受法律保护。注册会计师在执行业务时，可以根据需要查阅委托人的有关会计资料和文件，查看委托人的业务现场和设施，要求委托人提供其他必要的协助。注册会计师与委托人有利害关系的，应当回避；委托人有权要求回避。注册会计师对在执行业务中知悉的商业秘密，负有保密义务。

注册会计师执行审计业务，遇有下列情形之一的，应当拒绝出具有关报告：

① 委托人示意其作不实或者不当证明的；

② 委托人故意不提供有关会计资料和文件的；

③ 因委托人有其他不合理要求，致使注册会计师出具的报告不能对财务会计的重要事项做出正确表述的。

注册会计师执行审计业务，必须按照执业准则、规则确定的工作程序出具报告。注册会计师在出具报告时，不得有下列行为：

① 明知委托人对重要事项的财务会计处理与国家有关规定相抵触，而不予指明；

② 明知委托人的财务会计处理损害报告使用人或者其他利害关系人的利益，而予以隐瞒或者做不实的报告；

③ 明知委托人的财务会计处理会导致报告使用人或者其他利害关系人产生重大误解，而不予指明；

④ 明知委托人的会计报表的重要事项有其他不实的内容，而不予指明。对委托人有前述几种行为，注册会计师按照执业准则、规则应当知道的，适用于前述规定。

注册会计师不得有下列行为：

① 在执行审计业务期间，在法律、行政法规规定不得买卖被审计单位的股票、债券或者不得购买被审计单位或者个人的其他财产的期限内，买卖被审计单位的股票、债券或者购买被审计单位或者个人所拥有的其他财产；

② 索取、收受委托合同约定以外的酬金或者其他财务，或者利用执行业务之便，牟取其他不正当利益；

③ 接受委托催收债款；

④ 允许他人以本人名义执行业务；

⑤ 同时在两个或两个以上的会计师事务所执行业务；

⑥ 对其能力进行广告宣传以招揽业务；

⑦ 违反法律、行政法规的其他行为。

（二）会计师事务所

会计师事务所是依法设立并承办注册会计师业务的机构。注册会计师执行业务，应当加入会计师事务所。会计师事务所的设立由国务院财政部门或者省、自治区、直辖市人民政府财政部门批准，并报国务院财政部门备案。会计师事务所可以由注册会计师合伙设立。合伙设立的会计师事务所的债务，由合伙人按照出资比例或者协议的约定，以各自的财产承担责任。合伙人对会计师事务所的债务承担连带责任。会计师事务所符合相关条件的，可以是负有限责任的法人。负有限责任的会计师事务所以其全部资产对其债务承担责任。

注册会计师承办业务，由其所在的会计师事务所统一受理并与委托人签订委托合同。委托人委托会计师事务所办理业务的，任何单位和个人不得干预。会计师事务所受理业务，不受行政区域、行业的限制，但是，法律、行政法规另有规定的除外。会计师事务所依法独立、公正执行业务，受法律保护。

会计师事务所执行业务，必须遵守法律、行政法规的规定。《注册会计师法》关于注册会计师义务的规定适用于会计师事务所。会计师事务所对本所注册会计师依照本所与委托人签订的委托合同承办的业务，承担民事责任。会计师事务所应当依法纳税，并按照国务院财政部门的规定建立职业风险基金，办理职业保险。

（三）注册会计师协会

注册会计师协会是由注册会计师组成的社会团体，依法取得社会团体法人资格。注册会计师应当加入注册会计师协会。

中国注册会计师协会是注册会计师的全国性组织，省、自治区、直辖市注册会计师协会是注册会计师的地方性组织。中国注册会计师协会依法拟定注册会计师执业准则、规则，报国务院财政部门批准后施行。

注册会计师协会应当支持注册会计师依法执行业务，维护其合法权益，向有关方面反映其意见和建议。注册会计师协会应当对注册会计师的任职资格和执业情况进行年度检查。

1. 单位违反《会计法》的法律责任

单位违反《会计法》规定，有下列行为之一的，由县级以上人民政府财政部门责令限期改正，可对单位并处3000元以上5万元以下的罚款；对其直接负责的主管人员和其他直接责任人员，可处2000元以上2万元以下的罚款；属于国家工作人员的，还应当由其所在单位或者有关单位依法给予行政处分：

① 不依法设置会计账簿的；

② 私设会计账簿的；

③ 未按照规定填制、取得原始凭证或者填制、取得的原始凭证不符合规定的；

④ 以未经审核的会计凭证为依据登记会计账簿或者登记会计账簿不符合规定的；

⑤ 随意变更会计处理方法的；

⑥ 向不同的会计资料使用者提供的财务会计报告编制依据不一致的；

⑦ 未按照规定使用会计记录文字或者记账本位币的；

⑧ 未按照规定保管会计资料，致使会计资料毁损、灭失的；

⑨ 未按照规定建立并实施单位内部会计监督制度或者拒绝依法实施的监督或者不如实提供有关会计资料及有关情况的；

⑩ 任用会计人员不符合《会计法》规定的。

有前述所列行为之一，构成犯罪的，依法追究其刑事责任。

2. 单位负责人违反《会计法》的法律责任

单位负责人授意、指使、强令会计机构、会计人员及其他人员伪造、变造会计凭证、会计账簿，编制虚假财务会计报告或者隐匿、故意销毁依法应当保存的会计凭证、会计账簿、财务会计报告，构成犯罪的，依法追究刑事责任；尚不构成犯罪的，可以处5000元以上5万元以下的罚款；属于国家工作人员的，还应当由其所在单位或者有关单位依法给予降级、撤职、开除的行政处分。

单位负责人对依法履行职责、抵制违反《会计法》规定行为的会计人员以降级、撤职、调离工作岗位、解聘或者开除等方式实行打击报复，构成犯罪的，依法追究刑事责任；尚不构成犯罪的，由其所在单位或者有关单位依法给予行政处分。对受打击报复的会计人员，应当恢复其名誉和原有职务、级别。

3. 注册会计师、会计师事务所违反《注册会计师法》的法律责任

注册会计师违反《注册会计师法》关于应当拒绝出具有关报告的规定、违反其执行审计业务出具报告时的禁止行为的，由省级以上人民政府财政部门给予警告；情节严重的，可以由省级以上人民政府财政部门暂停其执行业务或者吊销注册会计师证书。注册会计师违反上述规定，故意出具虚假的审查报告、验资报告，构成犯罪的，依法追究刑事责任。

会计师事务所违反关于应当拒绝出具有关报告的规定、违反其执行审计业务出具报告时的禁止行为的，由省级以上人民政府财政部门给予警告，没收违法所得，可以并处违法所得1倍以上5倍以下的罚款；情节严重的，并可以由省级以上人民政府财政部门暂停其经营业务或者予以撤销。会计师事务所违反上述规定，故意出具虚假的审计报告、验资报告，构成犯罪的，依法追究刑事责任。会计师事务所违反《注册会计师法》的规定，给委托人、其他利害关系人造成损失的，应依法承担赔偿责任。

对未经批准承办《注册会计师法》规定的注册会计师业务的单位，由省级以上人民政府财政部门责令其停止违法活动，没收违法所得，可以并处违法所得1倍以上5倍以下的罚款。

第二节 审计法

一、审计法概述

（一）审计和审计法的概念

审计是由专职机构和专职人员依照审计法规对应当接受审计的单位的财政、财务收支和经济活动的真实、合法、效益进行审核、评价，并将审查结果向国家有关机关报告的一系列活动的总称。广义上的审计法，是指调整审计关系的法律规范的总称。

《宪法》（1982年）规定我国实行审计制度，国务院设立审计机关并对其职权作了原则性规定。1985年和1988年国务院先后发布了《国务院关于审计工作的暂行规定》和《中华人民共和国审计条例》。1994年8月31日，第八届全国人民代表大会常务委员会第九次会议通过了《中华人民共和国审计法》（以下简称《审计法》），自1995年1月1日起施行。2006年2月28日，第十届全国人民代表大会常务委员会第二十次会议通过了修改《审计法》的决定，修改后的《审计法》于2006年6月1日起施行。这是狭义上的审计法。

（二）审计法的宗旨和基本原则

审计法的立法宗旨是：加强国家的审计监督，维护国家财政经济秩序，提高财政资金使用效益，促进廉政建设，保障国民经济和社会健康发展。

审计法的基本原则有：

① 合法性原则；

② 独立性原则；

③ 客观公正的原则；

④ 保守秘密原则。

二、审计管理体制

（一）审计机关的设置和审计人员

1. 审计机关的设置和领导体制

国家实行审计监督制度，国务院和县级以上地方人民政府设立审计机关。审计机关包括三类：

（1）中央审计机关

国务院设立审计署，在国务院总理领导下，主管全国的审计工作。审计长是审计署行政首长。

（2）地方审计机关

县级以上各级人民政府设审计机关，分别在本级行政首长和上一级审计机关的领导下，负责本行政区域内的审计工作。

(3) 审计派出机构

审计机关根据工作需要，经本级人民政府批准，可以在其审计管辖范围内设立派出机构，派出审计特派员。派出机构和审计特派员根据审计机关的授权，依法进行审计工作。

审计机关实行双重领导体制。地方各级审计机关对本级人民政府和上一级审计机关负责并报告工作，审计业务以上级审计机关领导为主。

审计机关履行职责所需经费，应当列出财政预算，由本级人民政府予以保证。

2. 审计人员

审计长作为中央审计机关的行政首长，是国务院组成人员。审计长由总理提名，全国人民代表大会决定，国家主席任命。省、自治区、直辖市的审计长，由全国人民代表大会常务委员会批准任免。地方各级审计局主要负责人的任免，应事前征得上级审计机关的同意。《审计法》规定，审计机关负责人没有违法失职或者其他不符合任职条件的情况的，不得随意撤换。地方各级审计机关负责人的任免，应当事先征求上一级审计机关的意见。审计人员依法执行职务，受法律保护。任何组织和个人不得拒绝、阻碍审计人员依法执行职务，不得打击报复审计人员。

审计人员应当具备与审计工作相适应的专业知识和业务能力。审计人员办理审计事项，与被审计单位或者审计事项有利害关系的，应当回避。审计人员对其在执行职务中知悉的国家秘密和被审计单位的商业秘密，负有保密的义务。

(二) 审计机关的职责和权限

1. 审计机关的职责

审计机关对本级各部门（含直属单位）和下级政府预算的执行情况和决算，以及其他财政收支情况，进行审计监督；其职责具体包括：

① 审计署在国务院总理领导下，对中央预算执行情况和其他财政收支情况进行审计监督，向国务院总理提出审计结果报告。

② 审计署对中央银行的财务收支，进行审计监督；审计机关对国有金融机构的资产、负债、损益，进行审计监督。

③ 审计机关对国家的事业组织和使用财政资金的其他事业组织的财务收支，进行审计监督。

④ 审计机关对国有企业的资产、负债、损益，进行审计监督。对国有资本占控股地位或者主导地位的企业、金融机构的审计监督，由国务院规定。

⑤ 审计机关对政府投资和以政府投资为主的建设项目的预算执行情况和决算，进行审计监督。

⑥ 审计机关对政府部门管理的和其他单位受政府委托管理的社会保障基金、社会捐赠资金以及其他有关基金与资金的财务收支，进行审计监督。

⑦ 审计机关对国际组织和外国政府援助、贷款项目的财务收支，进行审计监督。

⑧ 审计机关按照国家有关规定，对国家机关和依法属于审计机关审计监督对象的其他单位的主要负责人，在任职期间对本地区、本部门或者本单位的财政收支、财务收支以及有关经济活动应负经济责任的履行情况，进行审计监督。

⑨ 其他法律、行政法规规定应由审计机关进行审计的事项。

审计机关有权对与国家财政收支有关的特定事项，向有关地方、部门、单位进行专项审计调查，并向本级人民政府和上一级审计机关报告审计调查结果。

2. 审计机关的权限

《审计法》规定，审计机关享有下列权限：

（1）要求提供资料权

审计机关有权要求被审计单位按照规定报送预算或者财务收支计划、预算执行情况、决算、财务会计报告，运用电子计算机储存、处理的财政收支、财务收支电子数据和必要的电子计算机技术文档，包括被审计单位在银行和非银行金融机构设立账户的情况、委托社会审计机构出具的审计报告、验资报告、资产评估报告以及其他与财政收支或者财务收支有关的资料，办理企业、事业单位合并、分并、清算事宜出具的有关报告等。被审计单位不得拒绝、拖延、谎报。

（2）检查权

审计机关有权检查被审计单位的会计凭证、会计账簿、会计报表以及其他与财政收支或者财务收支有关的资料和资产，包括被审计单位运用电子计算机管理财政收支、财务收支的财务会计核算系统，被审计单位不得拒绝。审计机关进行审计时，有权检查被审计单位的会计凭证、会计账簿、财务会计报告和运用电子计算机管理财政收支、财务收支电子数据的系统，以及其他与财政收支、财务收支有关的资料和资产，被审计单位不得拒绝。

（3）调查权

审计机关有权就审计事项的有关问题向有关单位和个人进行调查，并取得有关证明材料，包括有权查询被审计单位在金融机构的账户。审计机关有证据证明被审计单位以个人名义存储公款的，经县级以上人民政府审计机关主要负责人批准，有权查询被审计单位以个人名义在金融机构的存款。有关单位和个人应当支持、协助审计机关工作，如实向审计机关反映情况，提供有关证明材料。

（4）通知暂停拨付权和暂停使用权

审计机关有权制止被审计单位正在进行的违反国家规定的财政收支、财务收支行为。制止无效的，经县级以上审计机关负责人批准，有权通知财政部门和有关主管部门暂停拨付与违反国家规定的财政收支、财务收支行为直接有关的款项；已经拨付的，有权要求暂停使用。

（5）建议权和提请处理权

审计机关有权建议被审计单位的主管部门纠正与法律、行政法规相抵触的有关财政收支、财务收支的规定；有关主管部门不予纠正的，审计机关有权提请有权处理的机关依法处理。

（6）采取取证措施权和封存资料权

审计机关有根据认为被审计单位可能转移、隐匿、篡改、毁弃会计凭证、会计账簿、会计报表以及其他与财政收支或财务收支有关资料的，有权采取取证措施；必要时，经审计机关负责人批准，有权暂时封存被审计单位与违反国家规定的财政收支、财务收支有关的账册资料。

（7）通报和公布权

审计机关可以向政府有关部门通报或者向社会公布审计结果。审计机关通报或者公布审计结果应当遵守国务院的有关规定，依法保守国家秘密和被审计单位的商业秘密。

（三）社会审计和内部审计

1. 社会审计

社会审计是指由社会审计服务机构依法接受委托、独立执业、有偿为社会提供专业服务的活动，也称注册会计师审计或独立审计。社会审计是受国家审计机关或部门、单位的委托所进行的审计工作。

我国从事社会审计工作的机构是审计事务所、会计师事务所。依法独立承办审计事务的组织，实行有偿服务、自收自支、独立核算、依法纳税。审计事务所的成立应经当地审计机关同意，由省级以上的审计机关审批，并应依法向当地工商机关办理登记，领取营业执照后，才能营业。审计业务属于法定业务，非注册会计师不得承办。

我国社会审计组织的业务范围主要有审计业务和会计咨询、会计服务业务。审计业务包括：

① 审查企业财务报表，出具审计报告；

② 验证企业资本，出具验资报告；

③ 办理企业合并、分立、清算及其他事项中的审计业务，出具有关报告；

④ 办理法律、行政法规规定的其他审计业务，并出具相应的审计报告。

会计咨询和会计服务业务包括：

① 设计财务会计制度，培训会计人员；

② 担任会计顾问，提供会计、财务、税务和其他经济管理咨询；

③ 代理记账；

④ 代理纳税申报；

⑤ 代办申请注册登记，协助拟订合同、协议、章程及其他经济文件；

⑥ 资产评估；

⑦ 参与进行可行性研究。

国家机关、企事业单位及其委托人委托审计事务所办理业务，应出具委托书或者订立书面协议，载明授予权限。社会审计组织应当按照委托方委托要求开展业务。业务办理完毕时，社会审计组织应在双方约定的范围内，向委托方提交审计、查证、鉴定、验资报告，并对报告内容的正确性和合法性负责。社会审计组织承办审计机关委托的审计事项所做出的审计报告，应当报送委托的审计机关审计，由委托的审计机关做出审计结论和决定。社会审计组织应接受审计机关的管理、监督和业务上的指导。

2. 内部审计

内部审计是由本部门、本单位内部的独立机构和人员依法对本单位及本单位下属单位的财务收支及其他经济活动进行的事前和事后的审查和评价。国务院各部门和地方人民政府各部门、国有金融机构和国有企事业单位，应当按照国家有关规定建立、健全内部审计制度。内部审计是为加强管理而进行的一项内部经济监督工作。进行内部审计监督，必须接受审计机关的业务指导和监督。

三、审计程序

审计机关应当依照法定程序进行审计监督。根据《审计法》的规定，审计工作按下列程序进行：

（一）组成审计组，送达审计通知书

审计机关根据审计项目计划确定的审计事项组成审计组，并应当在实施审计 3 日前，向被审计单位送达审计通知书；遇有特殊情况，经本级人民政府批准，审计机关可以直接持审计通知书实施审计。被审计单位应当配合审计机关的工作，并提供必要的工作条件。

（二）实施审计

审计人员通过审查会计凭证、会计账簿、财务会计报告，查阅与审计事项有关的文件、资料，检查现金、实物、有价证券，向有关单位和个人调查等方式进行审计，并取得证明材料。审计人员向有关单位和个人进行调查时，应当出示工作证件和审计通知书副本。

（三）提出审计报告

审计组对审计事项实施审计后，应当向审计机关提出审计报告。审计组的审计报告报送审计机关前，应当征求被审计对象的意见。被审计对象应当自接到审计组的审计报告之日起 10 日内，将其书面意见送交审计组。审计组应当将被审计对象的书面意见一并报送审计机关。

（四）审定审计报告，出具审计意见书

审计机关按照审计署规定的程序对审计组的审计报告进行审议，并对被审计对象对审计组的审计报告提出的意见一并研究后，对审计事项做出评价，出具审计意见书。对违反国家规定的财政收支、财务收支行为，依法应当予以处理、处罚的，在法定职权范围内做出审计决定或者向有关主管机关提出处理、处罚的意见。

（五）送达

审计机关应当自收到审计报告之日起 30 日内，将审计意见书和审计决定送达被审计单位和有关主管机关、单位。审计决定自送达之日起生效。

四、法律责任

审计法律责任是指被审计单位及其直接责任人员或者审计人员违反《审计法》的禁止性规定和义务性规定而应承担的法律后果。

（一）被审计单位及其直接责任人员的法律责任

① 被审计单位拒绝或者拖延提供与审计事项有关资料的，或者拒绝阻碍检查的，审计机关责令改正，可以通报批评；拒不改正的，将追究法律责任。

② 被审计单位转移、隐匿、篡改、毁弃会计凭证、会计账簿、会计报告以及其他与财政收支或财务收支有关的资料，审计机关有权对上述行为予以制止。

③ 被审计单位转移、隐匿违法取得的资产的，审计机关、人民政府或者有关主管部门在法定职权范围内有权制止，或者申请法院采取保全措施。

④ 对本级各部门及直属单位和下级政府违反预算的行为或者其他违反国家规定的财政收支行为，审计机关、人民政府或者有关主管部门在法定职权范围内，依照法律、行政法规的规定做出处理。

⑤ 被审计单位违反国家规定的财务收支行为，审计机关、人民政府或者有关主管部门在法定职权范围内，依照法律、行政法规的规定做出处理，责令限期缴纳应当上缴的收

款，限期追还违法所得，限期退还被侵占的国有资产以及采取其他纠正措施，并可依法给予处罚。

⑥ 被审计单位的财政收支、财务收支违反法律、行政法规的规定，构成犯罪的，依法追究刑事责任。

⑦ 对被审计单位违反国家规定的财政收支、财务收支行为负有直接责任的主管人员和其他直接责任人员依法应当给予行政处分的，应当提出给予行政处分的建议，被审计单位或者其上级机关、监察机关应当依法及时做出决定；构成犯罪的，由司法机关依法追究刑事责任。报复陷害审计人员，构成犯罪的，依法追究刑事责任；不构成犯罪的，给予行政处分。

（二）审计人员的法律责任

审计人员滥用职权、徇私舞弊、玩忽职守，构成犯罪的，依法追究刑事责任；不构成犯罪的，给予行政处分。

第十二章　经济纠纷解决法律制度

第一节　仲裁法

根据我国《仲裁法》的相关规定，平等主体的公民，法人和其他经济组织之间发生合同纠纷和其他财产纠纷可以仲裁。但是婚姻、监护、扶养、继承纠纷和依法应当由行政机关处理的行政争议不能仲裁。

一、经济仲裁的概念及特征

（一）经济仲裁的概念

经济仲裁指经济纠纷当事人根据仲裁协议，将在经济活动中产生的经济权益争议，提交给选定的仲裁机构，依照法定程序和仲裁规则做出裁决的活动。

仲裁是解决经济纠纷的一种重要方式，备受当事人的欢迎，其原因在于，仲裁这种非诉讼的经济纠纷解决方式中包含有两个方面的因素：一是合同因素，选择仲裁是双方当事人一致的意思，享有充分的意志自主权，使仲裁与诉讼相比具有灵活、快捷、经济等优点；二是仲裁又蕴含着司法因素，仲裁决定书具有与法院判决书同等的法律效力。仲裁是一种准司法行为，由此获得法律认可成为不同于调解的经济争议解决方式。

（二）经济仲裁的特征

经济纠纷仲裁活动以双方当事人自愿为前提。任何一方当事人仅凭自己单方的意愿是无法将争议提交仲裁解决的。仲裁机构也无权就该争议做出裁决。

仲裁可以防止泄露当事人不愿公开的商业秘密，因为仲裁一般按照不公开开庭的原则进行，这就有利于保护当事人的合法权益。

仲裁活动必须严格按照我国《仲裁法》及仲裁规则进行，仲裁规则是仲裁机构依据《仲裁法》制定并经当事人认可的。因此，违反仲裁规则所做出的裁决是可以撤销的。

仲裁裁决具有终局的法律效力。虽然仲裁机构是一种民间性组织，对经济纠纷案件的仲裁来自于双方当事人的协议授权，但法律明确规定，如果双方当事人协议选择仲裁方式解决其经济纠纷，仲裁机构做出的决定即具有终局的法律效力，且不能上诉。非经法定程序不能改变或撤销。任何一方当事人不履行裁决所确定的义务，另一方当事人有权向人民法院申请强制执行。

二、经济仲裁的基本原则

经济仲裁的基本原则是指经济纠纷仲裁活动中，仲裁机构以及双方当事人及其参与人必须遵循的准则。主要包括：

（一）意思自治原则

意思自治原则不仅是我国经济纠纷仲裁的基本原则，而且也是世界各国和国际仲裁活动中普遍遵守的原则。根据我国《仲裁法》的有关规定，意思自治原则包括以下几方面的内容：

① 经济纠纷发生后，是否选择仲裁作为解决纠纷的途径以双方当事人的自愿为前提。仲裁机构对经济纠纷案件的管辖和裁决权，来自双方当事人的协议授权。根据我国《仲裁法》第四条的规定，当事人选择仲裁方式解决纠纷的，应当双方自愿达成仲裁协议。没有仲裁协议、一方申请仲裁的仲裁委员会不予受理。

② 选择哪家仲裁机构仲裁由当事人双方自愿决定。各个仲裁机构受理案件，只根据双方当事人的协议。对此根据我国《仲裁法》第六条的规定，仲裁委员会应当由当事人协议选定。仲裁不实行级别管辖和地域管辖。

③ 仲裁组织和仲裁员由双方当事人协议选择。

④ 仲裁事项由当事人双方自主决定。

⑤ 在开庭和裁决的程序中，当事人可以约定审理的方式、开庭形式、结案方式等有关事项。除此之外，仲裁时间、地点也可以由双方当事人自愿选择。

（二）以事实为根据，符合法律规定，公平合理解决纠纷的原则

仲裁庭在审理经济纠纷过程中，要全面、深入、客观地查清与案件有关的事实情况并掌握发生纠纷的原因、经过和双方当事人争议的焦点。在查清事实的基础上，在符合法律规定的前提下，公平合理地确定各方当事人的权利和义务。

（三）仲裁独立原则

仲裁独立是指从仲裁机构的设置到仲裁纠纷的整个过程，都具有法定的独立性，具体体现在：

① 仲裁机构独立于行政机关，与行政机关没有隶属关系，依法独立仲裁，不受行政机关、社会团体和个人干涉；

② 仲裁组织体系中的仲裁协会、仲裁委员会和仲裁庭三者之间相对独立；

③ 仲裁独立于审判。

三、经济仲裁机构及工作制度

（一）经济仲裁机构的设置及人员组成

委员会是受理经济纠纷案件，进行仲裁工作，解决经济纠纷的事业单位法人。根据我国《仲裁法》规定，仲裁委员会可以在直辖市和省、自治区人民政府所在地的市设立，也可以根据需要在其他设区的市设立，不按行政区划层层设立。仲裁委员会由所在市人民政府组织有关部门和商会统一组建。设立仲裁委员会，应当经省、自治区、直辖市的行政部门登记。各仲裁委员会之间没有隶属关系，也不属于行政机关。

仲裁委员会由主任 1 人、副主任 2～4 人、委员 7～11 人组成。仲裁委员会的主任、副主任和委员由法律专家、经济贸易专家和有实际工作经验的人员担任，仲裁委员会的组成人员中，法律专家、经济贸易的专家不得少于 2/3。委员会应当从公道、正派的人员中聘任仲裁员。仲裁员应符合下列条件之一：① 从事仲裁工作满 8 年的；② 从事律师工作满 8 年的；③ 曾任审判员满 8 年的；④ 从事法律研究、教学工作并具有高级职称的；⑤

具有法律知识、从事经济贸易等专业工作，并具有高级职称或者具有同等专业水平的。

（二）仲裁机构的基本工作制度

仲裁机构的基本工作制度是指规范仲裁机构受理、审理、裁决经济纠纷案件的活动准则，是仲裁庭进行仲裁审理的基本规程。我国《仲裁法》在原有法律对仲裁的基本制度规定的基础上，根据市场经济对仲裁工作提出的客观要求，借鉴国际通行做法，确立了以下基本工作制度。

1. 协议仲裁制度

当事人采用仲裁方式解决纠纷，应当双方自愿，达成仲裁协议。仲裁协议应当具有下列内容：① 请求仲裁的意思表示；② 仲裁事项；③ 选定的仲裁委员会。仲裁协议是协议仲裁制度的核心，是意思自治原则最根本的体现。

2. 回避制度

仲裁员仲裁案件实行回避制度。回避是指仲裁员具有可能影响案件公正裁决的情形时，依照法律规定，自行申请退出仲裁或者根据当事人申请退出仲裁。根据我国《仲裁法》的相关规定，仲裁员有下列情形之一的，必须回避，当事人也有权提出回避申请：① 本案当事人或当事人、代理人的近亲属；② 与本案有利害关系的；③ 与本案当事人、代理人有其他关系，可能影响公正仲裁的；④ 私自会见当事人、代理人或者接受当事人、代理人的请客送礼的。当事人提出回避申请，应当说明理由，在首次开庭前提出。回避事由在首次开庭后知道的，可以在最后一次开庭终结前提出。仲裁员是否回避，由仲裁委员会主任决定；仲裁委员会主任担任仲裁员时，由仲裁委员会集体决定。

3. 或裁或审制度

当事人达成仲裁协议的，应当向仲裁机构申请仲裁，不能向法院起诉。一方向法院起诉的，人民法院不予受理。但仲裁协议无效的除外。如果没有仲裁协议，仲裁机构不受理，当事人可直接向人民法院提起诉讼。

4. 一裁终局制度

所谓一裁终局制度，是指仲裁机构的仲裁决定一经做出即发生法律效力，对同一纠纷再申请仲裁或者向人民法院起诉的，仲裁机构和人民法院不予受理。根据我国《仲裁法》的相关规定，仲裁实行一裁终局制度，裁决做出后，当事人就同一纠纷再申请仲裁或者向人民法院起诉的，仲裁委员会或者人民法院不予受理。一裁终局制度是仲裁程序简便、迅速的具体体现，它不仅排除了一裁二审的可能性，同时也否认了一裁复议的两裁终局制度。

四、经济仲裁程序

（一）申请与受理

仲裁委员会在收到仲裁申请书之日起 5 日内，经审查认为符合受理条件的，应当受理，并通知当事人；认为不符合受理条件的应当书面通知当事人不予受理，并说明理由。

仲裁不实行级别管辖和地域管辖，当事人可以向双方约定的仲裁机构申请仲裁当事人，申请仲裁应当符合下列条件：① 有仲裁协议；② 有具体的仲裁请求、事实和理由；③ 属于仲裁委员会受理的范围。此外，当事人还应当向仲裁委员会递交仲裁协议、仲裁申请书及其副本。

仲裁申请书应当载明下列事项：① 当事人的姓名、性别、年龄、职业、工作单位和住所，法人或者其他组织的名称、住所和法定代表人或者主要负责人的姓名、职务；② 仲裁申请所根据的事实和理由；③ 证据和证据来源，证人姓名和住所。

（二）做好开庭前的准备工作

仲裁委员会受理仲裁申请后，应当在仲裁规则规定的期限内将仲裁规则和仲裁员名册送达申请人和被申请人，并通知被申请人在规定的期限内提交答辩书。未提交答辩书的，不影响仲裁程序的进行。

仲裁委员会应当根据当事人的选择或者委托指定，依法组成仲裁庭。仲裁庭的组成有两种形式：一是由 3 名仲裁员组成的合议庭；二是由 1 名仲裁员独任。前者由双方当事人各自选定或各自委托仲裁委员会主任指定 1 名仲裁员，第 3 名仲裁员由当事人共同选定或者共同委托仲裁委员会主任指定，第 3 名仲裁员为首席仲裁员。

仲裁庭组成后，仲裁委员会应将仲裁庭组成情况书面通知当事人。仲裁庭人员应当认真阅读、研究案卷材料，分析案情，提前做好开庭审理工作，并按仲裁规则的规定，提前将开庭的时间通知申请人、被申请人和双方的代理人。

（三）开庭与裁决

1. 开庭

仲裁应当开庭进行。当事人协议不开庭的，仲裁庭可以根据仲裁申请书、答辩书及其他材料做出裁决，仲裁一般不公开进行。当然，当事人协议公开的，可以公开进行，但涉及国家秘密的除外。

当事人有正当理由的，在规定时间内可以申请延期开庭，是否延期由仲裁庭决定。申请人经书面通知无正当理由不到庭或者未经仲裁庭许可中途退庭的，视为撤回仲裁申请；被申请人经书面通知，无正当理由或者未经仲裁庭许可中途退庭的，可以缺席裁决。在庭审中，实行“谁主张谁举证”的原则。仲裁庭认为有必要收集的证据，可以自行搜集。所有证据应当在开庭时出示，并展开质证，最后由仲裁庭审定。当事人在仲裁过程中有权进行辩论，辩论终结时，首席仲裁员或独任仲裁员应当征询当事人的最后意见。当事人申请仲裁后，可以自行和解，也可以撤回仲裁申请。当事人达成和解协议撤回仲裁申请后反悔的，还可以根据仲裁协议申请仲裁。

2. 裁决

仲裁庭在做出裁决前，可以先行调解。当事人自愿调解的，仲裁庭应当调解。调解达成协议的，仲裁庭应当制做调解书或者根据协议的结果制做裁决书。调解书与裁决书具有同等法律效力。调解书经双方当事人签收后，即发生法律效力。调解不成或者在调解书签收前当事人反悔的，仲裁庭应当及时做出裁决。裁决书的内容一般包括仲裁请求、争议事实、裁决理由、裁决结果、仲裁费用的负担和裁决日期。裁决书自做出之日起即发生法律效力。

第二节 经济诉讼

一、经济诉讼的概念及特征

（一）经济纠纷诉讼的概念

诉讼俗称“打官司”，是指司法机关和案件当事人在其他诉讼参与人的配合下，为了正确处理案件，依照法定程序所进行的全部活动。

经济纠纷诉讼就是发生经济纠纷的一方当事人，依法向有管辖权的人民法院提出诉讼，人民法院和案件当事人在其他诉讼参与人的配合下，按照法定程序，为解决经济权利和义务争议所进行的全部活动。

（二）经济纠纷诉讼的特征

经济纠纷诉讼作为解决经济纠纷的一种有效途径，具有以下特征：

1. 强制性

强制性包含两层含义：首先指经济纠纷只要一方依法向有管辖权的人民法院起诉，另一方就必须应诉，否则法院就有权采取强制措施；其次是指经济纠纷诉讼产生的结果，即法院主持下双方达成的调解协议或人民法院的判决、裁定，一旦生效，就具有强制执行的效力。

2. 最终性

这是指一方当事人依法向人民法院起诉后，另一方当事人就无权再向其他部门要求解决；也指在经济纠纷诉讼中，法院做出的判决、裁定或在法院主持下达成的调解协议一旦生效，经济纠纷的解决便告终结。

3. 规范性

这是指经济纠纷诉讼程序具有严格的规范性，也就是说，经济活动一旦发生纠纷需要通过诉讼解决时，必须严格按照法定程序进行。在我国，发生在平等主体之间的经济纠纷引起的诉讼，适用《民事诉讼法》，如企业之间的合同纠纷，根据我国《合同法》和《民事诉讼法》可以向人民法院提起民事诉讼。自然人、法人和其他经济组织对经济管理机关的具有经济性质的管理行为不服而发生的经济纠纷诉讼，如企业对国家税务机关做出的行政处罚决定不服，依据我国《税收征收管理暂行条例》和《行政诉讼法》的规定，可以向人民法院提起行政诉讼。

二、经济诉讼的管辖

经济纠纷诉讼的管辖就是规定上下级法院之间、同级法院之间受理第一审经济纠纷案件的分工和权限，可分为级别管辖、地域管辖、移送管辖和指定管辖。

（一）级别管辖

级别管辖亦称审级管辖，是指各级人民法院之间受理第一审案件的分工和权限。具体分为：基层人民法院管辖除上级人民法院管辖外的所有第一审经济纠纷案件，法律另有规定的除外；中级人民法院管辖重大涉外案件，在本辖区内有重大影响的案件，确认专利权的案件和对海关处理不服的案件；高级人民法院管辖在本辖区内有重大影响的第一审经济纠纷案件；最高人民法院管辖在全国有重大影响的案件，以及它认为应当由其审理的第一审经济纠纷案件。最高人民法院的判决和裁定为最终审判和裁定。

（二）地域管辖

地域管辖是指同级人民法院之间受理第一审经济纠纷案件的分工和权限。它的特点是按照行政区域来划分法院管辖案件的权限。具体分为：

1. 一般地域管辖

即由被告住所地人民法院管辖，也就是我们通常所说的“原告就被告”的原则。如果被告是我国公民，其住所地与经常居住地不一致的，由经常居住地人民法院管辖。经济行政纠纷案件，由最初做出具体行政行为的行政机关所在地或复议机关所在地人民法院管辖。

2. 特殊地域管辖

即合同纠纷，由被告住所地或者合同履行地人民法院管辖；票据纠纷，由票据支付地或者被告住所地人民法院管辖；交通运输合同纠纷，由运输始发地、目的地或被告住所地人民法院管辖；共同海损纠纷由船舶最先到达地、共同海损理算地或航程终止地的人民法院管辖，等等。

3. 协议地域管辖

即合同的双方当事人可以在书面合同中协议选择被告住所地、合同履行地、合同订立地、原告住所地、标的物所在地人民法院管辖，但不得违反有关级别管辖的规定。

4. 专属地域管辖

即不动产纠纷提起的诉讼，由不动产所在地人民法院管辖；港口作业中发生纠纷提起的诉讼，由港口所在地人民法院管辖；因登记（如商标、船舶、法人登记等）发生纠纷提起的诉讼，由登记机关所在地人民法院管辖。

5. 共同地域管辖

即同一诉讼的几个被告住所地、经常居住地在两个以上人民法院辖区的，各个人民法院都有管辖权。两个以上人民法院都有管辖权的诉讼，原告可以向其中一个人民法院起诉；原告向两个以上有管辖权的人民法院起诉的，由最先立案的人民法院管辖。

（三）移送管辖

移送管辖是指人民法院受理某一案件后，发现自己对此案无管辖权，便移送给有管辖权的人民法院审理，但如果受移送的人民法院认为受移送的案件依照规定不属于本院管辖的，应当报请上级人民法院指定管辖，不得再自行移送。

（四）指定管辖

指定管辖是指人民法院之间因管辖权发生争议，或者有管辖权的人民法院由于特殊原因不能行使审判权，由它们的共同上级人民法院指定某一人民法院管辖。

三、经济诉讼的参加人

经济诉讼的参加人是指作为经济诉讼主体参加诉讼的当事人和类似当事人诉讼地位的诉讼代理人。

（一）当事人

当事人是指因民事权益受到侵害或者发生争议，而以自己名义进行诉讼，并受人民法院裁定或判决约束，与案件审理结果有直接利害关系的人。包括单一诉讼中的当事人、共同诉讼中的共同诉讼人以及参加诉讼的第三人。

1. 共同诉讼人

当事人一方或者双方为两人以上，其诉讼标的是共同的，或者诉讼标的是同一种类，人民法院认为可以合并审理并经当事人同意的，为共同诉讼。原告为两人以上的，称为共同原告；被告为二人以上的，称为共同被告，这就是共同诉讼人。当事人一方人数众多的共同诉讼，可以由当事人推选代表人进行诉讼。

2. 第三人

经济诉讼一般是在原告和被告两方当事人之间进行的。但在有些情况下，原告和被告之间的诉讼也可能涉及第三人的利益，需要有第三人参加。第三人是指对他人之间的诉讼标的有独立的请求权，或者虽无独立的请求权，但案件的处理结果与其有法律上的利害关系，因而参加到他人之间已经开始的经济诉讼中去，以维护自己合法权益的人。

（二）诉讼代理人

当事人可由他人作为诉讼代理人代为诉讼。

无诉讼行为能力人由其监护人作为法定代理人代为诉讼。

法定代理人之间相互推诿代理人责任的，由人民法院指定其中一人代为诉讼。当事人的法定代理人可以委托一至二人作为诉讼代理人。

律师，当事人的近亲属、有关的社会团体或者所在单位推荐的人、经人民法院许可的其他公民，都可以被委托为诉讼代理人。

四、第一审程序

（一）第一审程序的概念

第一审程序是指人民法院审理当事人起诉案件通常所用的程序。它在整个经济诉讼中是最完备的一种程序，也是二审程序、审判监督程序和执行程序的基础。

（二）一审程序的几个阶段

经济纠纷诉讼的一审程序，包括起诉和受理、审理前准备、开庭审理、调解或判决几个阶段。

1. 起诉和受理

起诉是指公民、法人和其他组织认为自己的民事、经济权益受到侵害或者与他人发生争议，以自己的名义请求人民法院通过审判给予法律保护的诉讼行为。它是形成整个诉讼过程的前提条件。起诉必须符合下列条件：① 原告是与本案有直接利害关系的公民、法人和其他经济组织；② 有明确的被告；③ 有具体的诉讼请求和事实、理由；④ 属于人民法院受理经济诉讼的范围和受诉人民法院管辖。

受理是指人民法院接到原告起诉后经审查，认为符合法律规定的起诉条件，决定立案审理，从而引起诉讼程序开始的一种诉讼行为。原告起诉应向人民法院递交起诉状，并按照被告人数递交副本。人民法院经审查，认为符合条件的，应当在 7 日内立案，并通知当事人；认为不符合条件的，应在 7 日内裁定不予受理，并通知原告人，说明原因和理由，原告对裁定不服的，可以提起上诉。

2. 审理前准备

人民法院应当在立案之日起 5 日内将起诉状副本发送被告，告知被告在收到之日起 15 日内提出答辩。人民法院在收到答辩状之日起 5 日内将答辩状副本发送原告。被告不提出答辩的，不影响人民法院的开庭审理。人民法院还应当在受理案件后，根据原告的起诉状和被告答辩意见，认真做好证据的搜集工作，必要时，也可以委托外地法院进行调查，受委托的人民法院接到委托书后，应在 30 日内完成调查。最后，还要组成合议庭，决定开庭的日期、时间和地点，并向当事人和诉讼参与人提前发出传票和出庭通知书。此外，还要认真做好更换和追加当事人的工作。

3. 开庭审理

根据诉讼法的规定，经济纠纷案件除涉及国家机密或法律另有规定的以外，一律进行公开审理。人民法院审理案件，必须严格按照《民事诉讼法》规定程序分阶段进行。

首先是开庭预备，包括：① 传唤，通知当事人和其他诉讼参与人；② 查明当事人和其他诉讼参与人是否到庭；③ 审判长核对当事人；④ 宣布案由，宣布审判人员、书记员名单，告知当事人有关的诉讼权利和义务，询问当事人是否提出回避请求。

其次是法庭调查，它是开庭审理的核心，是案件进入实体审理的一个重要阶段。这一阶段，一般按下列顺序进行：① 原告提出诉讼请求，陈述事实经过及理由，再由被告提出答辩意见；② 由审判人员就本案关键性问题向双方当事人进行直接发问；③ 宣布由证人直接出庭作证或当庭宣读有关证人的证言，出示证物，并由当事人互相质证。

最后法庭辩论即经济纠纷当事人及诉讼代理人就案件的有关事实和法律适用等问题提出自己对本案的基本看法和处理意见，并相互辩驳对方观点的诉讼活动。

法庭辩论的顺序是：① 原告及其诉讼代理人发言；② 被告及其诉讼代理人答辩；③ 第三人及其诉讼代理人发言或者答辩；④ 相互辩论。

4. 调解或判决

经济纠纷案件经过法庭调查和辩论，事实已经清楚，责任已经明确，因此，接下来就是处理案件了。

根据《民事诉讼法》的规定，经济纠纷可以在查清事实、分清责任的基础上进行调解。达成调解协议的，人民法院要制作调解书，并经双方签收后，即发生法律效力。对于达不成协议或一方当事人在调解书送达前反悔的，应及时依法做出判决，而不能久调不决。

评议宣判是开庭审理的最后阶段，其主要工作为：合议庭评议，做出判决，公开宣判；告知当事人上诉权利、上诉期限和上诉的法院。

五、第二审程序

第二审程序是指当事人对一审法院的判决或裁定不服，而上诉至上一级人民法院进行审理所适用的程序。根据我国《民事诉讼法》的规定，对一审判决不服，其上诉期限为15日；对一审裁定不服，其上诉期限为10日，均从接到判决书或裁定书的次日起计算。

二审人民法院对上诉案件，应当由审判员组成合议庭进行审理。审理可视情况分别采用直接审理或书面审理。上诉案件经过审理后，二审法院按照不同情况，分别做出判决或裁定：① 原判决认定事实清楚、适用法律正确的，驳回上诉，维持原判；② 原判决适用法律错误，依法改判；③ 原判决认定事实错误或者主要事实不清、证据不足，裁定撤销原判，发回重审，或者查清事实后改判；④ 原判决违反法定程序，可能影响案件正确判决的，裁定撤销原判，发回重审。当事人对重审案件的判决或裁定不服的，可以上诉。

六、审判监督程序

审判监督程序，也称再审程序，是指人民法院对已经发生法律效力的判决裁定发现确有错误，依法对案件进行再次审理的程序。它是“实事求是，有错必纠”原则在审判工作中的具体体现。

我国《民事诉讼法》和《行政诉讼法》规定：当事人对已经发生法律效力的判决和裁定，认为有错误的，可以向原审人民法院或者上一级法院申请再审。当事人申请再审，应当在判决、裁定发生法律效力后两年内提出，并不得因申请再审而停止原判决裁定的执行。再审程序的提起通常有四种情况：① 由本院院长提出，提交审判委员会讨论决定；② 由最高人民法院、上级人民法院提审或指令下级人民法院再审；③ 由最高人民检察院、上级人民检察院按审判监督程序提出诉讼；④ 由当事人申请，经人民法院审查决定是否再审。

再审案件的程序应由原审级决定。原来是第一审的，按照一审程序审理，所做出的判决、裁定，当事人不服可以上诉；原来是二审的，或者是上级人民法院提审的，按第二审程序审理，所做的判决、裁定就是发生法律效力的判决、裁定。

七、执行程序

执行程序是指人民法院对已经发生法律效力的判决、裁定、调解协议和其具有执行效力的法律文书，由于一方当事人无理拒绝履行，根据对方当事人的申请，依照法定程序强制执行的诉讼活动。

执行必须符合下列条件：① 要有执行根据；② 执行根据必须具有给付内容；③ 执行根据必须已经发生法律效力；④ 负有义务的一方当事人拒不履行法律文书确定的义务。执行权统一由人民法院行使。

申请执行的期限是：双方或一方当事人是个人的为 1 年；双方是企事业单位、机关、团体的为 6 个月。从法律文书规定期限的最后一日起计算。

执行的具体措施有：扣留、提取、划拨被执行人的收入或银行、信用社存款；查封、扣押、冻结、拍卖、变卖被执行人的财产等。对于人民法院发出的协助执行通知书，有关单位和个人必须办理。

八、经济起诉状

（一）经济起诉状的概念

经济起诉状是指经济案件的原告人为维护自己的合法经济权益，就经济纠纷向人民法院提起诉讼的书状。任何经济法主体认为自己的权益被侵犯或与他人发生纠纷时，都依法享有起诉的权利。要行使这种权利就要制作经济起诉状，并提交给有管辖权的人民法院。它是整个诉讼活动的开始。

（二）经济起诉状的结构和内容

经济起诉状一般由开头、诉讼请求、事实与理由、结尾和附项等五个部分组成。

1. 开头部分

首先要写明起诉状的名称，标明“经济起诉状”。其次，要分别写明原告、被告的基本情况，包括单位名称、法定代表人姓名和职务、企业经济性质、经营范围、单位所在地址、开户银行、账号。如果对被告有些情况不清楚，可注上“不详”；如果原告、被告一方是个人的，就写姓名、性别、年龄、民族、籍贯、职业、工作单位、住址等内容。

2. 诉讼请求部分

直接、简要地写明原告人的起诉目的、要求解决哪些问题。诉讼请求中提出的主张和要求应做到合情、合理，更要合法。要与后面的事实与理由部分相吻合，并互为因果，给人以简练、清晰的感觉，切不可含糊不清。

3. 事实和理由部分

这部分要重点写出与诉讼目的有关的重要事实、主要事实和具体法律依据，做到陈述事实清楚、阐明理由充分、适用于法律依据。

重要事实要把发生纠纷的时间、地点、人物、原因和前后经过叙述清楚，要说明目前的状况，当事人之间相互的权利、义务关系如何。

理由要以具体的法律、法规、双方的协议、合同作为依据，注意做到合情、合理和合法。

事实和理由要以证据作为后盾。事实要用证据加以证实，理由要以证据和有关法律加以说明。有无确凿、充分、有效的证据提供给人民法院作为定案、处理纠纷的依据，直接关系到诉讼请求能否成立和诉讼的胜败。陈述案情要建立在可靠的人证、物证、书证的基础之上，凡能证明案件真实情况的一切证据，都应列举出来，说明证据的来源、证人的姓名，并把它附在后面。

引用法律规定作为依据，必须弄清该纠纷适用什么具体的法律、法规。引用时要具体提出什么法律、第几条第几款第几项，切不可含糊不清，更忌断章取义。

4. 结尾部分

写明提交的法院、起诉的单位（或姓名）、书写诉状的时间，并加盖单位或起诉人的印章。

5. 附项部分

应注明本状副本份数，物证、书证件数。

(三) 经济起诉状书写要求

诉讼内容要具备真实性。证据要具备确凿性。表述方法要有条理性。

参考文献

[1] 潘力，曲丽娟．经济法概论［M］．北京：清华大学出版社，2011.
[2] 李昌麒．经济法［M］．北京：清华大学出版社，2012.
[3] 王岩，王松．知识产权法［M］．北京：经济科学出版社，2010.
[4] 张新宝．侵权责任法［M］．北京：中国人民大学出版社，2010.
[5] 赵旭东．公司法学［M］．北京：高等教育出版社，2006.
[6] 贵立义，林清高．经济法概论［M］．大连：东北财经大学出版社，2013.
[7] 杨紫煊．经济法［M］．北京：北京大学出版社，2008.
[8] 刘文华．经济法概论［M］．北京：中央广播电视大学出版社，2008.
[9] 孙桂娟．经济法概论［M］．北京：高等教育出版社，2012.
[10] 马洪．经济法概论［M］．上海：上海财经大学出版社，2005.
[11] 郑瑞祥．合同法学［M］．北京：北京大学出版社，2007.
[12] 屈振甫，缪彦珍．经济法实务［M］．天津：天津大学出版社，2010.
[13] 苏波．经济法概论［M］．北京：中国铁道出版社，2014.
[14] 魏彦芳，坚德慧，王宏波．经济法［M］．成都：西南交通大学出版社，2012.
[15] 江平．中华人民共和国合同法精解［M］．北京：中国政法大学出版社，1999.
[16] 李玉基．经济法［M］．北京：北京大学出版社，2010.
[17] 宋立成．经济法概论［M］．北京：中国人民大学出版社，2015.
[18] 邹杨．经济法概论［M］．北京：经济科学出版社，2009.
[19] 聂红梅，陈承美．新编经济法教程［M］．北京：清华大学出版社，2009.
[20] 全承相，李茂华．经济法概论［M］．北京：清华大学出版社，2009.
[21] 张思明．经济法［M］．北京：机械工业出版社，2008.
[22] 葛元月．经济法［M］．长春：吉林大学出版社，2009.

图书在版编目(CIP)数据

经济法概论/陈畅东主编．—合肥：合肥工业大学出版社，2017.7
ISBN 978-7-5650-3453-4

Ⅰ．①经…　Ⅱ．①陈…　Ⅲ．①经济法—概论—中国　Ⅳ．①D922.290.1

中国版本图书馆CIP数据核字(2017)第163718号

经济法概论

主编　陈畅东　　　　责任编辑　张　慧

出　版	合肥工业大学出版社	版　次	2017年7月第1版
地　址	合肥市屯溪路193号	印　次	2017年8月第1次印刷
邮　编	230009	开　本	787毫米×1092毫米　1/16
电　话	总　编　室：0551-62903038	印　张	14
	市场营销部：0551-62903198	字　数	335千字
网　址	www.hfutpress.com.cn	印　刷	安徽联众印刷有限公司
E-mail	hfutpress@163.com	发　行	全国新华书店

ISBN 978-7-5650-3453-4　　　　定价：32.80元